鉄板釣魚 TEPPAN GAMES

アジング激釣バイブル

藤原真一郎

つり人社

JN176510

目次

TEPPAN GAMES 鉄板釣魚

藤原真一郎 アジング激釣バイブル

監修　藤原真一郎
編集　高崎冬樹
イラスト　山本伸之

豆アジから50㎝のギガサイズまで 手軽にして奥も深い最高のゲームフィッシュ

藤原真一郎が語る アジングの魅力

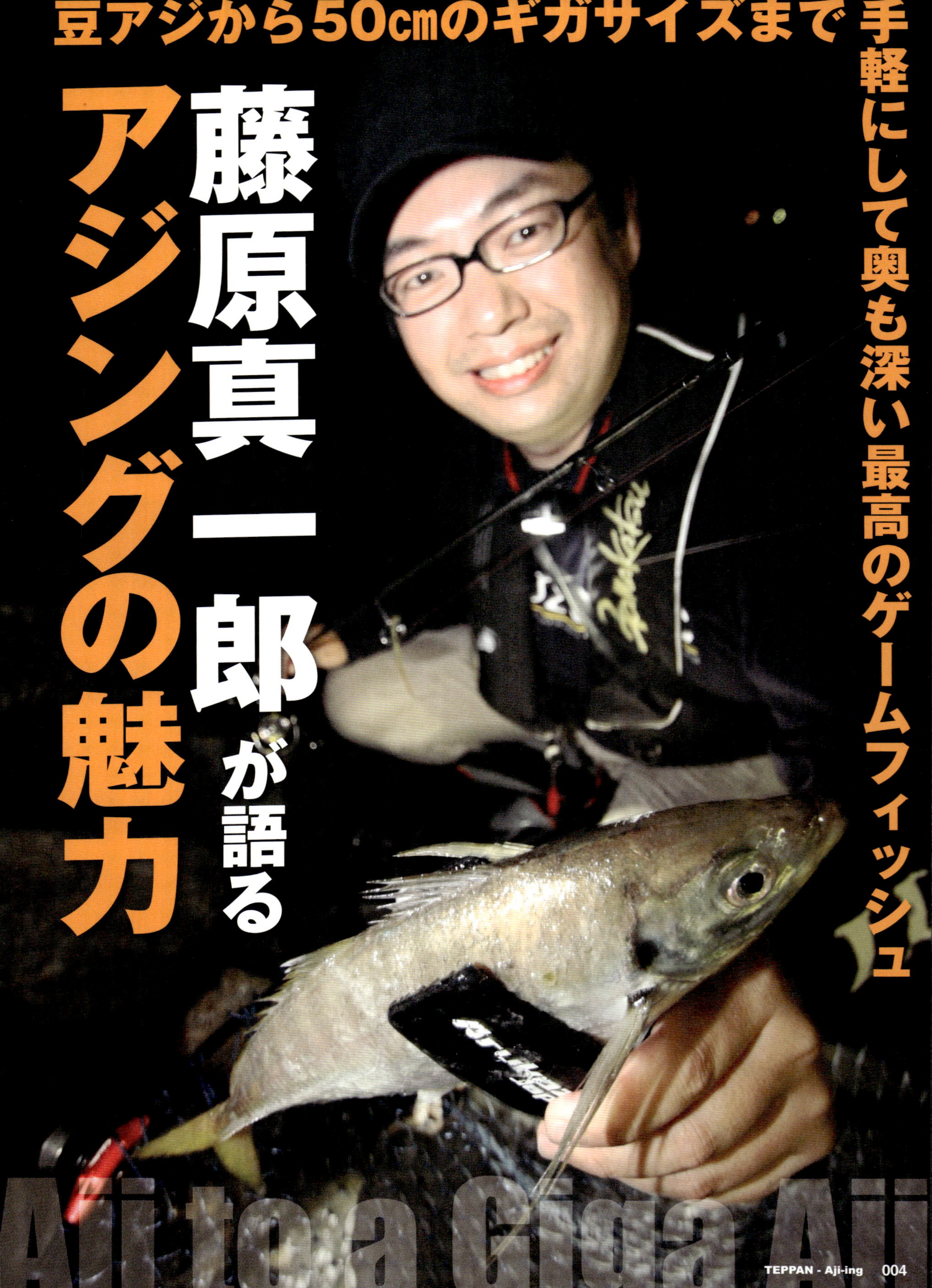

絶対アジが釣れる
魔法のような
テクニックは存在しない。
常に変化する実釣のなかにこそ
アジングの奥義は存在すると思う

僕の人生は「鯵に始まり鯵に終わる」……のかもしれない（笑）。

From the Marine

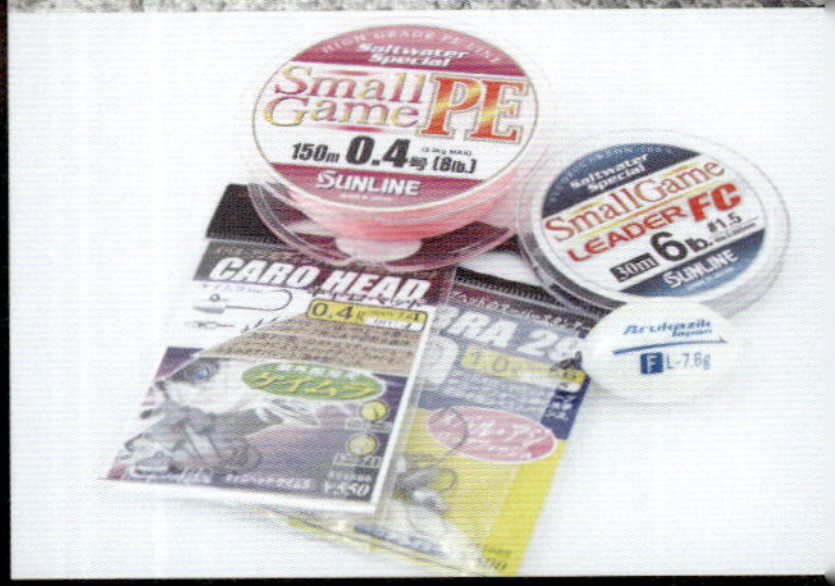

藤原真一郎（ふじわら・しんいちろう）

1978年、大阪府和泉市生まれ。小学生時代にルアーでアジを釣って以来この釣りに目覚め、アジングキャリア20年を超える。アジのほかメバルなど海のライトゲームに精通。遠征も含めた年間釣行約200日弱。アジングでの自己最大記録は愛媛県佐田岬半島の瀬戸内側で釣ったマアジ49cm。がまかつラグゼ・プロスタッフほか各メーカーのモニターを務める

藤原真一郎が語る アジングの魅力

「アジを食べるのが大好き」というのが、僕がアジ釣りにハマったそもそものきっかけであることは間違いない。ヘラブナ釣りが大好きだった祖父や磯釣りファンだった父の影響もあり、幼い頃から大好きなアジをサビキで釣っていた。小学校も高学年になると、すでにワームでガシラ（カサゴ）を釣るようになっていたが、ある夜、漁港の常夜灯周りに大量に寄ってきていたアジめがけて試しにガシラ用のワームを投げてみると、何とそのアジが簡単に釣れたのだ。それも入れ食いで。

これが僕のアジング人生のスタート地点。「おっ、アジってワームで釣れるんや」そう思ったあの時の記憶は今も鮮明だ。トラウトロッドに太いナイロンライン、ガン玉を付けた今でいうスプリットだった。

これを機に地元泉州を中心に夜の漁港通いが始まったわけだが、高校時代、親の郷里が愛媛である友人に「僕の田舎に行けばでっかいアジが釣れるで」と聞き、その友人が正月に里帰りする時に同行。それが愛媛の佐田岬半島、漁港内で尺アジがボコボコに釣れた。

おかげで、ますますアジング、メバリングという2大ライトゲームにハマり込む。大学に進学すると車の免許を取得。地元漁港の常夜灯周りから始めたアジングだったが、いろいろな場所へ行けるようになるとポイントはどんどん広がり、リグもジグヘッド単体やスプリットだけにとどまらず、キャロ、フロートと手駒が増える。ただし根魚用ワームにジグヘッド、ガン玉、エサ釣り用のハリ、中通しオモリ、磯釣り用のフカセウキなどを流用していた。当時、僕が20歳の頃、まだアジングという言葉はなく房総や瀬戸内の一部にルアーでアジを釣る人がわずかにいた程度だったと記憶している。メバリングというカテゴリーがようやく認知され始めた頃かもしれない。今から16～17年前である。

とにかくルアーフィッシングでこれほど手軽にターゲットが数釣れるジャンルは他にない。これがアジング最大の魅力だ。もちろん非常にシビアで全く食わない日もある。しかし釣り方の工夫次第では突然バイトが始まることがあり、手軽で簡単な釣りではあるものの、追求するほど奥深さを実感する。ポイントも幅広く豆アジから50㎝クラスのギガアジまでサイズに応じ、それぞれにゲーム性豊かな釣りが楽

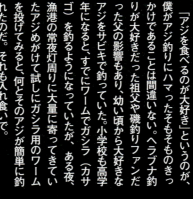

軽快で感度抜群のタックルやリグがアジの繊細なアタリをとらえ釣り味を極限まで高めてくれる

しめるし、豆アジの南蛮漬けからフライ、塩焼き、お造り、タタキと、あらゆるサイズが美味しくいただける。だから僕はアジングに魅了され続けているのだ。

アジは口が軟らかくハリが外れやすい魚だ。でも、僕はそれに感謝さえしている。微妙なアタリを察知し口の少しでも硬いところにフッキングさせることを目指し、「外れるなよ」と願いつつヒヤヒヤドキドキしながら取り込むのが最高に楽しいのだ。小さいアタリを取って瞬時にアワセを入れる繊細な感覚は、祖父に教えられた野池のヘラブナ釣りに通じる部分も多いように思う。僕の釣り人生は「鯵に始まり鯵に終わる」のかもしれない。

コツンとくる明確なものもあれば、
モソーッとした
違和感のようなものもある。
そのどちらもアジのアタリ。
それを意識するだけで
釣果は大きく変わる！

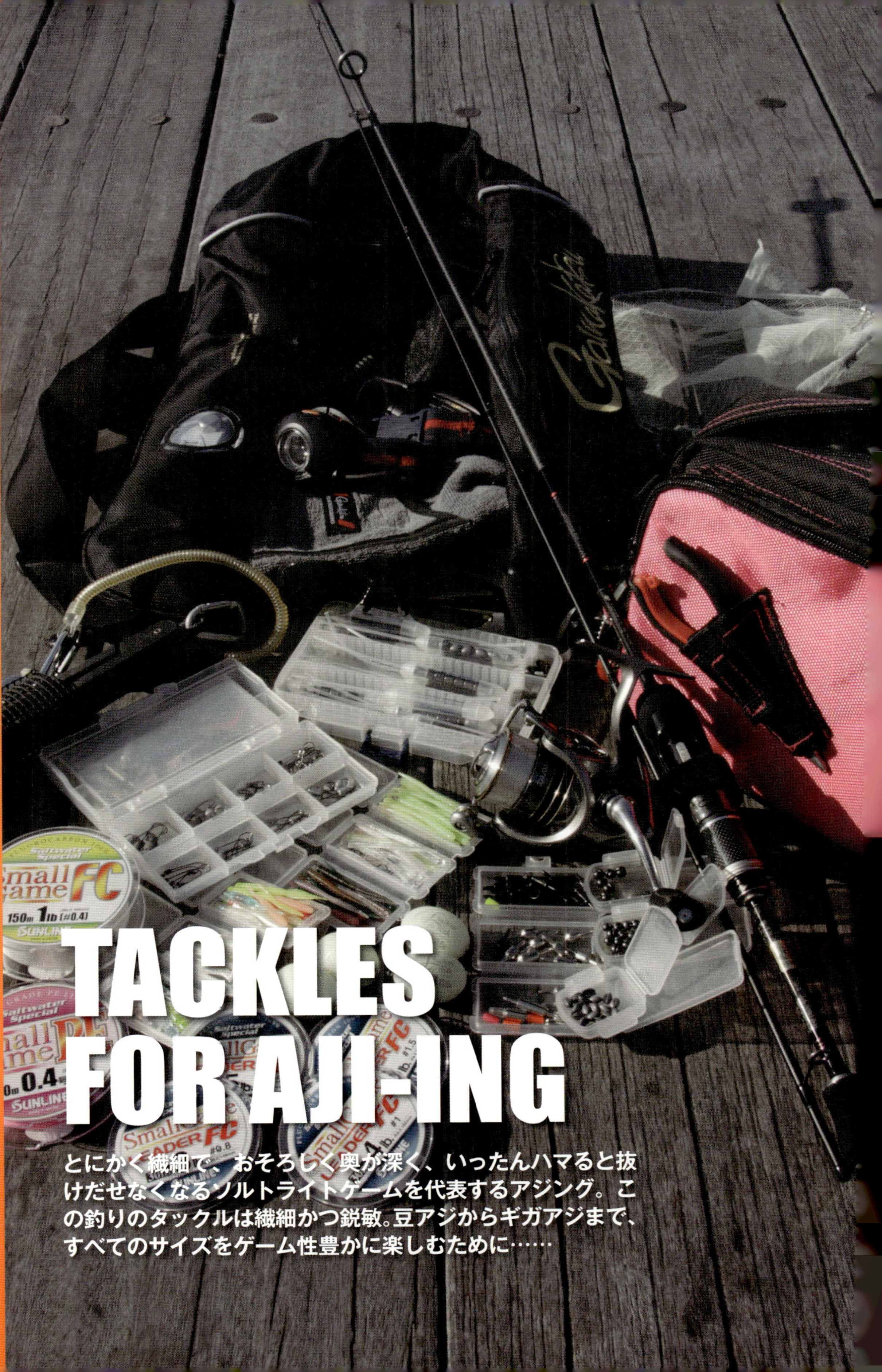

TACKLES FOR AJI-ING

とにかく繊細で、おそろしく奥が深く、いったんハマると抜けだせなくなるソルトライトゲームを代表するアジング。この釣りのタックルは繊細かつ鋭敏。豆アジからギガアジまで、すべてのサイズをゲーム性豊かに楽しむために……

タックル ① 感度優先のタックルセレクトが大基本

ロッドからリグまですべての道具は感度のよさを最優先

ソルトライトゲームの代表格となったアジング。その専用タックルは感度のよさを第一に、軽快＆操作性の高さを前提に選ぶのが基本だ

流行とともにアジング用アイテム数は増加、まずは目的に合わせたタックル選びから始めよう。そのすべての基本となるのが感度のよさだ

アジングタックルは感度が第一だ。ロッド、リール、ライン、リーダー、リグすべてにおいて、どんなシチュエーションのシビアなアタリにも対応できる感度から、操作性につながる軽快さがアジングゲーム全体に求められる。その感度、操作性、軽快さを前提として釣り場などの諸条件に当てはめていくのがタックルを選ぶうえでの基本となるのだ。

たとえば足もとがポイントになっている条件では軽いジグヘッド単体リグで、ジグヘッドの引き抵抗が分かる高感度ロッドに、そのロッドの操作性を殺さない軽快なリール、そのリグがきちんと操作できる水なじみのよいフロロカーボンライン。その反対に遠く広大なポイントを釣らなければいけない場合、ロッドには感度に加えて遠投性が必要になってくる。そうなると遠方のリグをストレスなく動かせて細かいアクションをかけられる伸びの少ないPEラインがマッチする……といった具合だ。これに合わせてロッドなら長短、硬軟、リールの大小、巻き取り速度、ラインやリーダーの太さや素材、リグの種類をチョイスしていく。

あらためてこうして整理してみると要素が多くて難しいイメージだが、要するにどんな釣り場でどんな釣りをするのかといったビジョンがあれば大丈夫。まずはどこにターゲットのアジがいるかを想定し、そのポイントまでの距離、水深、流速を考慮してロッドからリグまでを選ぶことになる。さらにはターゲットであるアジの大小サイズがそこに加味されればさらにタックル選びの方向性は明確に

Q. 最初に揃えるべきタックルは？

A. 足場がよく常夜灯のある岸壁でジグヘッドリグを使い、水深４～５ｍをねらうシーンを想定して選ぶ

繊細で軽快なタックルで釣れば小アジだって立派なゲームフィッシュ。これが実に奥深く楽しいのだ

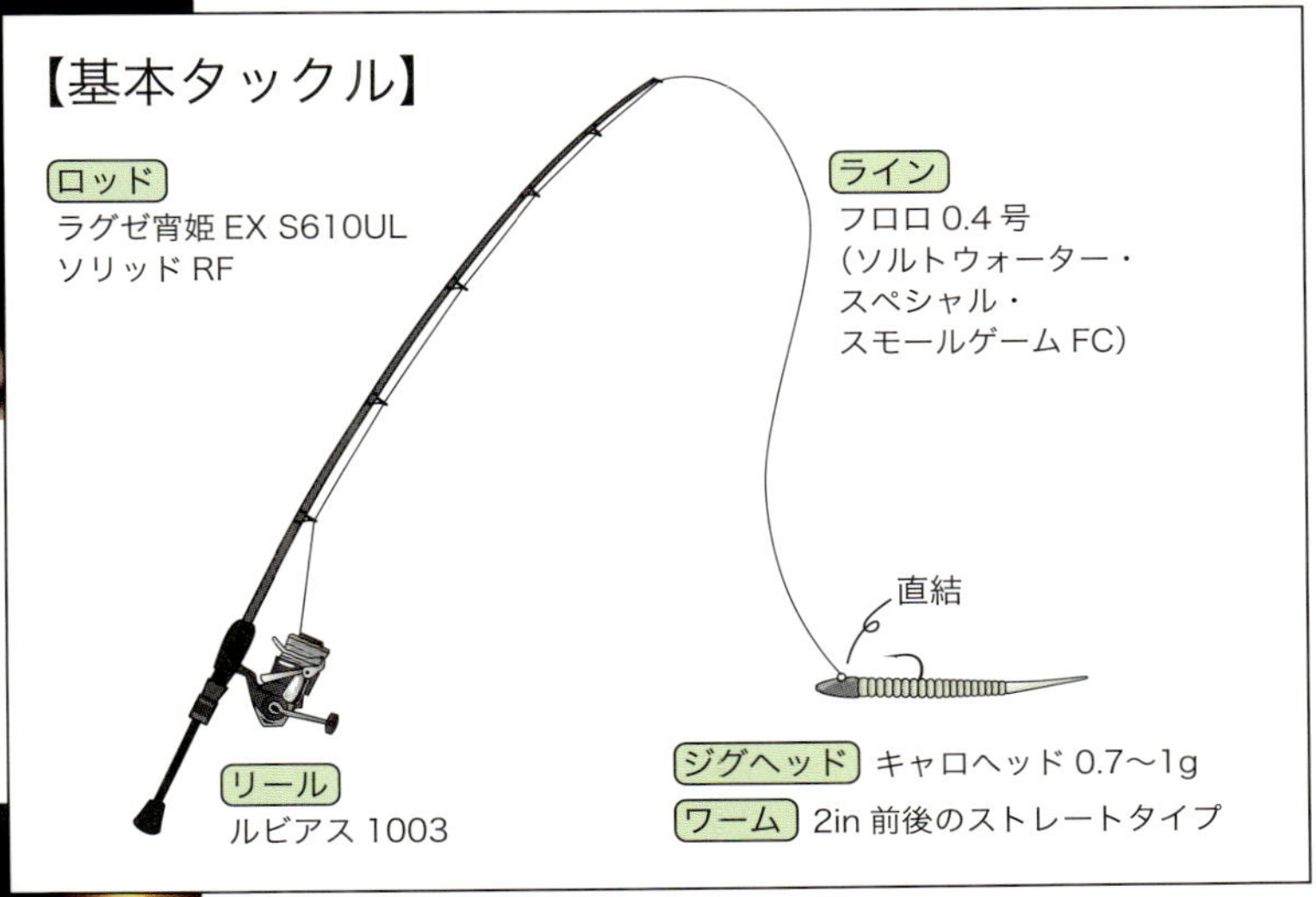

アジングの基本は「ジグ単」と呼ばれるジグヘッド単体の釣り。近距離をしっかり釣るためのタックルをまずは揃えたい

なっていくのだ。

あらゆる状況をカバーしようと思うと何種類ものタックルを揃える必要が出てくるが、なにはともあれまずは王道アジングゲームを楽しむ、というつもりなら、この釣りの基本ともいえる1g前後のジグヘッド単体で水深4～5mを探る、足場のよい岸壁や防波堤から常夜灯周りをねらう釣りをメインに考え、標準的なタックルを選べばよい。

標準的タックル例は以下のとおりだ。ロッドは、がまかつの『ラグゼ宵姫EX S610UL・ソリッドRF』、リールはダイワ『ルビアス1003』、ラインはフロロカーボンのサンライン『ソルトウォータースペシャル・スモールゲームFC』1lb（0・4号）、リーダーを接続する場合はフロロ『ソルトウォータースペシャル・スモールゲームリーダーFC』3lb（0・8号）、ジグヘッドはがまかつ『キャロヘッド』0・7gか1g。これに2in前後のストレートワームをセットする。これが僕のオススメする一般的な港でのアジング標準セットである。

細イトで軽量ジグヘッドを使うスタンダードなタックルシステムで釣る場合、リトリーブ時の引き感、繊細なアジのアタリをどれだけ拾えるかが釣果の分かれ道となってくる。コツンとくる明確なアタリもあれば、モゾ～ッとした違和感のようなアタリもある。そのどちらもアジのアタリと認識し、あるいはそれを感知し、素早く対応できることが求められる。だからこそ、この釣りのタックルセレクトは何はともあれ感度優先なのだ！

タックル ② 軽さ優先のロッド選び

ボクがいつもソリッドロッドを愛用するワケ

ライトゲーム用ロッド、特にアジングでは高感度、軽快さ、
高い操作性をウリにしたロッドが求められる。
高感度ソリッドティップがロッド全体の軽さ＆操作性を向上させるのだ！

細く繊細なソリッドティップと、太めでよく響くチューブラーティップ。チューブラーはコツン、カツッとロッドに反響するアタリをとらえやすいが、先端部にわずかにもたれるような微妙なアタリは感じにくい。藤原真一郎が開発に携わったラグゼ宵姫EXシリーズもそれらすべてがバランスよく反映されたロッドだ

前ページでも述べたとおり、アジングの基本となるジグヘッド単体の釣りでは、軽量ジグヘッドの引き抵抗、テンション、動きが「きちんと手もとで感じとれる感度」がアジングロッドに求められる絶対的な性能であり、ロッドを選ぶ際の目安となる。

そこで重要なのがソリッドティップである。チューブラーにくらべて細く仕上げることができるソリッドにはさまざまなメリットがある。まず軽さ。穂先部分の軽さはロッド全体の軽さに直結する。ロッド全体の軽さは操作性を向上させ、手もと感度もアップさせるのだ。

アジングではコツンとくる反響アタリで即掛けアワセの場面もあれば、じわっと居食いしているような、もたれるようなアタリも多い。そんなアタリを取るためには軽量ジグヘッドを引っ張るテンションのわずかな変化、ほんの少し重くなるといった感覚をとらえられる感度のよさがなければいけない。その両方のアタリを取るためには反響アタリも手もとに伝え、かつ微かな加重の変化も感じ取れる「細く軽いソリッドティップ」ということになるのだ。細さに限界があるチューブラーでは両方のアタリをとらえることは難しい。

またチューブラーより細くできるソリッドティップは、装着するガイドも、より小型軽量のものが使えるため、いっそう軽量化が図れる利点を持つ。

メバル用ロッドやバス用ロッドで代用可能、この釣りがブームになる前は誰もがそう考えていた。僕も過去にチューブ

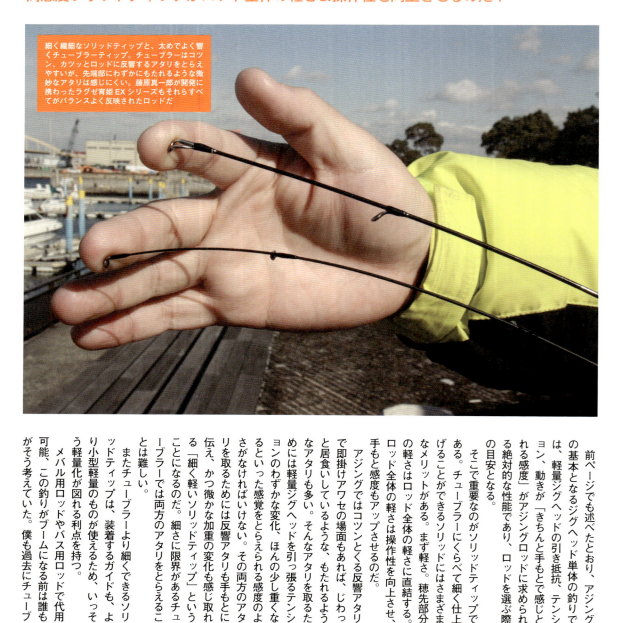

Q. チューブラーティップはコツンとくるアタリがよく分かるので使いたいが？

A. その半面、もぞっとした居食いのアタリが分かりにくい。両方分かるソリッドがおすすめ

●がまかつ・ラグゼ宵姫EX　ラインナップ

① S69FL-solid.RF
1g以下ジグヘッドリグの釣りに最適なモデルで、超軽量リグの引き抵抗を感じ確実に操作可能。微妙にもたれるアタリから反響アタリまで、しっかりととらえることができる

② S610UL-solid.RF
通称「ロクテン」。1g前後のジグヘッド単体＆スプリットに最適。漁港内から港外まで幅広く使える

③ S74L-solid.RF
1g前後のジグヘッド単体から7g前後のスプリットやキャロまで幅広く使える近～中距離攻略モデル

④ S83M-solid.RF
14gまでのフロートリグ用。重いリグを投げられるパワー、遠投性能と高い操作性を発揮する繊細を併せ持つ

⑤ S79MH-solid.RF
18gまでのキャロに使える重量級リグ用。ハードルアーにも対応したシリーズ中最もパワフルなモデル

⑥ S51FL-solid.RF
豆アジでもゲーム性豊かに楽しめる超高感度、超軽量のジグヘッド単体用。ショートレングスなので足場の低い釣り場に最適

ラーティップのバスロッドでアジングをしていた時期もあったが、バスロッドはいわゆるパッツン系で反響アタリに対するフッキングだけを考えるとレスポンスがよく、しっかり掛けることができる。

しかし微妙な居食いのアタリを感じ取ることは難しく、軽いリグでボトムを引く際、リグの引き抵抗を感じようとすると、ロッドがオーバーパワーであるためリグが浮き上がってレンジから外れてしまうのだ。

こんなことからアングラーからのニーズが高まると同時に各メーカーが本腰を入れ専用ロッドを次々と開発。そして現在のように専用タックルが各社から出回るようになったのだ。

アジの口の硬いところにフッキングできればバラシは少ない。そこで反響アタリでも居食いのアタリでも、口の硬いところに掛けるために、そのアタリの出方、感度を得るにはどうすればよいのか？というテーマで開発したのがソリッドティップのがまかつ『ラグゼ宵姫ＥＸ』シリーズ。いくらティップが高感度のソリッドでもベリーからバットがガチガチでは、その変化が手もとに伝わりにくい。『ラグゼ宵姫ＥＸ』は柔軟ソリッドの微妙な加重変化がベリー、バットを通じて手もとまで伝わるように設計されたレギュラーファースト調子が採用されている。

こうした感度重視のロッドは細部にわたって繊細なため釣行後のメンテナンスは欠かせない。細いソリッドティップ、極小ガイドが装着されているだけに、リング部に塩が溜まっていると次回釣行での極細ラインへの影響が大。ラインの滑りが悪くなるだけでなく、傷が入り強度劣化のリスクもあるので釣りから帰ったら必ず真水で洗う。汚れがひどくなければ濡らした布で拭くだけでもよい。

タックル ③ リールのドラッグ設定は使用ラインによって変える

1000~2000番の軽量スピニング ドラッグ調整はライン素材を考慮

軽快で操作性のよいロッド性能をフルに発揮させるにはリールも軽量小型が望ましい。
1000 ~ 2000 番のスピニングを使用ラインに合わせて使い分ける。
キャロやフロートで遠投する場合はハイギアタイプが便利だ

ドラッグ調整は使用ラインの太さ、素材に合わせ、ラインをロッドに通した状態で、しっかり曲げ込んで行なう。PE ラインならやや強め、エステル系ラインは弱めのズルズル状態、フロロカーボンラインはその中間。すべて手の感覚で覚えておきたい

僕がアジングを始めた頃にくらべてリールはずいぶん小さく軽量になった。使用スピニングリールの番手でいうと軽量ジグヘッド単体の釣りでは１０００番クラスがメイン。キャロやフロートを遠投する際に使用する２０００番クラスでもスプール径は大きいがボディーサイズは１０００番と変わらないので非常に軽快だ。

フロロやエステルなどのモノフィラライン使用時は、それほどラインキャパシティーは必要ないのでスプール１０００番の浅溝で充分。フロートやキャロの場合はＰＥ０・４号まで使うため２０００番クラスのスプールが望ましい。ダイワの２００４スプールならＰＥ０・４号がきっちり１５０ｍ巻ける。

ギアはジグ単や近距離スプリットの場合はノーマルでよいが、フロートやキャロで遠投する場合はハイギアのほうがハンドル１回転の巻き取り量が多いので、リグの回収が早くでき手返しアップにつながる。またキャスト直後のラインスラック解消なども手早く行なえる。

ハンドルタイプはシングルを使っている。ダブルハンドルは手を離した時に、その位置で止まってくれるのでファンも多いが、ダブルであるだけに多少でも重量が増えるのがネックだ。シングルは手を離した位置によって自分の重みで回転してしまうが手を添えていれば問題ない。近年はいろいろなメーカーからハンドルやスプールなど軽量でドレッシーなパーツが販売されているので、機能性をアップさせることが可能だ。僕も２０００番リールは少し長めの50㎜ハンドルに交換

Q. ダブルハンドルがピタッと止まって便利？

A. その分、重くなるので僕はシングル派。手を離した時に勝手に回るのは手を添えておけば問題なし！

愛用リールはZPI『RMRファンネル』などでハンドルチューン。超軽量なのでさらにタックルの感度アップが見込める

メインで使用するリールは3種。①ダイワ『ルビアス1003』は1～1.5lbのフロロライン使用でジグ単用。②ダイワ『セルテート1003』にはPEライン0.2号を巻いてジグ単、スプリットから軽めのキャロで使用。同じPEでも0.3号、0.4号を使う場合は③『セルテート2004CH』という1000番サイズのボディーに2000番サイズのローターとスプールを搭載したハイギアタイプ。重いキャロ、フロートで遠投をかける場合に使用する

してパワーをかけやすくしている。

リール機能を最大限に生かすためにドラッグ調整は欠かせない。ライン強度に合わせるのは当然で、ラインの素材ごとに設定を変える必要がある。特に伸びがほとんどなく強度的にもPEにくらべれば弱いエステル系ラインを使う場合は、ほとんどズルズル状態でラインが出る設定にしておくこと。エステル系ラインは瞬間的に力が加わるとあっけなく切れてしまうからだ。フロロラインはエステル系よりも若干強めのドラッグ設定。同じ細さでも引っ張り強度がずば抜けているPEラインはより強めの設定。フロートやキャロで流れの速いポイントを釣る場合は、けっこうきつくドラッグを締めて合わせた瞬間にしっかりフッキングし、アジの頭を自分のほうに向け流れに乗せないようにしている。

実際の設定は少々の慣れが必要だが自分の手の感覚で行なうのがよい。その際はリールのすぐ上でラインを引っ張るのではなく、ラインをガイドにすべて通しロッドを曲げて実釣に近い感覚で行なうのが望ましい。

またリールもロッド同様、メンテナンスを忘れずに。最近のリールはウォッシャブル構造になっているため真水で丸洗い可能なものが出回っているので非常に便利だ。特にラインローラーやハンドルノブなど可動部の塩分は大敵なので念入りに行ないたい。スプールに巻かれたラインには水洗いの後、乾いてから釣り用コート剤（フッ素コート）のスプレーを噴射しておけば万全だ。

タックル ④ ライン＆リーダー

近距離ジグ単にはフロロ PEはシャローや中遠距離用

現在、アジング用ラインとして市販されているのはフロロ、PE、ナイロン、エステル系の４種類。そこで藤原真一郎が使用するはフロロとPEの2つ。使い分けは、ぞれぞれの比重の違い、線径、強度を考慮する

フロートリグのFシステムでテトラから遠投し尺オーバー、40cmオーバーが期待できたこの日のラインはPE0.4号、フロロリーダー6lbを使用した。釣り場の条件、アジのサイズ、使用するリグでラインとリーダーの素材、号数を使い分ける

現在、アジング用ラインにはフロロカーボン、PE、ナイロン、エステル系の4タイプが存在する。これらのなかから場所や条件、釣り方に合わせてチョイスして使用するわけだが、僕が使っているのはフロロとPEの2種類。ナイロンとエステル系はまず使わない。リーダーに関してはフロロカーボンオンリーだ。

まずメインラインに使うフロロカーボンラインは1g前後までの軽いジグヘッド単体の近距離用。使用しているのはサンライン『ソルトウォータースペシャル・スモールゲームFC』の1lb（0・4号）、1・5lb（0・5号）。それ以上太いものは使わない。フロロカーボンは比重が高く沈みが早いため、軽いジグヘッドでもかなりの水深まで釣ることができる。また風が強い場合にも吹き上げられにくく有効だ。20㎝までのアジならリーダーなしでジグヘッドを直結、それ以上の良型、尺アジねらいの場合は『ソルトウォータースペシャル・スモールゲームリーダーFC』の3lbを接続する。

直線強力はナイロンの2倍から2・5倍、伸びがほとんどなく高感度、比重がなく沈みが遅いのがPEラインの特徴で『ソルトウォータースペシャル・スモールゲームPE』を使用。軽いジグヘッド単体で表層を漂わせたりシャローレンジをねらったり、スプリットや軽めのキャロで釣る場合は0・2号。重めのジグヘッドで巻きの釣りをする場合もこれ。伸びないPEの感度特性を生かして超ショートバイト時の電撃フッキングも決めやすい。0・3号、0・4号はフロートや重め

Q. ナイトゲームでPEが絡むトラブルがイヤなんですが……

A. PEに慣れていない初心者はスプールへのなじみがよくトラブルが少ないナイロンラインを使ってみるのも手！

ソルトウォータースペシャル・スモールゲームFC
低伸度、高比重のフロロカーボンライン。クリアカラーで150m巻き。1～4lb（0.4～1号）の7ラインナップがあるが藤原のメインラインは1lbと1.5lb。軽いジグヘッドリグの近距離用だ

ソルトウォータースペシャル・スモールゲームPE
ハイグレード素材を採用した高強力PEラインで外道のシーバスなど大型魚が掛かっても安心。0.2、0.3、0.4号のラインナップ。スプリットや軽めのキャロなら0.2号、重いキャロやフロートリグは0.3～0.4号を使用。150m巻き

ソルトウォータースペシャル・スモールゲームモノ
高分子量ナイロン（HMW）を採用した強く粘りのあるナイロンライン。巻きグセが付きにくくトラブルが少ないので入門者にはおすすめ。フロロより線径が細いので軽いリグでも飛ばしやすい。20cmクラスのアジなら1～1.5lbで充分。150m巻き

ソルトウォータースペシャル・スモールゲームリーダーFC
摩耗性に優れ根ズレに強いフロロカーボンリーダー。使用ラインに合わせ3～6lbをチョイスする。30m巻きでステルスグレーカラー

（※ライン＆リーダーはすべてサンライン）

［藤原流常用ライン］

ラインはフロロとPEを使い分け、リーダーはフロロのみ。というのが藤原流ラインシステム

のキャロで使用。基本的には0・3号でほとんどの場面をカバーできるが、ゴロタや根の荒いポイントでは0・4号が耐久性の面で安心。根掛かりした時のリグ回収率もアップする。リーダーはPE0・2号の時が『ソルトウォータースペシャル・スモールゲームリーダーFC』の3～4lb、PE0・3～0・4号には同4～6lbを接続する。

ナイロンラインはフロロにくらべて伸びがあり、感度的にはイマイチだが軟らかくイトグセが付きにくいためスプールへのなじみは抜群、また同じ号柄ならフロロよりは線径が細いためリグの飛距離を稼ぎやすいメリットを持つ。特に超軽量ジグヘッドを投げたことがない初心者には有効で、ナイトゲームでのライントラブルも少ないのでおすすめ。比重は軽くフロロにくらべると沈下速度は遅いので浅いレンジ向き。サンラインなら『ソルトウォータースペシャル・スモールゲームモノ』の1～1・5lb。20cmまでのアジならリーダーも不要だ。

エステル系は素材的に硬質で伸びが少なくアジングに向いているラインということでファンも多い。0・2号が主流で硬質でありながらスプールへのなじみも悪くない。伸びがない高感度ラインなのでフッキングも決めやすく、比重もフロロほどではないが、そこそこ高いので沈みもよい。ただ、伸びがない分、アワセを入れた時に瞬間的な力が加わった場合にプツッと切れてしまうことがある。そのためリールのドラッグ設定はユルユルにしておかなければならない！

タックル ⑤ ジグヘッド解説

ジグヘッドはリグやアピール法で4タイプを使い分けろ！

数あるジグヘッドのなかからメインで使用するのはコブラ29、スイミングコブラ、キャロヘッド、マイクロダーターの４種。マッチするリグ、シーンがそれぞれに存在するのだ

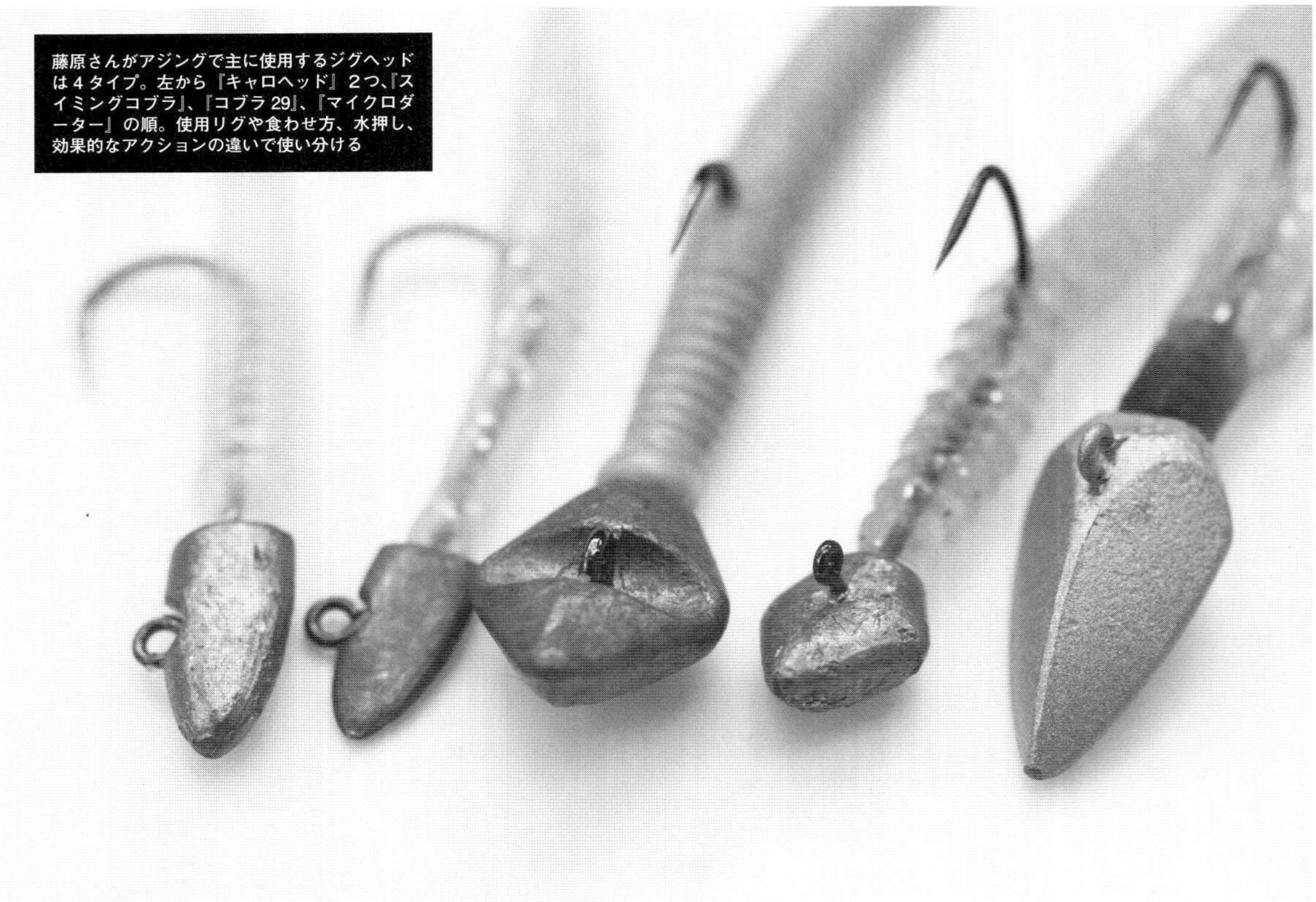

藤原さんがアジングで主に使用するジグヘッドは４タイプ。左から『キャロヘッド』２つ、『スイミングコブラ』、『コブラ29』、『マイクロダーター』の順。使用リグや食わせ方、水押し、効果的なアクションの違いで使い分ける

ジグヘッドは元々オールマイティーなラウンドタイプが基本だったが、現在はいろいろな形状に細分化している。各社からさまざまな形状、特徴を持つジグヘッドが出回るようになったので、ひとつずつ試して自らのスタイルに合ったものを探すのが面白い。そうしたなかで僕が現在メインで使用しているのは４種類。

ジグ単用で定番なのが、がまかつ『コブラ29』と『スイミングコブラ』だ。毒蛇コブラの頭に似た三角形状のヘッドでアイがヘッド上部にあるため水平姿勢をキープしやすく、ヘッド下部に水の抵抗を受けるため浮き上がりやすい。裏を返せばゆっくり引いても沈みにくいので、スローなレンジキープが得意だ。水押しが強いので、アクションで食わせにくい時に有効である。

もうひとつの『スイミングコブラ』はヘッド形状がわずかに違うが、それよりもフックに三角のロングシャンク・リテナーベンドを採用しているため、キーパーはないもののワームがズレにくいので煩《わずら》わしさがない。フック自体は太軸だがバーブレスなので軟らかい素材のワーム、ドリームアップの『マッカム』や、オンスタックルの『マゴバチ』などを刺しても切れにくいといった特徴がある。

最も使用頻度が高いのが『キャロヘッド』という砲弾型で縦方向に薄いジグヘッド。0・1gという超軽量からラインナップされているため、キャロ、スプリット、フロートなど分離式リグで使い勝手がよい。1g以下は0・1g、0・2g、0・4g、0・7gがあり、条件に合わせ

Q. バス用のラウンドジグヘッドも使えるか？

A. 小さく軽いものなら大きめのワームでねらう大アジ攻略で使用可能

【鉄板ジグヘッド】

キャロヘッド
0.1ｇという極小サイズからのラインナップでスプリット、キャロ、フロートといった分割式リグに最適。縦方向に偏平形状で水押しは弱いが、わずかなロッド操作でも敏感にアクションしてくれる。0.1〜1.6ｇ、フックが♯３〜６の全14アイテム

コブラ29
船型キールスタイルのヘッド形状は下部の水押しが強くスローな釣りでも沈みにくいためジグ単で威力を発揮。0.6〜1.4ｇ、フックが♯２〜６の全９アイテムがある

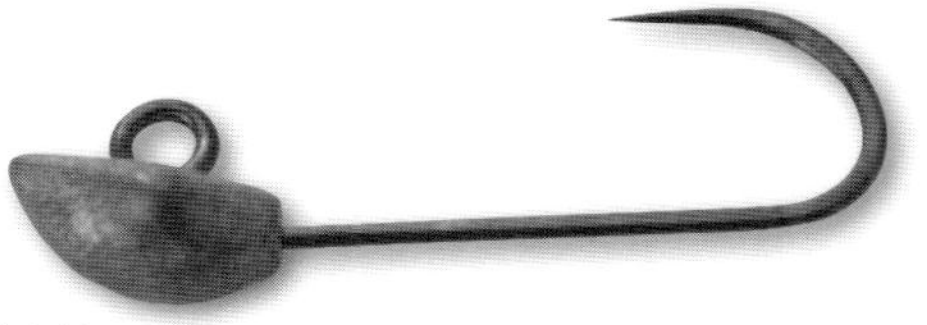

（※ジグヘッドはすべてがまかつ）

スイミングコブラ
ヘッド形状は『コブラ29』と非常に近く特徴的には変わらないが、独特のロングシャンク・リテナーベンドのフック採用でワームがズレにくく、バーブレスなので軟らか素材のワームを刺した時にも切れにくい。0.7〜３ｇの６アイテムでフックサイズはすべて♯５

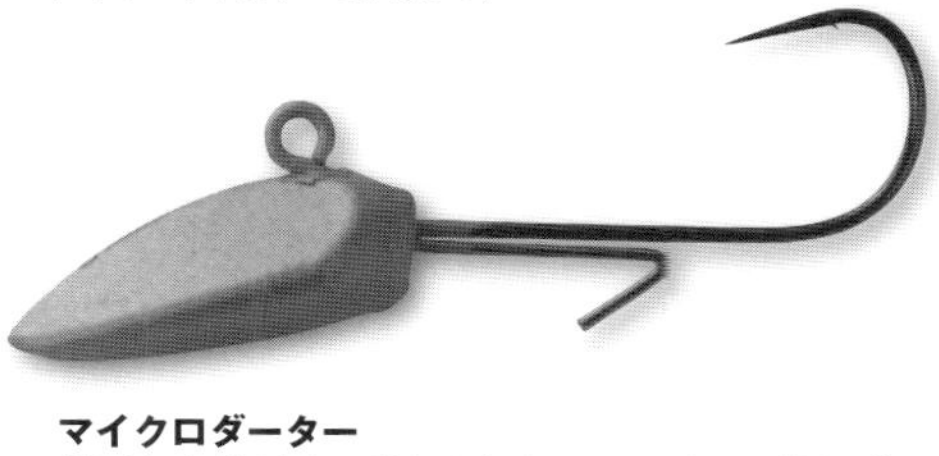

マイクロダーター
藤原さんがデイのボトムねらいでメインに使うダートアクションに特化したタイプ。浮き上がりにくくリアクションで食わせる。1.5ｇ♯６、３ｇ♯４、4.5ｇ♯３の３アイテム

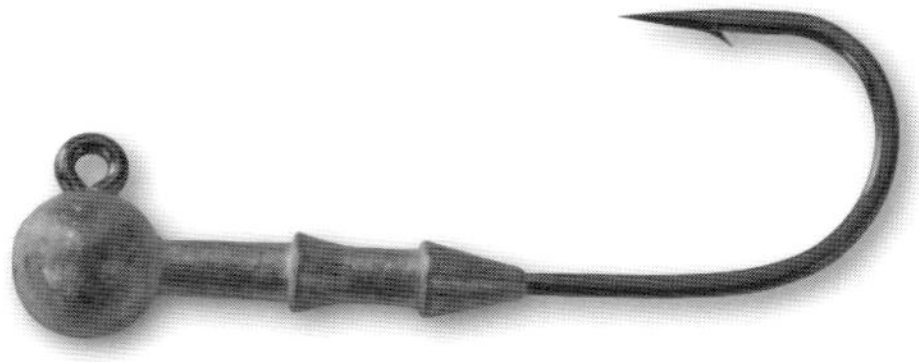

ラウンド25R
大アジを大きいワームでねらうバス用ラウンドジグヘッド。ラインナップのなかで最小の0.9ｇ♯２がベストマッチ！

て微調整しやすいのもありがたい。分離式リグは前方にシンカーやフロートが付いているためアクションをかけてもジグヘッド自体はそれほど動かないが、少しの動きで左右にダートやスライドしてくれるのが『キャロヘッド』の特徴。それが気に入ってジグヘッド単体でも使うようになっている。薄いヘッド形状なのでスッとした素直な泳ぎから、ヒラを打つようなダートへ移行、わずかなロッド操作でもアクションしてくれるので操作性の高いジグヘッドといえる。フックは細軸でマイクロバーブ。サイズは♯３〜６までの３タイプだが♯４で小アジから50㎝近いギガアジまでカバーできる。豆アジ専門なら♯６がよい。

『マイクロダーター』はダートに特化したジグヘッドでジグ単およびフロートリグに使っている。特に４・５ｇの重いものまであるので、日中のディープ、ボトムをねらってダートさせリアクションバイトで食わせるのが主な使い方。ダート系のジグヘッドは浮き上がりにくい特性があるので、ナイトでもボトム付近であまりアクションをかけずに釣る場合に使用することがある。

これら以外では、デカいアジを大きいワームで釣る時にバス用の『ラウンド25R』という選択もあり。実際に使っているのは０・９ｇ、フック♯２のワンタイプ。また豆アジねらいの時にフライフック♯14とガン玉でジグヘッド風に使ったり、あるいは『ハイパー渓流』６〜８号をスプリットで使うことも以前はけっこうあった。

タックル ⑥ ワーム解説

ワームの基本は2inのストレート！素材の硬軟を知ることも大切

2in 前後のストレートを基本に高活性時はアクション重視の硬い素材、低活性時はアジの口に入りやすい軟らか素材を選ぶのが基本。カラーはクリア系を選べば、まずは無難だ

2in 前後のサイズでストレート、というのがアジング用ワームの基本。カラーはクリアを基本に水が濁っている場合はチャートなどアピール系も使用

ストレート2inがアジング使用ワームの基本的シェイプとサイズだ。これで、ほとんどのシチュエーションをカバーできる。ただしアジがすごく小さなベイト、マイクロベイトを食べている時とか、反対に3in、3・5inといったロングワームがよい場合などもあるので、2in以外の長短サイズは釣り場に持っていくべきだろう。もちろん使用ジグヘッドとのサイズマッチングも考えて使用する。

ワーム素材の硬さも重要だ。硬めで張りのあるワームのほうがアクションにキレがありキビキビ動く。対して軟らか素材のワームは動きがナチュラルで折れ曲がりやすくアジの口中に吸い込まれやすい。アジのバイトが弱い場合、硬めのワームだと口に入らずフッキングしないことも少なくない。ただ軟らかいワームはハリ持ちが悪いというリスクもあるので、一長一短を状況に応じて使い分けるのがベスト。

ベイトブレスの『ニードル・リアルフライ』は代表的な2inのストレートワームで、どこに行ってもまずこのワームをパイロット的に使うことが多い。タッチは硬すぎず軟らかすぎずの中間的な感じだ。アクアウェーブの『簡刺しワーム・ストレート』はエラストマー素材でちぎれにくく張りがあるが細かいリブが入っており折れ曲がりやすい仕上がり。ゲーリーヤマモトの『2インチ ピンテールワームSW』は塩が練り込んであるため比重が高く海中でのなじみがよく、素材自体は硬めでアクションはよく効く。ソフト素材ではドリームアップの『マッカム』

Q. ワームカラー選択の目安は？

A. クリア系をベースにベイトや水色を見て判断。クリア系にはフックのセット状態が目で確認できる利点もある

【僕の基本2in前後ワーム】

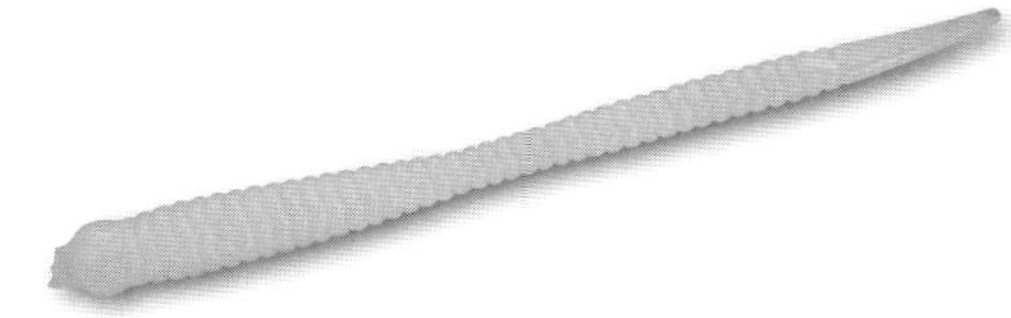

ニードル・リアルフライ 2in（ベイトブレス）
硬すぎず軟らかすぎず、いつでもどこでも使えるストレートワームの代表格

簡刺しワーム 2.0 STRAIGHT 2in（アクアウェーブ）
全身に入ったリブで折れ曲がりやすくアジの口中に吸い込まれやすい

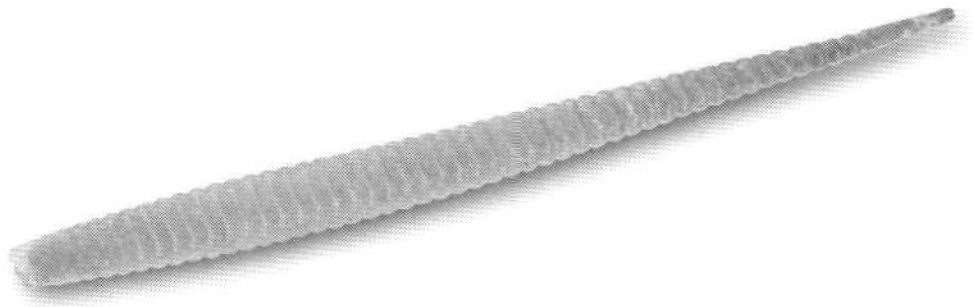

2インチピンテールワーム SW（ゲーリーヤマモト）
素材に塩が練り込んであり比重が高いため海中でのなじみ抜群。硬めの素材なのでアクションはキビキビ

マッカム（ドリームアップ）
非常に軟らかい素材のため食い渋るアジに有効。ロックフィッシュにも抜群の威力

簡刺しワーム 1.3in アミ（アクアウェーブ）
ボディー中央がくびれたスタイルで折れ曲がりやすくアジの口の中に入りやすい

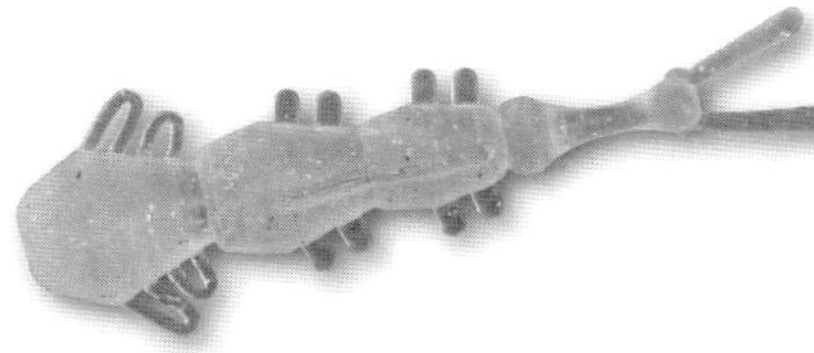

海ゲラ 1.2in（アルカジックジャパン）
マイクロベイトパターンをカバーできる一口サイズの微波動系マイクロホッグ

は1・7in、2・3inなどのサイズがあり食い渋るシビアなアジに有効。ロックフィッシュにもかなり効果がありそうだ。

アジがアミなどを主に食べているマイクロベイトパターンの場合は1・3inのアクアウェーブの『簡刺しワーム・アミ』をよく使う。ボディー中央にくびれがあり折れ曲がりやすくアジの口にもさらに入りやすい。ストレートワームではないがアルカジックジャパンの微波動系マイクロホッグ『海ゲラ』は頭のほうにボリュームがあるが1・2inと短いのでアミなどを食べているアジには有効だ。

ワームカラーは色合いがどうのこうのより実はコントラストを考えるのが第一で、それについては32ページのワームコントラストの項で詳しく解説しているので、ここでは目安となるカラーリングについて話を進める。

アジは小型の稚魚類を食べていることが多いのでクリア系カラーがまず基本。バチパターンではクリアグローを使ったりする。水が濁っている場合はクリアだとアピール力に乏しいのでは？と感じるアングラーはチャートやピンクなどのアピール系カラーを選択してもよい。

もうひとつクリアカラーの利点はフックの刺さり具合がよく分かること。ワームのセンターにきちんと刺せている場合とズレている場合では、水中アクションがかなり変化する。ワームを交換して反応が出たとすると、それはカラー変化よりもワームの刺し方が変わったせいかもしれないので、刺さり具合を確認できることが持つ意味は大きいのだ！

タックル ⑦ アジング4大リグ

基本のジグ単ベースに 距離や水深で4大リグを使い分ける

ジグヘッドリグ、スプリットリグ、キャロライナリグ、
フロートリグがアジング4大リグ。その使い分けはポイントまでの距離、
食わせる水深、潮流によるシチュエーション

【アジング4大リグ】

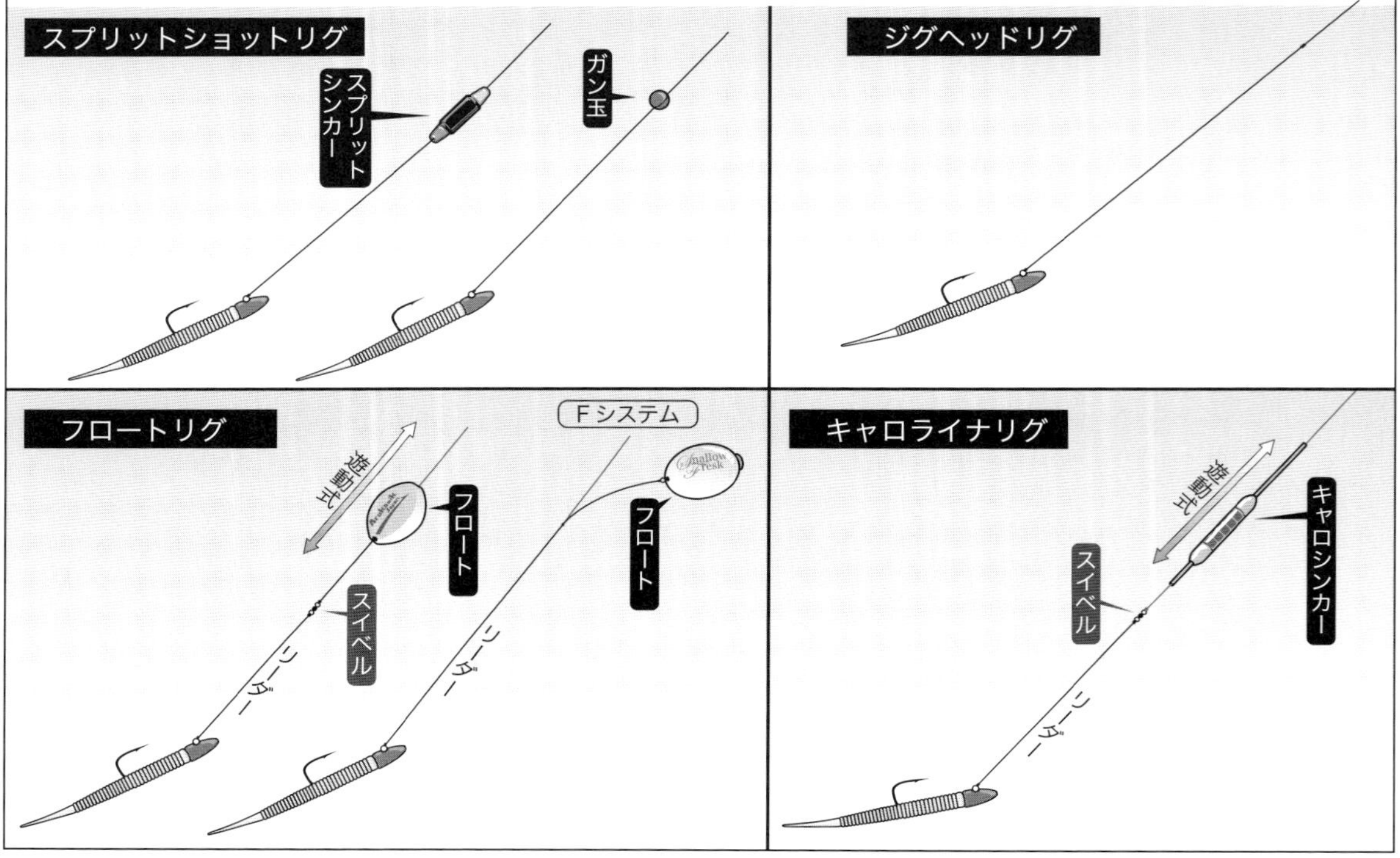

アジング用リグには基本となるジグヘッド単体のみで釣る「ジグ単」と呼ばれるジグヘッドリグをメインに、スプリットショットリグ（略してスプリット）、キャロライナリグ（略してキャロ）、フロートリグの4パターンがあり、これがアジング4大リグだ。

ジグ単は足もとから近距離の接近戦で比較的浅いレンジで細かいアクションをかけて釣る場合に向いている。アジを最も反応させやすく、ほかに余計なパーツがないため感度もよい。

スプリットは中距離、水深もジグ単より深めを釣る場合に使う。リーダー上もしくはライン上にシンカーを固定するのが特徴で現在は専用シンカーをリーダーを通したゴム管で両側から止めるのが一般的。シンカーは1～5gでポイントの距離や水深、潮流の速さで使い分ける。ラインを切らなくてもさっと付け替えられるので効率がよい。豆アジねらいでは1g以下のガン玉を直接リーダーに挟み付けることもある。

キャロはスイベルを使い、その上側に遊動式の重いシンカーを通すシステム。スプリットよりも遠方、レンジも深く、流れもかなり速いダイナミックな場所で威力を発揮する。またスイベルを介していることで、キャスト時やアワセを入れた時にシンカーがそれより下にズレないのが利点。スプリットでシンカーが重い場合は、ことあるごとにズレたシンカーを元の位置に戻す手間がかかってしまうのだ。

フロートリグは、簡単に言ってしまえばウキを使ったシステム。シチュエーシ

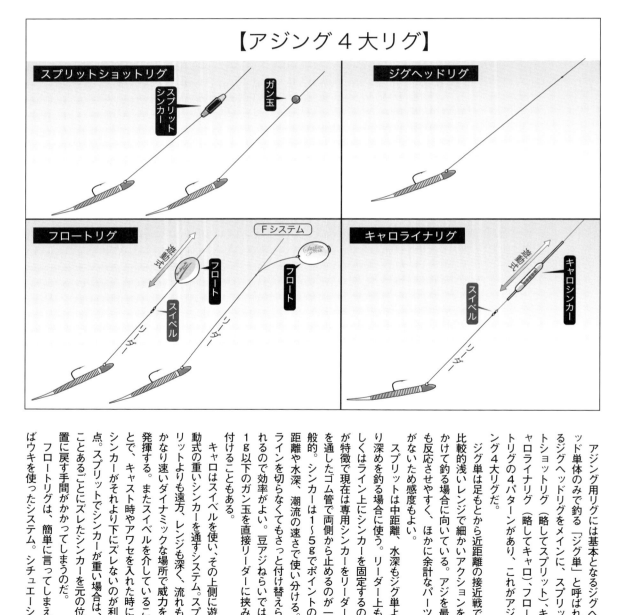

Q. スプリットとキャロ最大の違いはどこ？

A. スプリットはシンカーがリーダー上に固定されているリグ。キャロはスイベルを使用し、その上に中通しの遊動式シンカーを通すスタイル

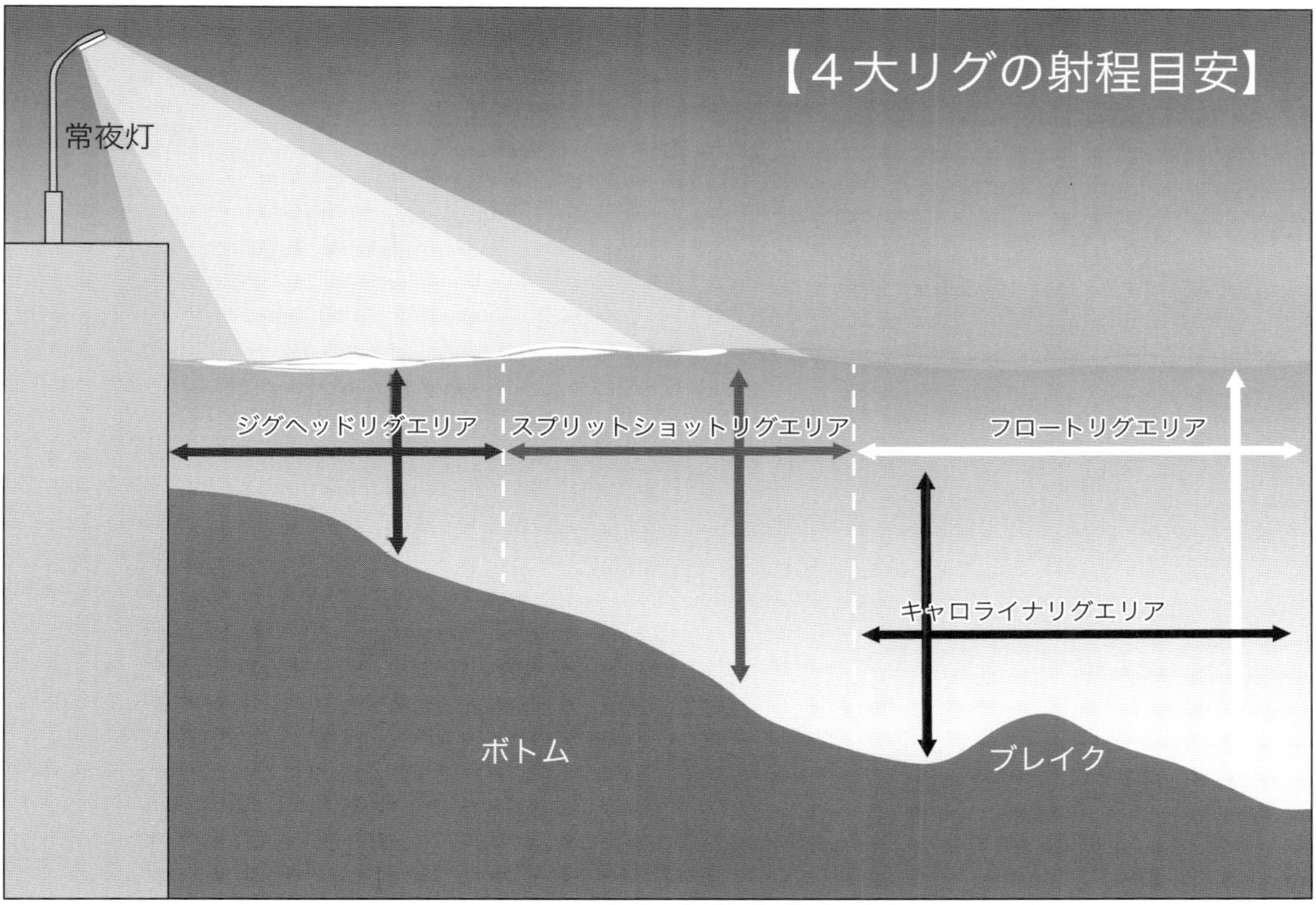

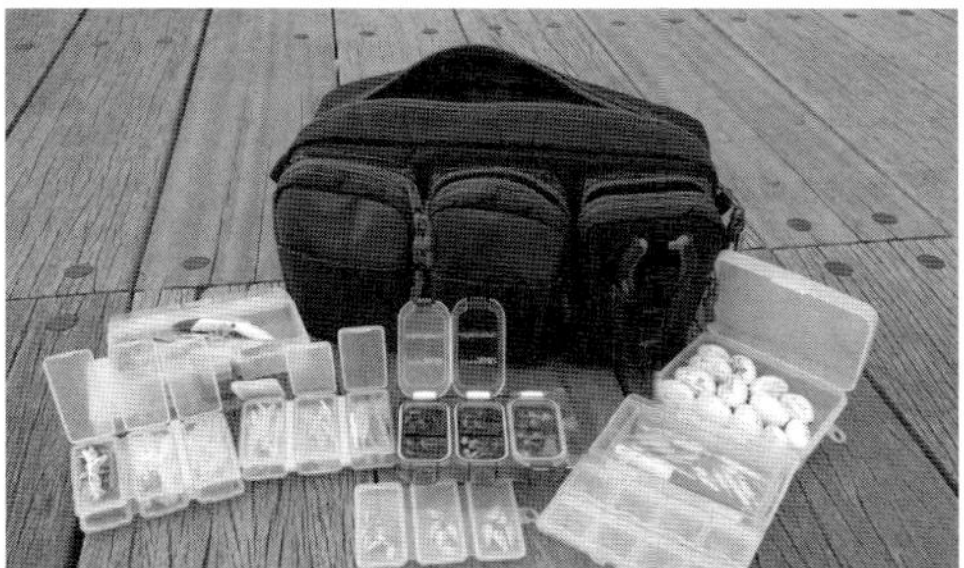
釣り場へは、あらゆるシーンを想定してスプリットシンカーやキャロ用シンカー、フロートなど持参する

ヨンとしてはポイントが遠いが表層から宙層の浅いレンジを釣りたい時に使用する。またキャロが遠投で深場にいる高活性のアジを速く動かして食わせる釣りなら、フロートは遠投で浅いレンジをスローに動かして食わせる釣りといえる。フロートを沈ませていくと遠方の比較的深いレンジでも、ゆっくり動かせるので低活性のアジを食わせることが可能。

スプリット、キャロ、フロート、この3つはジグヘッドと別のウェイトが分離されたリグなので、ジグヘッドを近距離戦並み、それ以上軽くできるのも特徴である。

この4大リグ以外にも、ダウンショットリグやネコリグなどを使うこともあるし、小型のメタルジグでアジをねらうのもなかなか面白い。歴史の浅い釣りだけに、メソッドの開発が進めばまだまだ新しいシステムやリグが出てくるにちがいない。

タックル ⑧ ジグヘッドリグ解説

ジグ単のウェイト選択はレンジと引き速度の兼ね合い

近距離戦で使用するジグヘッドリグは、使用ジグヘッドのウェイト選びが重要。引き抵抗が分からない、ボトムが取れないからといって単純に重くすればよいわけではない

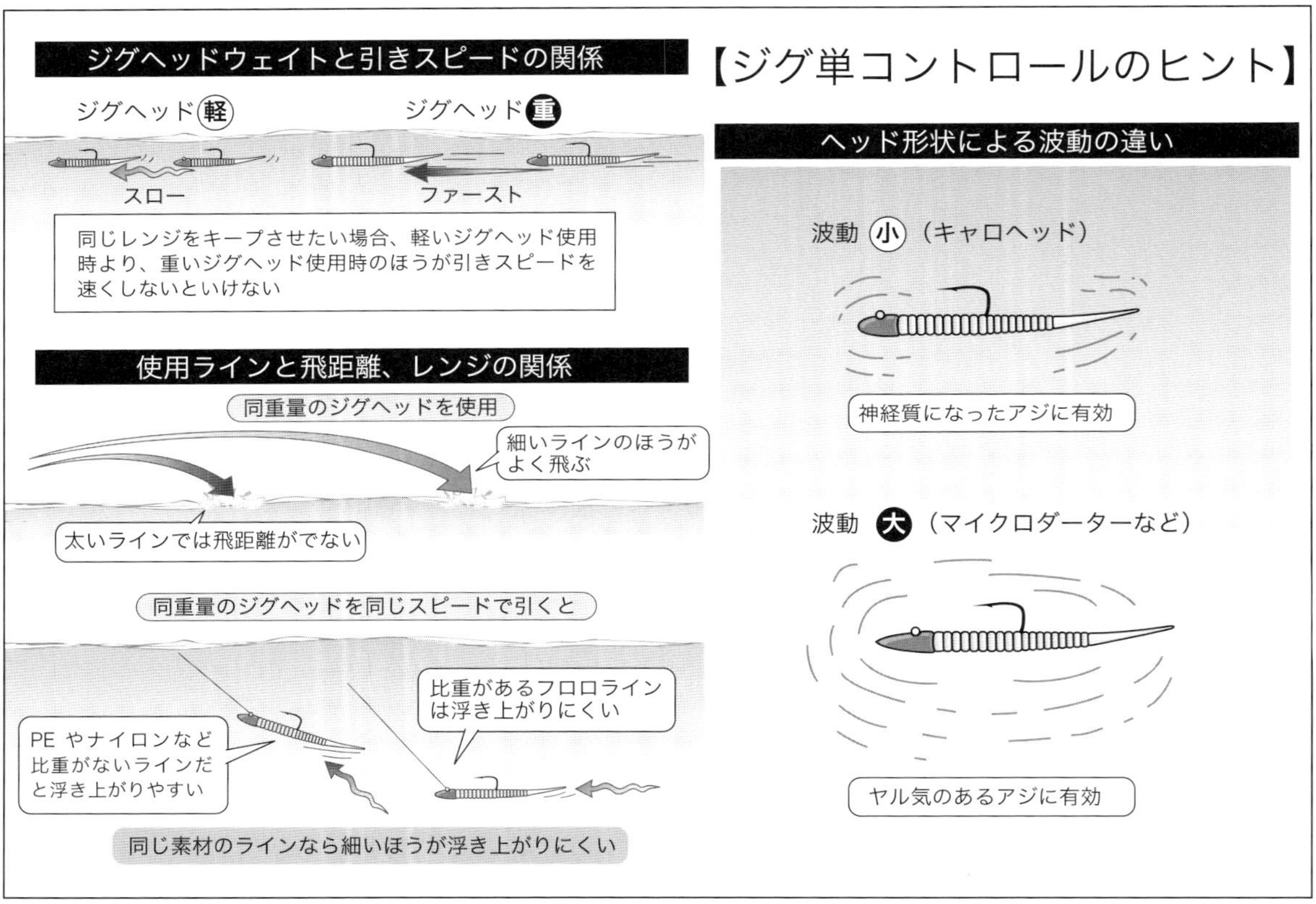

アジングの基本となるジグ単、ジグヘッドリグの釣りで、まず考えなければいけないのがジグヘッドのウェイトだ。基本は浅いレンジを釣る時は軽く、レンジが深くなれば重く、ポイントが近ければ軽く、遠い場合は重いものを選ぶ。ただ、よくハウツー本に書いてある「ボトムが取れる最小、最軽量のジグヘッドを使う」という説には僕も一理あると思っている。アジングをはじめてみたが釣果が伸びずに悩んでいる人の多くは、軽いジグヘッドでボトム付近を釣りこなせていないことが多いのだ。上層や宙層の魚は、適当に引きスピードを落とすなどのアクションを付けるだけで、それほどスキルを必要とせずともそこそこ釣れるのだが、ボトムをきっちり意識していないと、そのレンジにリグは入らない。つまりアジがいる深いレンジにリグが届いていないのが主な原因と考えられる。

うまくボトムに入らないからといって2g、3gといった重いジグヘッドに替えて沈めればよいかというと、そう単純ではない。ボトムレンジで速い動きの釣りがよい場合はそれで食ってくれるが、スローな釣りでないと口を使ってくれない状況だと軽いジグヘッドでないとレンジキープが難しいのだ。ただ軽いジグヘッドでボトムレンジをスローに釣るのは口で言うほど簡単ではなく、実釣での慣れが必要なので避けて通る人も多い。しかし、この釣りをクリアしなければ次のステップへはなかなか進めない。

アジの食性を考えると、おそらく1g前後のジグヘッドで引くスピードが最も

Q. ジグヘッドが出す波動はアジの食いに影響するのか？

A. 間違いなく影響を与える！ マイクロダーターでは逃げるがキャロヘッドなら寄ってくる事例が過去にあった

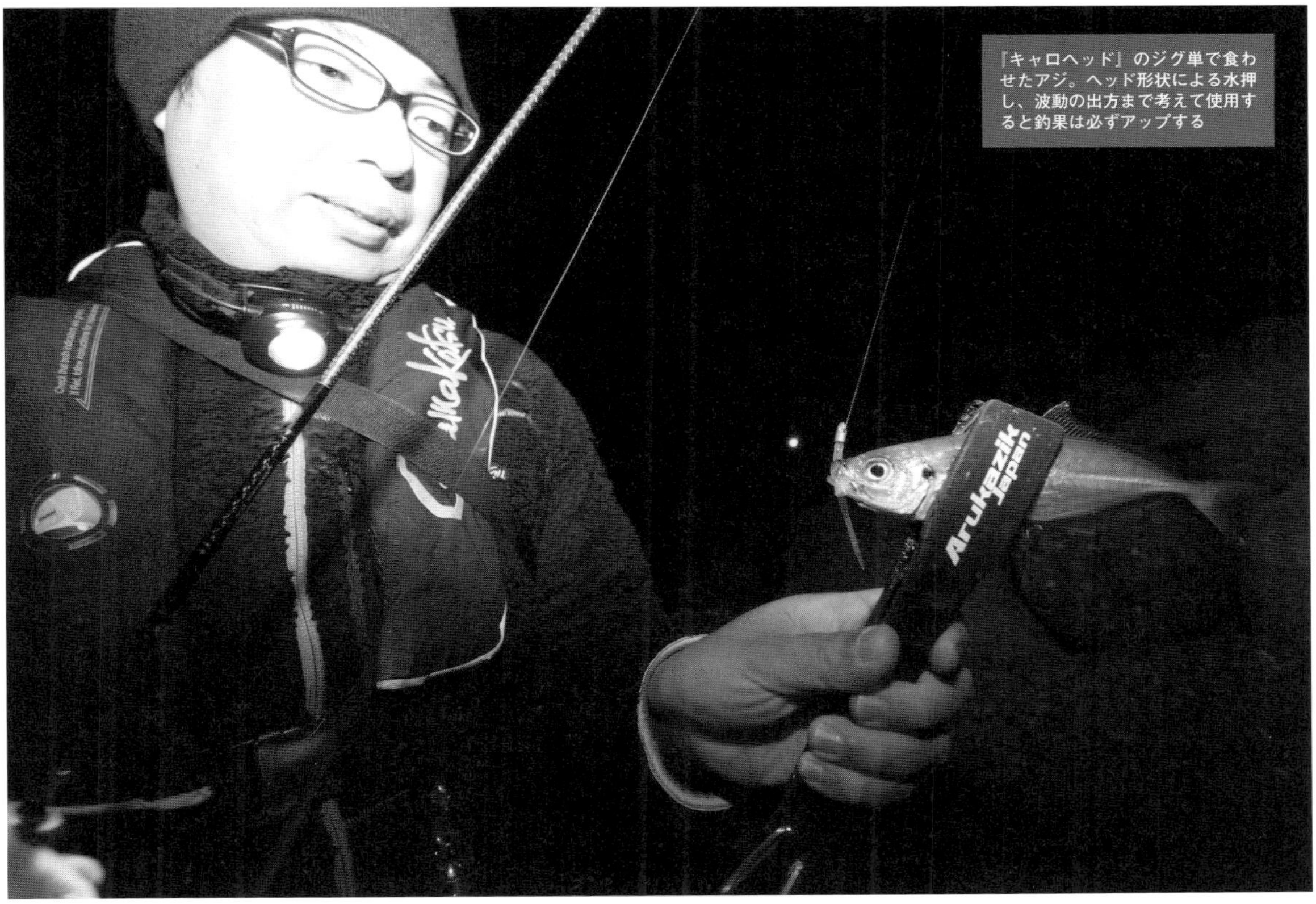

『キャロヘッド』のジグ単で食わせたアジ。ヘッド形状による水押し、波動の出方まで考えて使用すると釣果は必ずアップする

食いやすいと思う。しかしこれはあくまで標準の目安であって、食いが渋い場合は0・4gといった軽いジグヘッドで同じレンジをスローに釣ると食わせられるはず。ところがスローな釣りでワームを見せすぎると偽物と見切られて逆に食わなくなるケースもあるからややこしい。そんな場合は、そのポイントで釣るには少し重いかな？　と思えるジグヘッドで速度を上げ、またパンパンと跳ねるような釣りをすると、しっかりワームを吸い込んでくれる場合もある。

ポイントまでの距離とレンジに対して最軽量のジグヘッドを選ぶことを基本としながらも、それだけでは万全でないのがアジングの奥深さ。同じウェイトのジグヘッドでも使用ラインの素材や太さを変えることで飛距離、レンジキープ力が変わるので大いに利用すべきである。

またジグヘッドの形状もアジの食いやレンジキープに影響を与える。僕は水押しが少なく引き抵抗が小さい『キャロヘッド』でナチュラルな釣りを基本スタイルとしているが、波立っている時に『コブラ29』で、しっかりテンションをかけてフォールさせたり引いたりするとガッツリ食ってくる場合もある。ジグヘッドが出す波動の影響も大きい。波動が小さい『キャロヘッド』ならアジは寄ってくるのに、引き抵抗が強く波動が大きい『マイクロダーター』を使うとアジが怖がって逃げるという場面を日中に確認したことがある。逆にヤル気のあるアジには、派手な波動でアピール力の強いジグヘッドが有効な場合もあるのだ。

タックル ⑨ スプリットショットリグ解説

ジグ単では届かない中距離 沈まない時はスプリット！

リーダー上、もしくはライン上にシンカーを固定して使用するのがスプリットショットリグ。ウェイト分割でジグヘッド部を軽くできるため、遠距離のポイントでもワームにナチュラルな動きを与えられるのが特徴だ

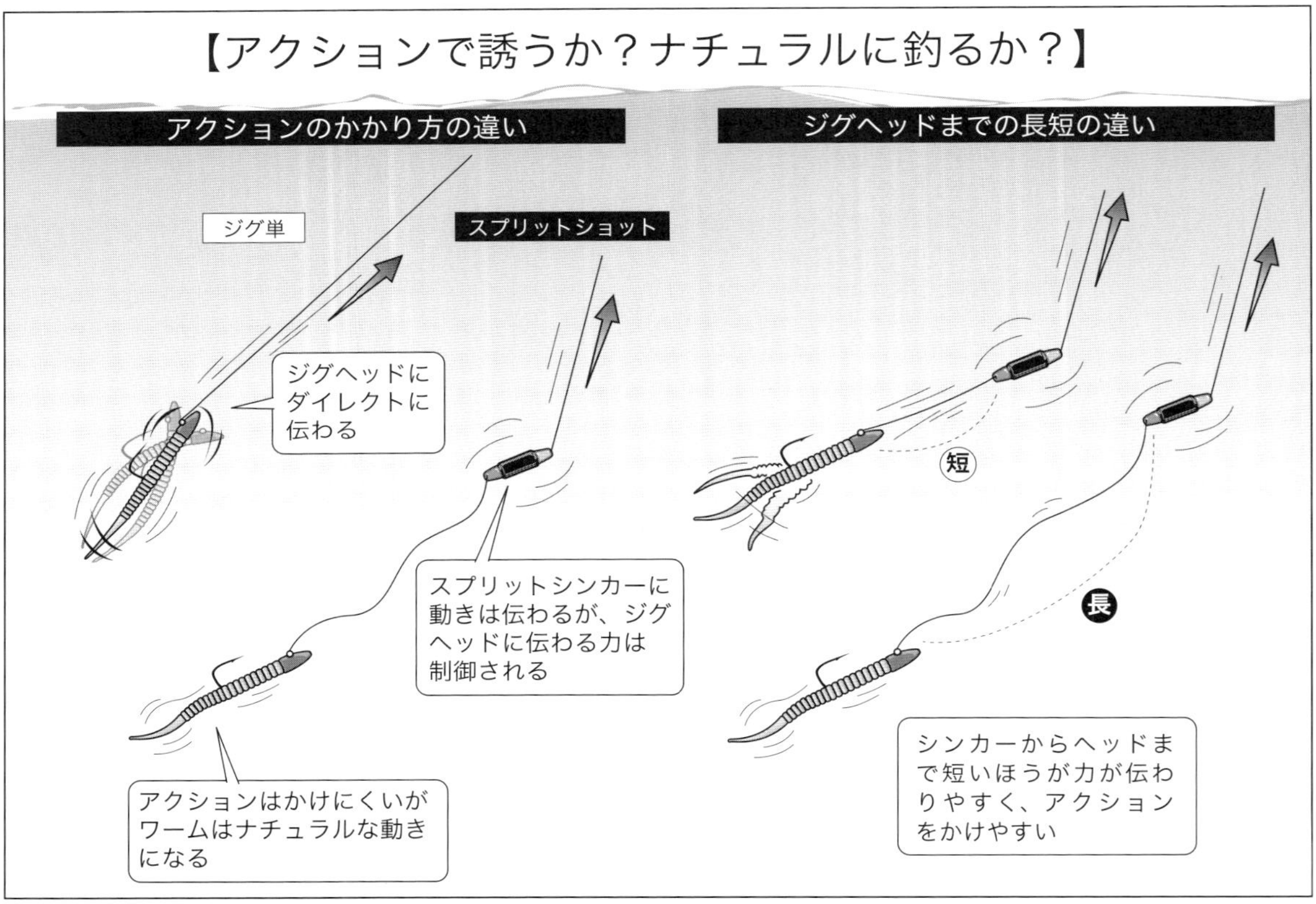

たとえば常夜灯の明暗部が遠くジグヘッドでは届かない中距離で、ジグヘッドでは入らない流れやレンジ……こういったシチュエーションできっちり探りを入れたい場合に使用するのがスプリットショットリグ。キャロほど重いシンカーを使わないのでワームにアクションをかける操作もしやすい。途中にシンカーがあるためジグヘッド単体にはない分離式ならではの動きをするメリットもある。

ジグ単の場合はロッドからラインを通したわずかな動きもダイレクトに伝わるが、スプリットの場合はまずシンカーに動きが伝わるためダイレクト感はなく、アクションをかけにくい反面、ワームにナチュラルな動きを与えられる特徴がある。したがってシンカーとジグヘッドの距離が短いほどアクションはかけやすく、長くするほどジグヘッド部分をフワッと自然になじませることができるのだ。僕の場合、ジグヘッドからシンカーまで短くて15cm、長くて80cmの範囲で状況に合わせ長さを調節している。まずは30〜40cmで始めることが多いのは、テンポの早い釣りでアクションをかけつつ、フワッと自然になじませることができるから。0・1gのジグヘッドを使い80cmもシンカーから離すとフカセ釣りのような感覚でアジを食わせることが可能になる。

またシンカーを使用することでジグヘッドをより軽く、シルエットも小さくできるため、食い渋るアジに対しても違和感を与えにくい。これがスプリットリグ最大のメリットだ。同じポイントをジグ単で釣ろうとすると小さいワームに対してジグへ

Q. スプリットリグのシンカーは何gが標準か？

A. 3gが標準。常時7gにするならキャロシンカーを使ったほうがよい

シンカーは状況に合わせて使用するため、重さや形状が違うものを何種類か持っておきたい。現在の主流は両側からゴム管でリーダーに固定するタイプ

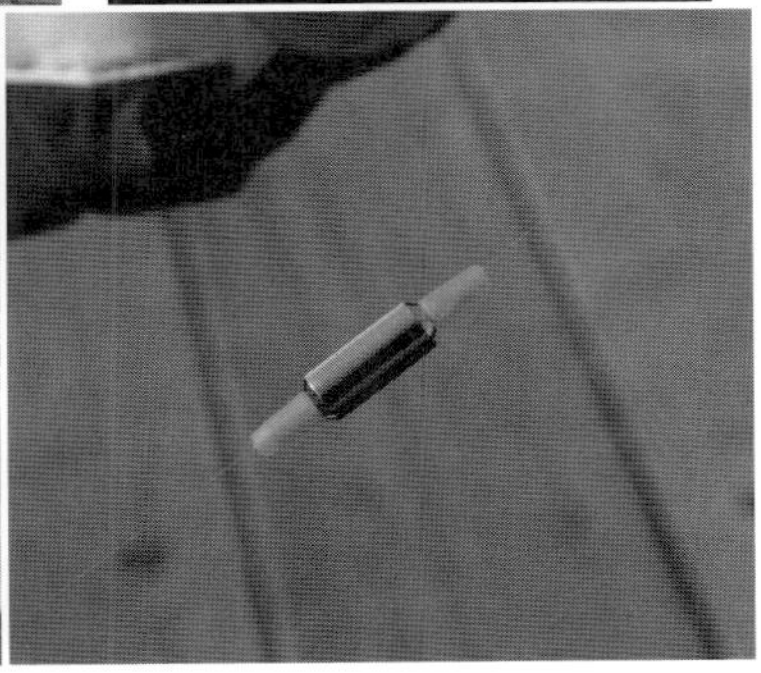

①

②

③

①スプリットシンカー
低比重、高強度のブラス（真鍮）製シンカー。1.8～7ｇの5サイズで、クロムとガンメタの2カラーが選べる
②スプリットシンカー・スリム
スプリットシンカーを細長くしたタイプで水切れがよい。3B（1g）～6B（2.65g）の4サイズでカラーはブラック
③バイトシンカー・ガン玉
リーダーに挟み付けて使用するタイプ。着脱やスライドさせた時にリーダーが傷んでないか注意。J3（0.25ｇ）から5B（1.65ｇ）までの8サイズ

（すべてアルカジックジャパン）

ッドが大きくなってしまい見た目のバランスが悪くなるだけでなく、ジグヘッドが重くなるほどゆったりスローな動きをさせることが難しくなってしまう。

スプリットリグの使用ラインはＰＥがおすすめ。フロロの通しでもかまわないが、ＰＥライン使用時よりも感度は悪くなるのでラフな釣りになってしまう。ただ、アングラーも操作感が伝わりにくい分、アジにも違和感を与えにくいので、フロロライン＋スプリットがハマるシーンもある。アタリが分かりにくくて釣った満足感は多少薄いが「知らないうちに居食いしていた」的な釣りも、なかなか釣れない日には効果的な方法だと思う。この傾向はナイロンライン＋シンカー＋フックのみのリグを使えばより顕著。このように感度を犠牲にする釣りも実はアリなのだ。

シンカーはアルカジックジャパンの1・8～7gの『スプリットシンカー』と3B～6Bの『スプリットシンカー・スリム』を使い分けている。『スプリットシンカー』2・5gと『スプリットシンカー・スリム』6Bは、ほぼ同重量だが『スプリットシンカー・スリム』は水切れがよい分、早く沈めやすい。逆にずんぐりした『スプリットシンカー』は潮乗りがよくラインを張りやすいといった特徴もある。3gぐらいがスプリットの標準で、常時7gともなるとキャロを使ったほうがよい。ジグヘッドは0・4gの『キャロヘッド』が基本。シンカーを動かしたあとに、あえてジグヘッドをスッとスライドさせたい時に1gのジグヘッドを使うこともある。

タックル ⑩ キャロライナリグ解説

より遠く！ よりワイドに！ 最大14gのキャロライナ攻略

シンカーがライン上をフリーでスライドするキャロライナリグは、
スプリットではカバーできない遠方ポイント向け。
シンカーの重さと引きスピードの兼ね合いでボトムからシャローまで攻略できる

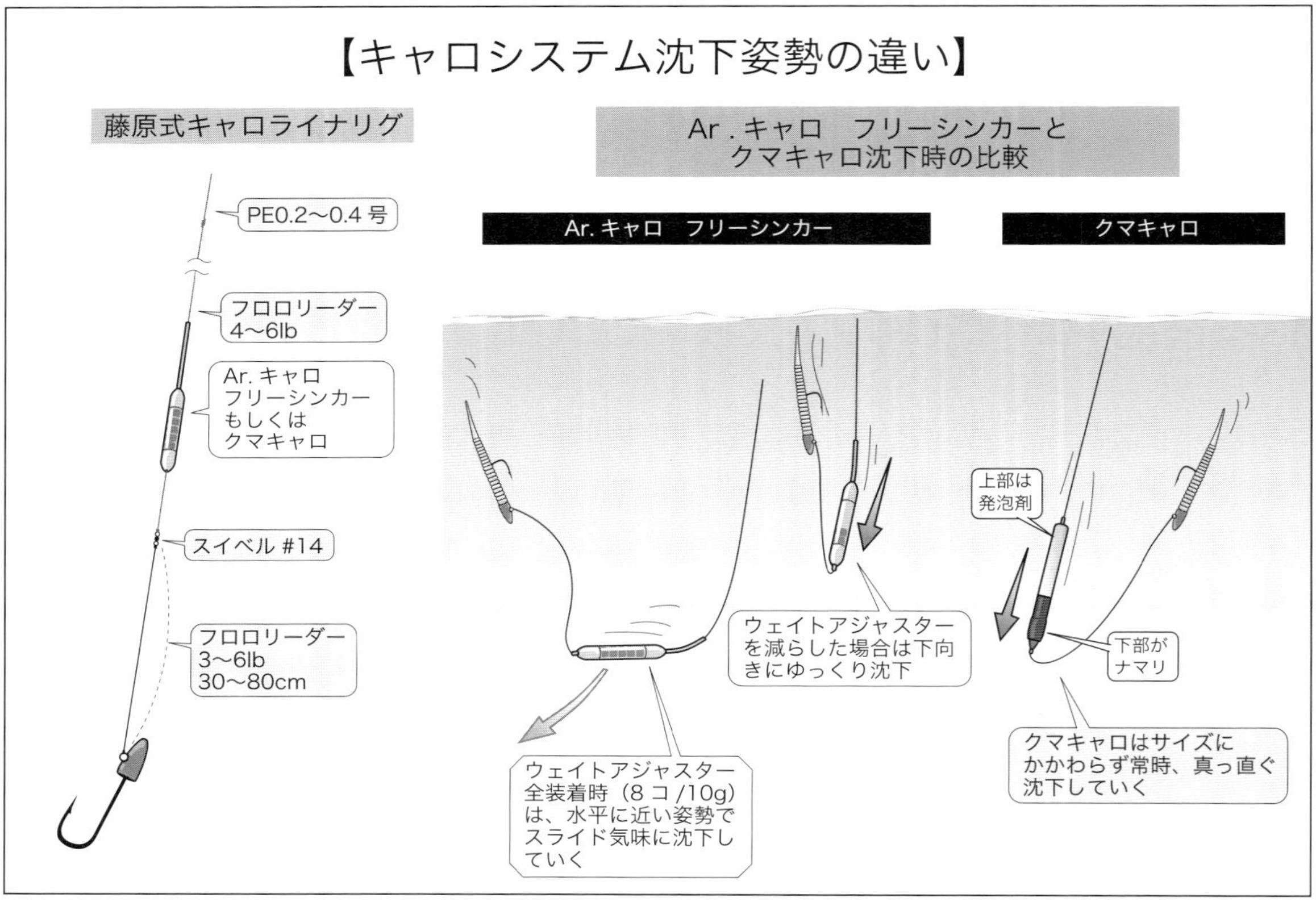

中通し式の遊動シンカーを使うのがキャロすなわちキャロライナリグだ。スプリットでは届かない遠方ポイントでディープレンジからシャローまで流し込んだり、リトリーブできる。1・8gや3・5gといった軽量シンカーも時には使うが、メインは5g以上で10g、14gといった重いシンカーの出番が多い。ちなみにキャロの使用スイベルは＃14だ。スイベル下のリーダーの長さは30～80㎝で調節。この長短の使い分けは短ければジグヘッドにアクションをかけやすく、長くすることでナチュラル感が演出できるといった考え方に基づく。

ラインはPE0・4号でフロロリーダー6lbを接続しシンカーを通しスイベルを結ぶ。その先のフロロリーダーは4lbと少し細くしておく。これは根掛かり時のシンカーロストを防ぐ意味合いが大きい。ジグヘッドは『キャロヘッド』0・4gが標準だ。

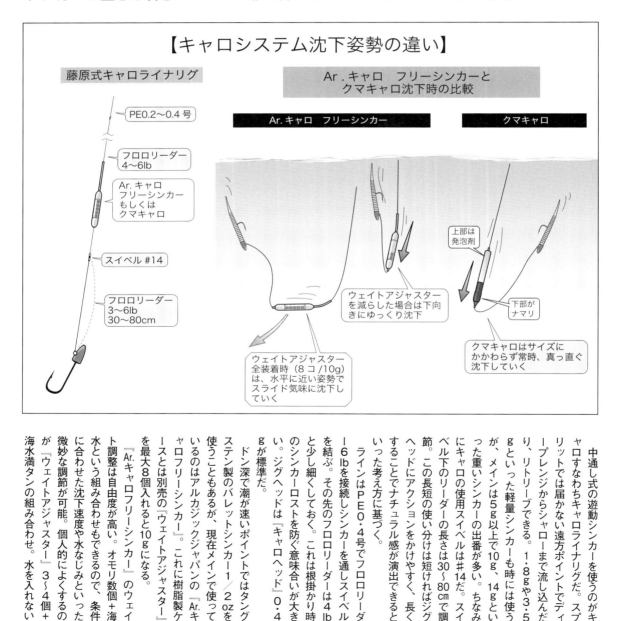

ドン深で潮が速いポイントではタングステン製のバレットシンカー1／2ozを使うこともあるが、現在メインで使っているのはアルカジックジャパンの『Ar.キャロフリーシンカー』。これに樹脂製ケースとは別売の『ウェイトアジャスター』を最大8個入れると10gになる。

『Ar.キャロフリーシンカー』のウェイト調整は自由度が高い。オモリ数個＋海水という組み合わせもできるので、条件に合わせた沈下速度や水なじみといった微妙な調節が可能。個人的によくするのが『ウェイトアジャスター』3～4個＋海水満タンの組み合わせ。水を入れない

Q. キャロがスプリットより勝る点はどこにあるのか？

A. スイベルでシンカーが止まるので キャスト時やアワセ時にシンカーズレがないこと

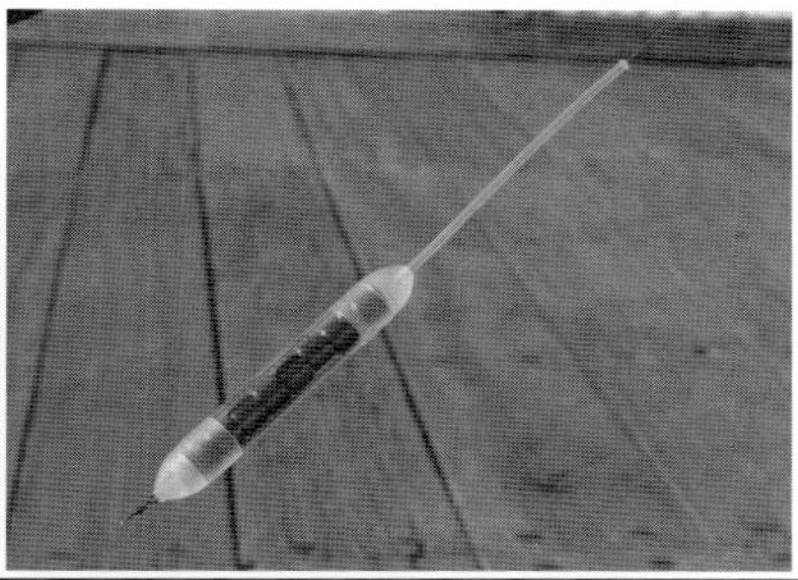

キャロライナリグはスイベルを使用し中通しシンカーを用いる。スイベルがあるため強くシャクッてもスプリットのようにシンカーズレの心配がない

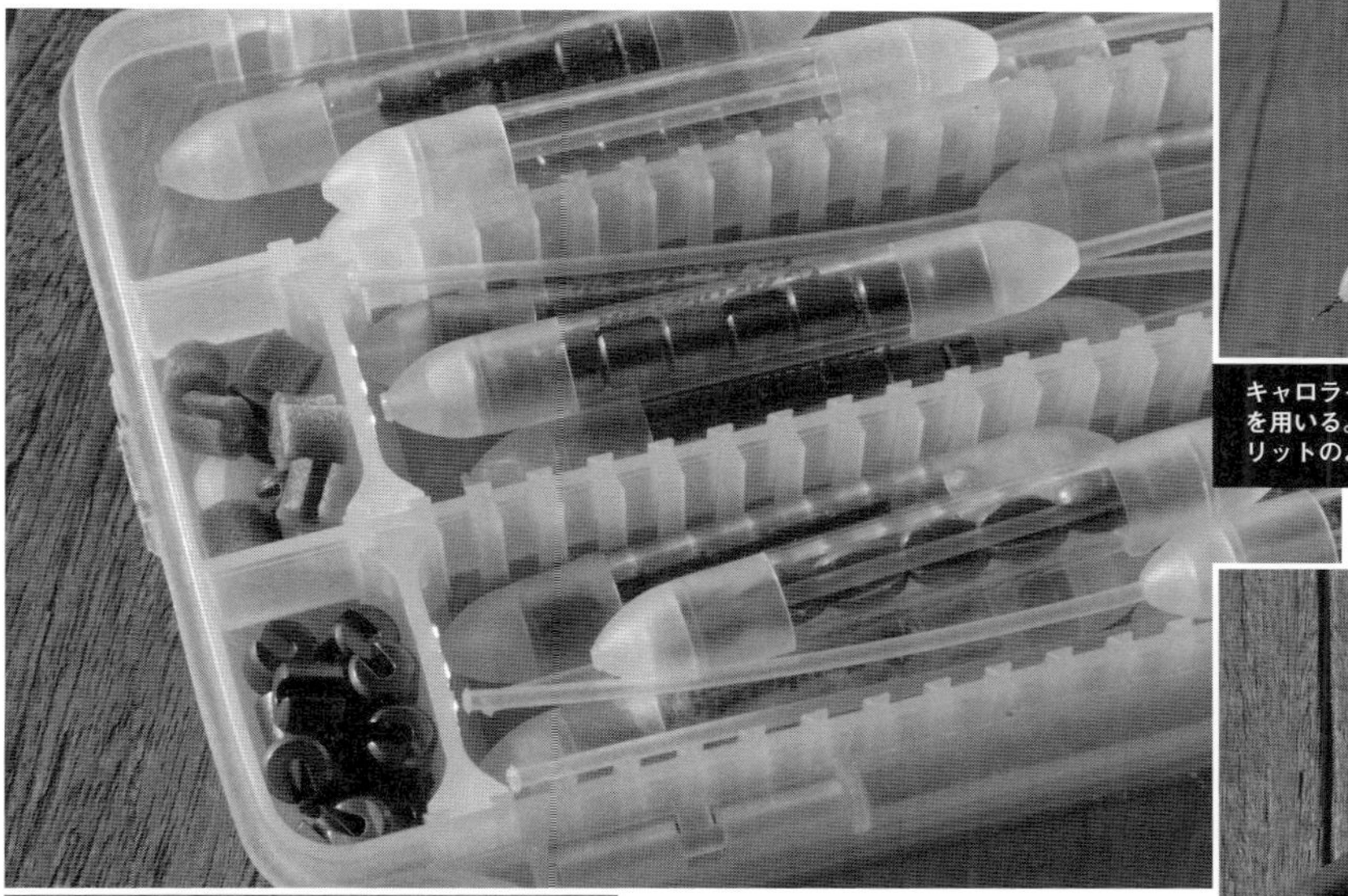

『Ar.キャロフリーシンカー』は内部に『ウェイトアジャスター』や海水を入れて重さや比重を調節できる自由度が高いキャロ用シンカー。『ウェイトアジャスター』8個を入れ海水を満たすと最も重くなる

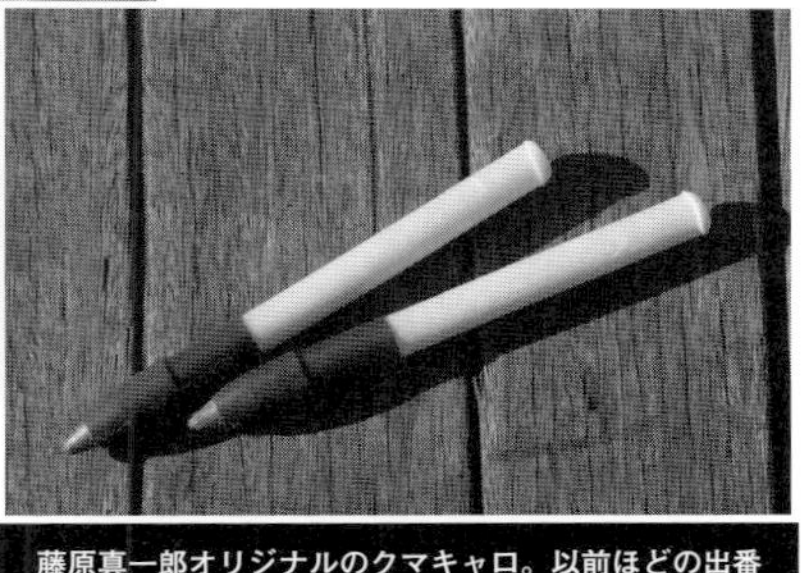

藤原真一郎オリジナルのクマキャロ。以前ほどの出番はなくなったが、まだまだ現役。上部が発泡材、下部がナマリのバレットシンカー構造でキャスト時はナマリ部を先頭によく飛び、沈下時もナマリ部を下にストレスなく沈下する

と内部の空気のせいで、思ったよりも沈みにくくなる。よって海水を入れることでより水なじみがよくなるのだ。

極端な話、内部に海水だけを入れてフロートに近いようなサスペンド状態の演出も可能で、海水の重量でキャスト時は非常によく飛び、水中に入ってからは海水とほぼ同じ比重になるため、じわっと水面下を漂わせながら潮に乗せて釣ることができる。また内部に何も入れず完全にフロート（ウキ）的な使い方をする人もいる。急に近距離でライズが始まった時などリグを交換せず内部の『ウェイトアジャスター』や海水を抜くだけで、すぐさま切り替えできるのが利点だろう。ほか海水ではなく真水を入れたり、タングステンパウダーを入れたりと、それぞれ独自の発想で楽しめるのも『Ar.キャロフリーシンカー』の魅力といえる。

オリジナルのクマキャロも、まだまだ現役だ。『Ar.キャロフリーシンカー』で最大10gにすると、沈下時に横姿勢でスライドする感じになるが、同じ10gでも下部がナマリで上部が発泡素材になっているクマキャロは、立った姿勢を保ったまま真っ直ぐ沈んでくれるので、比較的流れの強い場所でも非常にボトムが取りやすいのだ。レンジを取る際も安定したカウントダウンが可能だ。

アジング人気による人的プレッシャーのせいか、メジャーフィールドでは近年足もとの釣りだけでは釣果が得にくい状況が増えてきている。今後はロングディスタンスでの繊細な釣りが求められることが多くなるはずだ。

ジグヘッドの繊細操作を可能にする最強Fシステムの特徴と利点

ライトゲーム用フロートは中通しタイプがほとんどだが、藤原流フロートリグは、環付きタイプを使いリーダーの端イトに結ぶFシステム。中通しフロートシステムにはない利点が山盛りなのだ！

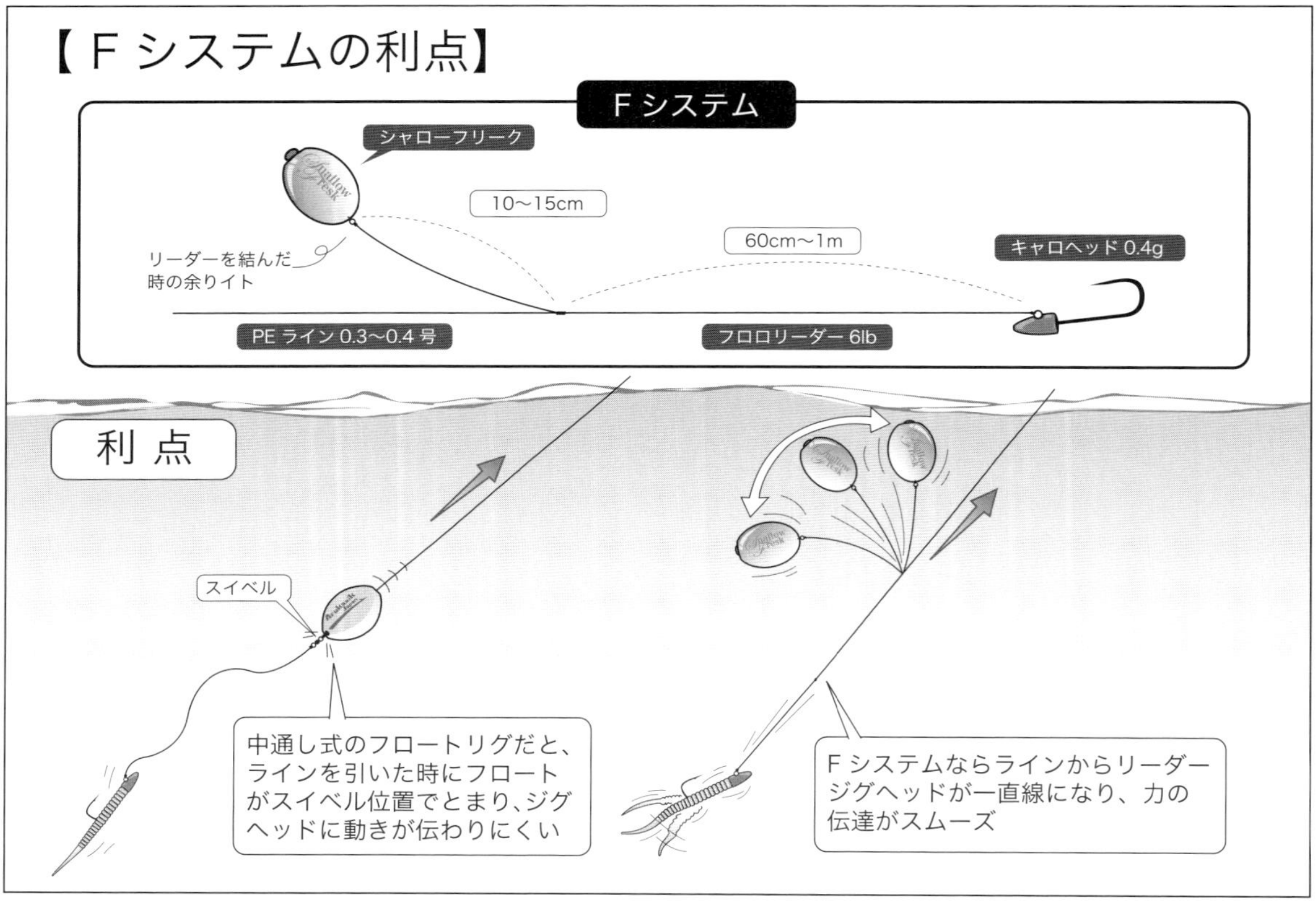

僕のフロートリグは、自ら考案したFシステムオンリーだ。通常のフロートリグが中通しのフロートを使うのに対し、Fシステムはラインに接続したリーダーの余りイト10～15㎝を枝スにしてフロートを結ぶスタイル。ジグヘッドを結ぶ本来のリーダー部分は60～80㎝、長くて1mだ。スレたアジには長めのほうが食いがよいだろう。ジグヘッドは『キャロヘッド』の0・4gが基準。ラインはPE0・3～0・4号、リーダーは6lbがレギュラー。フロートを結ぶリーダーの余りイトをあまり細くするとキャスト時に切れる可能性があるので、ジグヘッド部分のリーダーを細くしたい場合は、6lbの先に4lbのリーダーを段継ぎするとよい。リーダー同士の結びはトリプルサージャンスノットや電車結びなど、慣れた方法でかまわない。

以前のフロートはアルカジックジャパンの『ぶっ飛びロッカー』を環付きに改造して使っていたが、現在はFシステム専用に開発された同社の『シャローフリーク』だ。7・5gと10・5gの2タイプがあり、それぞれ残存浮力0・3gと0・6gで水面に浮くようになっているが、フロート先端のエンドバランサーを一旦抜いて内部の空間にタングステンネイルシンカーやイトオモリを入れ閉じることで浮力調整が可能。浮力を殺してじわっと沈下させられる。水面での姿勢はエンドバランサーがあるため基本的には水平だが、リグの重みでスイベル部分がやや下を向く。

基本的な使い方としては遠浅のシャロ

Q. 遠方のブレイクを釣ることは可能か？

A. もちろん！ キャロだと根掛かりが心配だが Fシステムなら、ゆっくり沈めて根掛かりを恐れず攻略できる

泉南谷川の観音崎でゲットした尺オーバー。沖の流れの中をFシステムで沈めながらヒットさせた

Fシステム専用に設計されたアルカジックジャパンの『シャローフリーク』は環付きタイプで7.5ｇ（残浮力0.3ｇ）と10.5ｇ（残浮力0.6ｇ）の大小2サイズ。フロート先端にはエンドバランサーが装着されており、これを外して内部空間にシンカーなどを入れて浮力調整が可能。グローカラーでナイトゲームでの視認性もよい

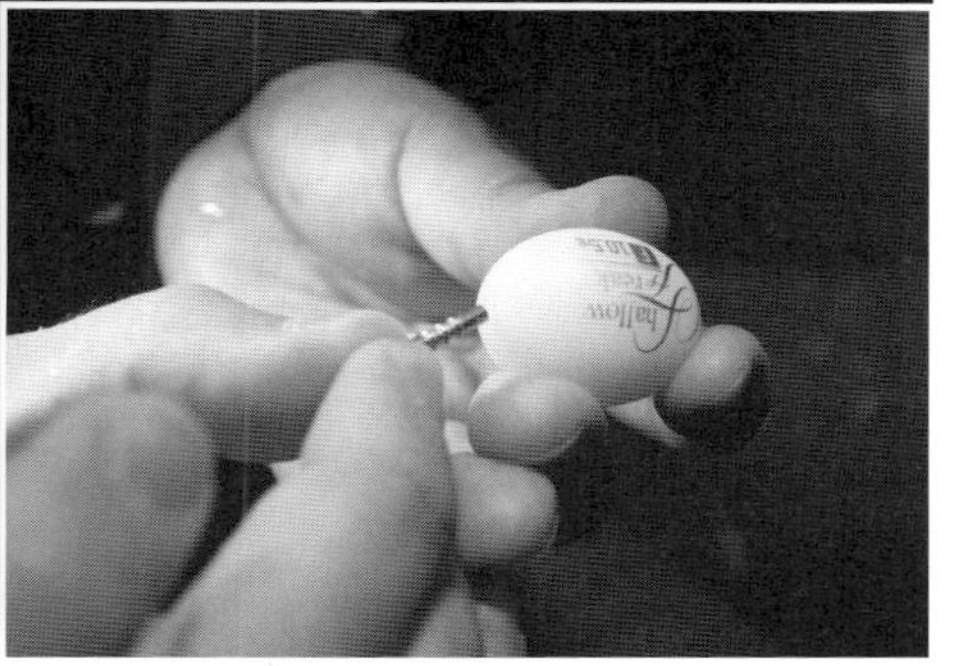

ーに入ってきた活性の高いアジを釣る場合は内部に何も入れずに浮かして使う。遠方のブレイクやゴロタや岩から砂地に変化する地点などに付いているアジをねらう場合は、内部にオモリを入れてリグ全体を沈めていく。これらはキャロでも釣れる距離、探れるレンジだがキャロでブレイクをゆっくり引くと根掛かりのリスクがつきまとう。根掛かりさせないようにするには速く引くしかない。しかしFシステムならゆっくり引いてもキャロほど沈まないので沖のブレイクもスローに攻略可能。つまり遠方のシャローからディープ、ボトムまでを幅広くスローに探れるのが『シャローフリーク』を使用したFシステムの特徴なのだ。

中通し式のフロートとの違いは、リグを引いた際に、中通し式だとスイベルで止まったフロートの影響でジグヘッドの状態がサオ先に伝わりにくいが、Fシステムだと10〜15㎝とわずかだが枝ス部分があるので、直接サオ先にジグヘッドの引き抵抗を感じることができ、さらにはアクションも直接ジグヘッドに伝えられる点が挙げられる。アワセを入れる場合も中通し式だとフロートの重みがかかったリーダー部分がわずかに伸びるため、若干のタイムロスが生じる。Fシステムだとラインからジグヘッドまでの間に直にフロートがないため、アワセがフックまでダイレクトに伝わるのだ。ラインを緩めてフォールさせる場合もFシステムならフロートが上からテンションを与えてくれるので、リーダーまでたるんだ状態にはなりにくい。

タックル ⑫ ワーム使い分け3トーン

明るいか暗いか、その中間か？ 夜間のアジは色を感じない!?

色とりどりのワームを眺めて思い悩むのは人間だけなのかもしれない。暗い海中でアジは色を感じていないとされている。問題なのは、そのカラーがどれほどの明度なのか。白いか黒いか、その中間のグレーなのかでアピール度は変化する

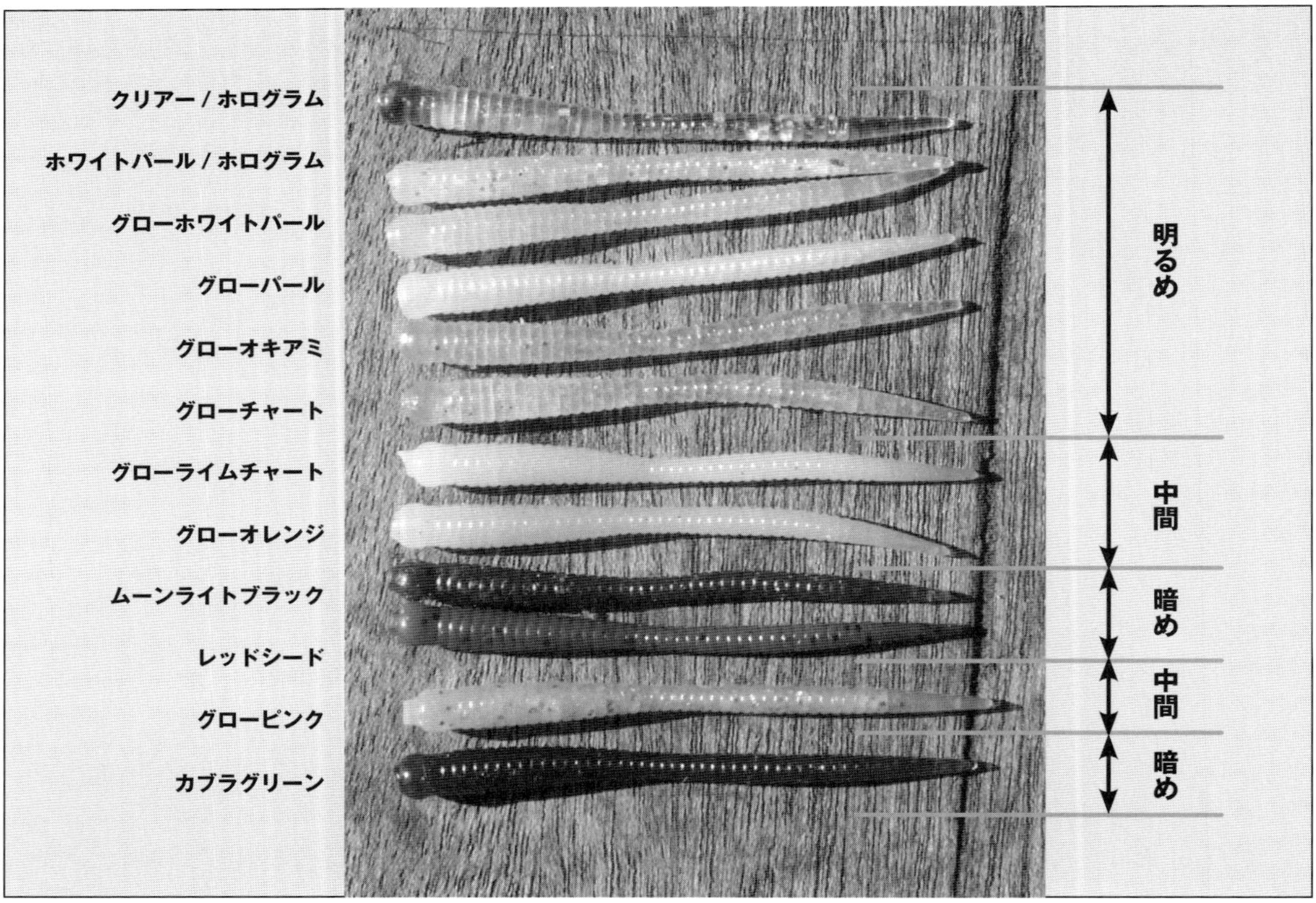

ナイトゲームがメインのアジングでは、ワームはカラーセレクトより「コントラストをどうアレンジするか」のほうがはるかに重要といえる。アジにかぎらず多くの魚たちは明るい日中は色彩を認識しているようだが、光量が落ちて暗くなってくると色彩を感じなくなり、暗視スコープのようにモノクロの明度の違い、コントラストのみ認識するといわれる。つまり昼の眼と夜の眼では光の感じ方が全く違うのだ。その境目は照度0・01ルクスで、それ以上だと色を識別し以下だと色を感じないらしい。

地上での直射日光の平均値は約6万5000ルクス。くらべて満月の夜は0・2ルクスと微量ながら0・01は超えているので、海でも表層ならアジも色を感じているかもしれない。しかし水中に潜れば潜るほど、どんどん光は届かなくなるので夜間に釣れるアジは、ほぼワームカラーを分かっていないと思ってよいだろう。

というように眼が暗順応したアジが街灯に照らされた付近に寄ってくるとどうなるか？ 周辺の暗い海で泳いでいて色を認識できなくなってはいるが、光に対する感度は非常に高くなっているはずで、きっと人工的なライトに照らされた海面をめちゃくちゃ明るく感じるに違いないし、そこでは再び色を感じるようになるのかもしれない。

しかし夜間は、あまりにも明るいところを嫌い、その周辺の適度な光量エリアに溜まるという研究結果もあるとおり、おそらくそれが明暗部境目がベストポイ

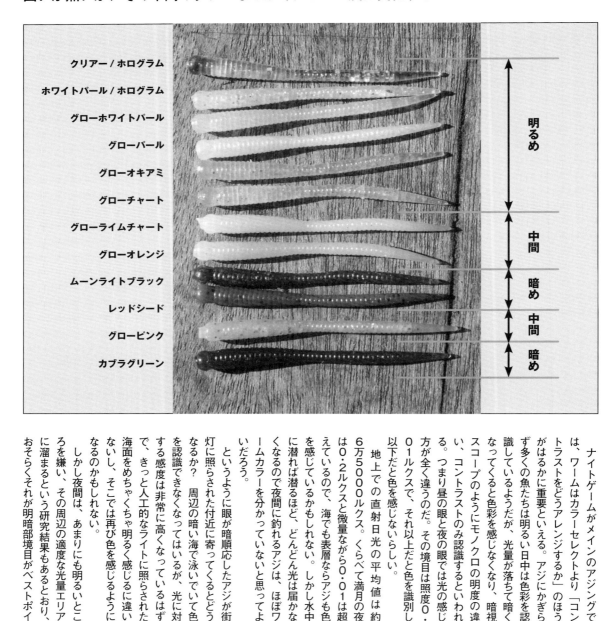

Q. ワーム各色の明度、トーンを確認する方法は？

A. 並べてスマホで撮影し編集アプリでモノクロ化すれば簡単

暗順応したアジの眼には夜間の照明はあまりに明るすぎるのかもしれない。それを嫌って明暗の境目で灯りに集まったベイトをねらっているのだろうか？

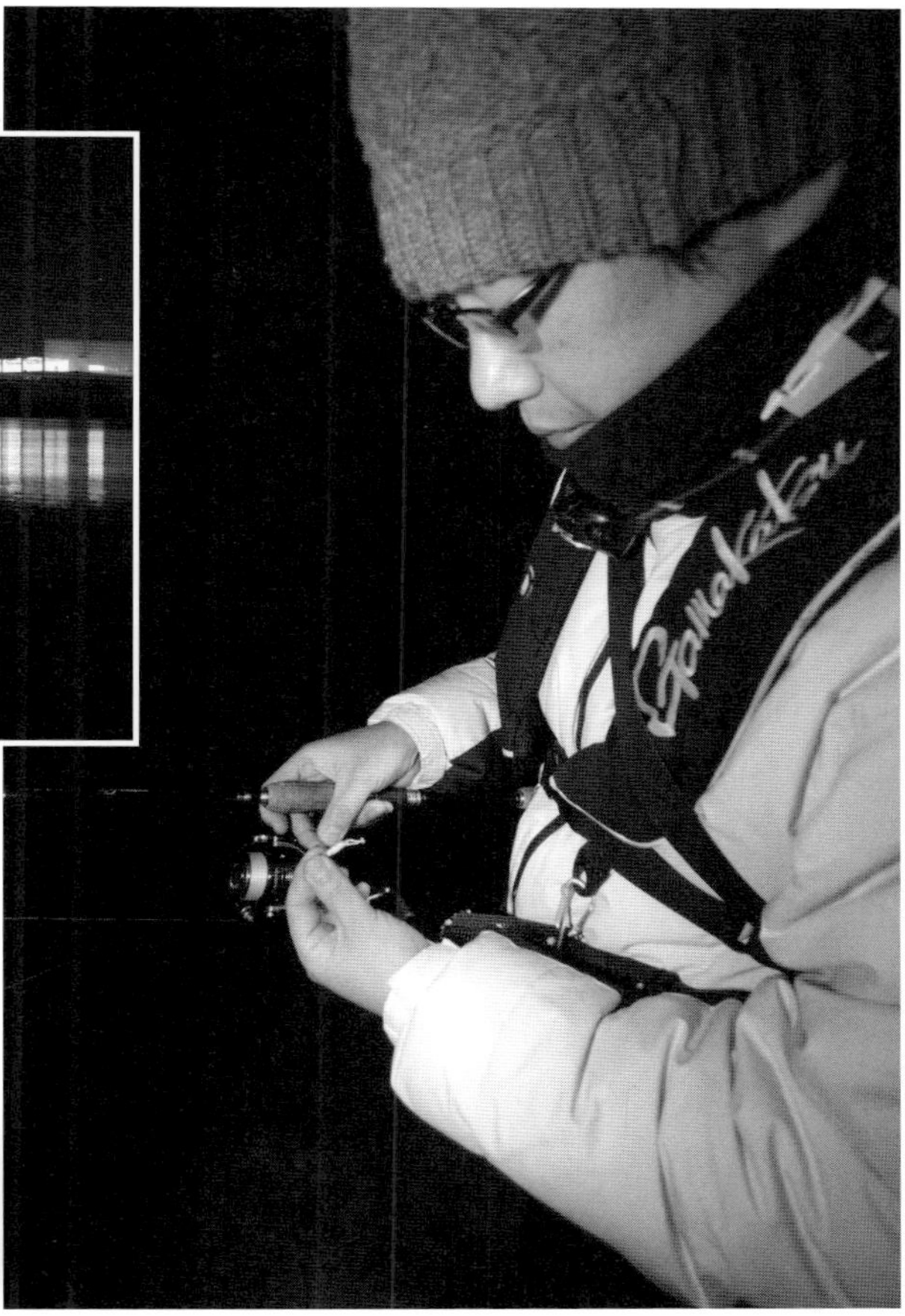

総じて白っぽいもの、色の薄いものが明度が高く暗い海中では目立つ。逆に黒っぽいもの、暗い色のものは目立ちにくい。ナイトゲームのワーム選びは色合いよりも濃度が問題なのだ

ントになる理由なのではないかと思っている。

　ということで人間の目に見える実際の色はあまりあてにならず、色のない世界で使用ワームのコントラストがどうなのかを知っておきたい。簡単な方法としてワーム各色を並べて撮影しモノクロに変換してみればよい。最近のスマホアプリの編集機能なら簡単にできるはずだ。濃いグリーンや濃い赤は黒っぽく見えるだろうし、クリアーやパールホワイト、チャート、薄いピンクなどは明るく見える。濃いオレンジやピンクは中間のグレーだ。これを理解したうえでワームを選べばナイトゲームでのアピール戦略がより的確になる。

　基本的には暗順応したアジの眼にも目立つ白っぽいもの、明るいもので釣り始め、食いのよしあしで中間的なもの、暗い色にチェンジしていく。つまり「ピンクか黄色か」と悩むのはあまり意味がない。暗い海中での見え方は大して変わらないからだ。それよりも明るいか暗いかが重要なのだ。

　日中の船釣りでの話だがエサ釣りの仕掛けに緑のワームを刺して釣ったところ、エサよりも断トツでアジが釣れたことがある。50mという深いタナだったので太陽光線も大して届いておらず、アジからは緑には見えず若干黒っぽく見えたに違いない。

　何が言いたいかというと、人間の目から見た意外な色でも、アジからすれば特に夜間は食欲をそそるトーンなのかもしれない、ということだ。

タックル ⑬ サポートアイテム

快適なアジングを実現する頼もしい脇役たち

漁港や港湾部で手軽にできるアジングとはいえ、
より快適に楽しむためにはロッドとリールとリグだけ……というワケにはいかない。
アングラーをサポートする脇役たちも重要だ

プライヤーはアジに飲み込まれたジグヘッドを外す時に便利だし、リグの小細工にも使用。ハードルアーを使うこともあるのでフック交換には必需品。バッグに小型でよく切れるハサミも入っている

右／ラインカッターを付けるリールはカラビナ式でライフベストに装着。ピンオン式は知らないうちに外れて失うことが多いのがその理由
左／ショルダーバッグにもラインカッターを２個装備！ 念には念を！ プライヤーもバッグに付けている

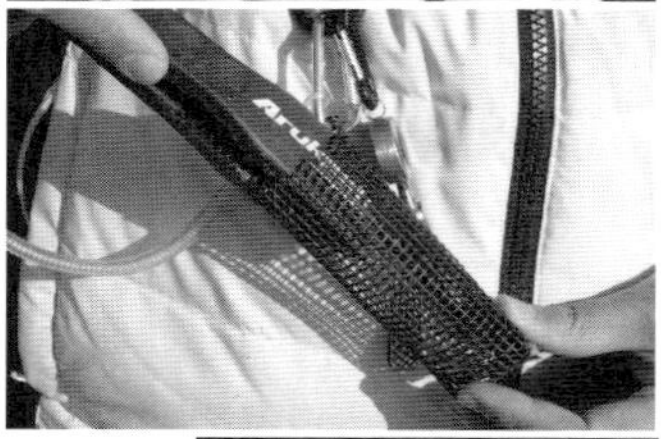

フィッシュグリップは小型をライフベストに、自作ケースに入れてぶら下げる。アジには腹ビレと尻ビレの間に鋭いトゲがあるので素手で触ると痛い目に遭う

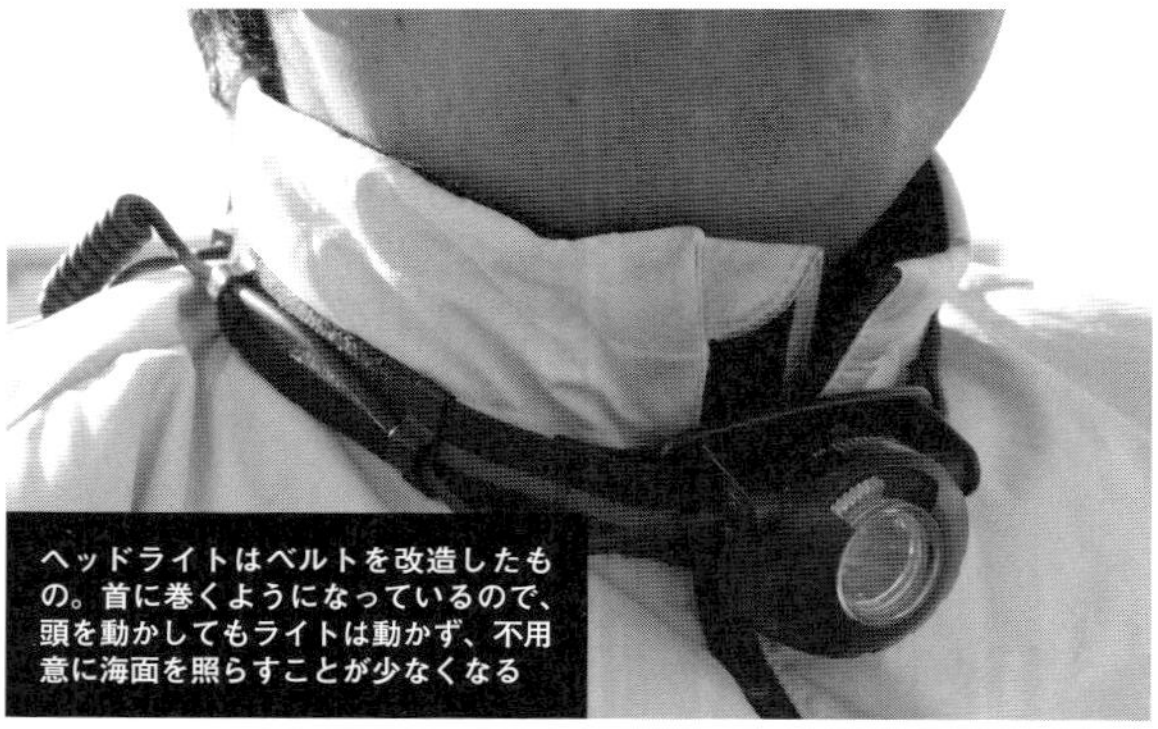

ヘッドライトはベルトを改造したもの。首に巻くようになっているので、頭を動かしてもライトは動かず、不用意に海面を照らすことが少なくなる

お手拭きタオルも必需品。これもライフベストにぶら下げて、いつでもどこでもサッと手を拭けるようにしている。がまかつ『フィッシングタオル』はスリットポケットも付いているので、ラインの切れ端や細かいゴミなどを収納しておくのにも便利

快適なアジングを楽しむために、さまざまな脇役たちも必要だ。まずフィッシュグリップ。アジは腹ビレと尻ビレの間にあるトゲがきつく、素手で触ると指を切ることもあるのでこれは欠かせない。手に付いたウロコがロッドやリールを汚すのも避けられる。口を挟むタイプでもよいが、大型アジの時は、第一精巧の『ワニグリップミニ』を使う。ライフジャケットにぶら下げているケースは園芸用の硬質ネットによる自作だ。

ライフジャケットにはワニグリップの他、手を拭くためのタオル、ラインカッターをぶら下げる。カッターのリールはピンオン式だと、知らないうちに外れて失うことがあるのでカラビナ式にしている。それでもなくすと困るので、ショルダーバッグのファスナーにも予備を2個ぶら下げているし、バッグ内にはハサミも入っている。僕は歯でラインを切らないので特に念入りなのだ。

ナイトゲームなので足もと&手足を照らすライトは欠かせない。友人がベルトをネック用に改造してくれたヘッドライトを首に巻くようにしている。というのも頭に付けていると身体が陸を向いていても、振り向いた際に光が海面を照らしてしまうことがあるため。神経質では？　と思われるかもしれないが、アジは点滅光を嫌う。そんな研究結果も出ているそうなので、可能なかぎりアジにプレッシャーを与えたくない。当然、予備のライトや電池も忘れずに持参する。

プライヤーもメタルジグなどを使う時のスプリットリング着脱など、リグの小

Q. 街灯周りを釣るアジングなので ライトで海面を照らしても大丈夫？

A. アジは点滅光を嫌うという研究結果があるそうなので、むやみに照らさないほうが無難

気温が高いシーズンは小型クーラーも現場まで持参。ライトなクーラーバッグに保冷剤を入れておくだけでも魚の傷みがずいぶん違う

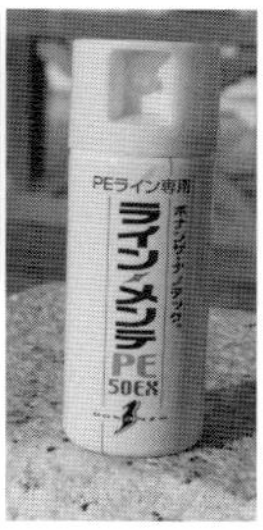

ラインの滑りをよくするボナンザ『ラインメンテPE』などフッ素系スプレーも車には常時積んでいる

小型ランディングネットはライフベストにぶら下げて釣り場に携行。消波ブロック帯など釣ったアジを落とすおそれがある際に便利。大型が掛かって抜き上げが厳しい時は磯ダモですくう。または足もとに置いておき、その中に釣ったアジを落とし込むようにしている

アルカジックジャパン『タックルバッカン』は普段、車に置いておくことが多いが、予備のリグやリールが増える遠征時はポイントまで。ロッドホルダー付き、ショルダーベルトも着脱式で便利

釣ったアジはハサミでエラの付け根をチョッキン！　美味しく食べるために、きちんと血抜きして持ち帰る

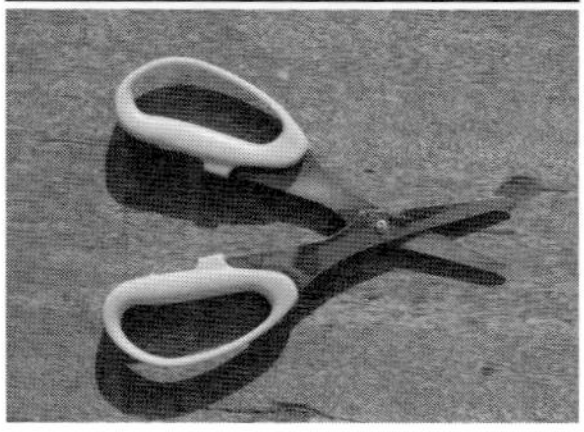

水くみバケツは手を洗うだけでなく少しのあいだアジを生かしておいたり、アジを締めて血抜きする際にも重宝。左側はエアポンプをかけて長時間アジを生かしておけるアルカジックジャパンの『フィッシュキーパー30』

細工をする際に必要。アジならほとんど手でフックを外せるが、シーバスなどにジグヘッドを飲み込まれた時などにも重宝するので、小型のものをバッグに忍ばせている。フック外しにはフライやトラウトで使用されるフォーセップも便利。

消波ブロック帯など釣りあげたアジを落とす可能性がある場所では小型ネットを持っていれば便利。小型をリリースする場合もフィッシュグリップを使わずネットで受け、直に触らないようにすればダメージも少ない。

尺以上の大アジをねらう場合は磯ダモを持参。当然、抜き上げに不安がある場合はタモですくうし、足もとに置いておけば、そのタモの中に抜き上げたアジを落とし込むことで消波ブロックの隙間に、せっかくの尺アジを落として泣きをみることも少なくなる。外道のシーバスなどが掛かった時もタモがあれば安心。柄の長さ4・5m程度でタモ枠径40～50cmで充分だ。

水くみバケツがあれば手を洗うだけでなく釣ったアジをとりあえず生かしておく場合にも使える。上部にネット付きのものならアジを入れたまま海水の交換も可能。締めて血抜きする際も便利だ。暖かい時期は小型クーラー、クーラーバッグも必需品。せっかく釣ったアジ、おいしく食べたい。ラインやロッドガイド用のメンテナンススプレーも現場までは持って行かないが車には常備している。リグが軽量のためラインやガイドの滑りが悪くなると飛ばなくなり、てきめんに釣りに悪影響が出てしまう。

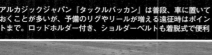

タックル ⑭ 安全かつ快適なウェア選び

ライフベストは年中必着！
頭も手足も安全第一に考える

服装は快適さと動きやすさを考慮して。忘れてはいけないのがライフベストなど自身を守るためのアイテム。キャップ、グローブ、シューズも快適さにプラスして安全確保のために、きちんと着用しよう

漁港や港湾、サーフなどでは膨張式のライフベスト、磯に出る場合は浮力材が入ったベスト一体型。股ヒモがある場合はきちんと締め、正しく着用しなければまるで意味がない

左がハイパーVソールのスニーカー。ほぼ万能に近い耐滑性があるが、ノリが付着し濡れたコンクリート面や岩などは安心できない。右はがまかつの『フェルトスパイクブーツ』。磯やゴロタなどで着用

藤原真一郎ウィンターコレクション！　防寒の上着はがまかつ『ウインドストッパーダウンスーツ』、下半身は防風フィルムがラミネートされた、がまかつ『ボンディングフィッシングパンツ』

春夏の暖かい時期はラフな格好でOK。速乾性の高いシャツやパンツが理想だがポロシャツ＋短パンの組み合わせでもよい

絶対に忘れてはならないのがライフベスト。漁港の岸壁や防波堤など手軽な場所では膨張式。ラインカッターやフィッシュグリップ、タオルなどをぶら下げて使いやすいので僕は上半身に身に付けるタイプを常用しているが、ベルトタイプでもかまわない。ただ磯や険しい足場の釣り場に出る場合は浮力材の入ったベスト一体型を着用する。これは落水や波に流される場合など、膨張式が機能しなかった場合のリスクを考えてのこと。頭を打って意識がなくなった場合は手動で膨張させることもかなわない。転倒時も場合によって打撲から身体を守ってくれる。同様の理由で頭部を守るためナイトゲームでもキャップやハットは必要。転倒時はもちろん隣人のキャストでフックを引っ掛けられる場合もある。

フットウェアも釣り場の条件に合わせて滑りにくいソールを選ぶ。手軽な岸壁や防波堤ならスニーカーで大丈夫だが、僕は滑りにくさ2・5倍のハイパーVソールのスニーカーを長年愛用している。磯やゴロタ、テトラなどではスパイクやフェルト、フェルトスパイクのブーツなどを状況に合わせる。怖いのが濡れたテトラポッドやノリなどの藻類がべったり付いた表面がつるっとして引っ掛かりのない石や岩やコンクリートである。特に波打ち際から近く黒く見えているテトラポッドはどんなソールの靴でも絶対に滑らないとはいえないので、近付かないことが何よりだ。スパイクでもスケート靴のように滑ってしまうことがあるからだ。冬の夜は潮位が低くなることが多い

Q. どんな釣り場でも滑らない万能のソールはあるの？

A. 魔法のソールは存在しないので場所に合わせて選ぶのが鉄則。どうしても滑るところには近付かないことが大切だ

●寒がり真ちゃん大助かりアイテム セラミックヒーター内蔵のホットベスト

いくら防寒着を着込んでも寒い時は寒い。かといって使い捨てカイロを体中に貼りまくるのも煩わしい。そこで注目したいのがサンラインの『HOT ヒーターベスト』だ。セラミックヒーターが内蔵されており背中と首周りを暖めてくれる。電源は充電式バッテリーでスマホ用のモバイルバッテリー使用も OK。バッテリーを２個つなげば最長 14 時間の連続使用が可能だ。

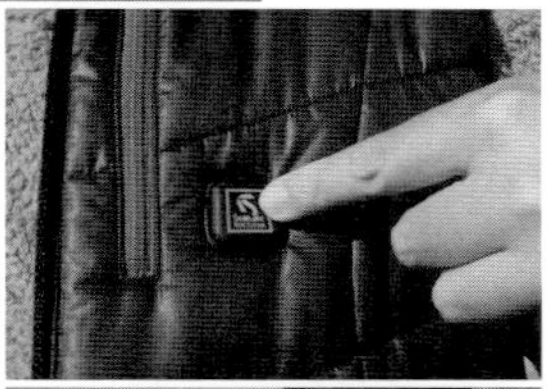

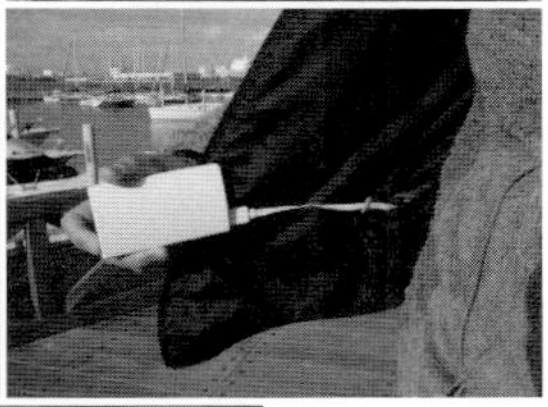

サンラインの『HOT ヒーターベスト』は腰の部分にバッテリーを２個まで装備可能。左胸のスイッチでオンオフだけでなく３段階の温度調節が可能

ロッドに伝わる感度が落ちるため基本的に着用しないが、磯など転倒時に手を守るためや寒さを我慢できない場合は５本指カットのグローブを。がまかつのウィンドストッパーファブリクス素材なら薄手で感度も落ちにくく防寒性も高い

偏光グラスはスワンズの度入り。明るい時間帯にポイントを下調べする際に欠かせない

厳寒期はニットキャップにネックウォーマー。ちょっと怪しい？ けど寒さには勝てないのだ

ので、釣れているからといって夢中になり、危険な状況を忘れないでほしい。冬の海に落ちるのが一番危険。とにかく万能ソールは存在しないのだ。

ロッドを握る感度が落ちるのとリグを組む細かい作業が多いことから、漁港や港湾部の釣りでは基本的にグローブを着用していないが、冬場は冷たさを我慢できない時のために5本指カットを持参している。磯場に出る時は転倒時に手を守るため着用するのが望ましい。がまかつならウィンドストッパーファブリクスで薄手のものが防寒性も高くロッド感度も殺しにくく細かい作業も楽。

偏光グラスも夜間は必要ないが、知らない釣り場では明るいうちに現場入りし、周辺の海底形状を確認しておくことが大切なので欠かせない。

服装は特にアジングだから……というものはないが、暖かい時期は着圧設計のがまかつ『コンプレッションジップシャツ』『コンプレッションスパッツ』を着たうえに半袖ポロやTシャツ、薄手で乾きやすい短パンを重ねている。着圧設計の上下アンダーは筋肉を補強するというか、運動中の身体への負担軽減、疲労回復に効果がある。冬場は発熱素材のアンダーウェアをベースにフリースやダウンの中着、レインウェアや防寒着などで温かく快適なレイヤードシステムを考える。防風フィルムがラミネートされた、がまかつ『ボンディングフィッシングパンツ』、セラミックヒーターが内蔵されたサンライン『HOTヒーターベスト』も寒がりの僕にはありがたい。

PEラインとフロロリーダーの現場即結法 名付けて「クインテットノット」で超簡単！

【クインテットノット】

20cm
必要な長さにカット
ラインとリーダーを束ねて輪を作る

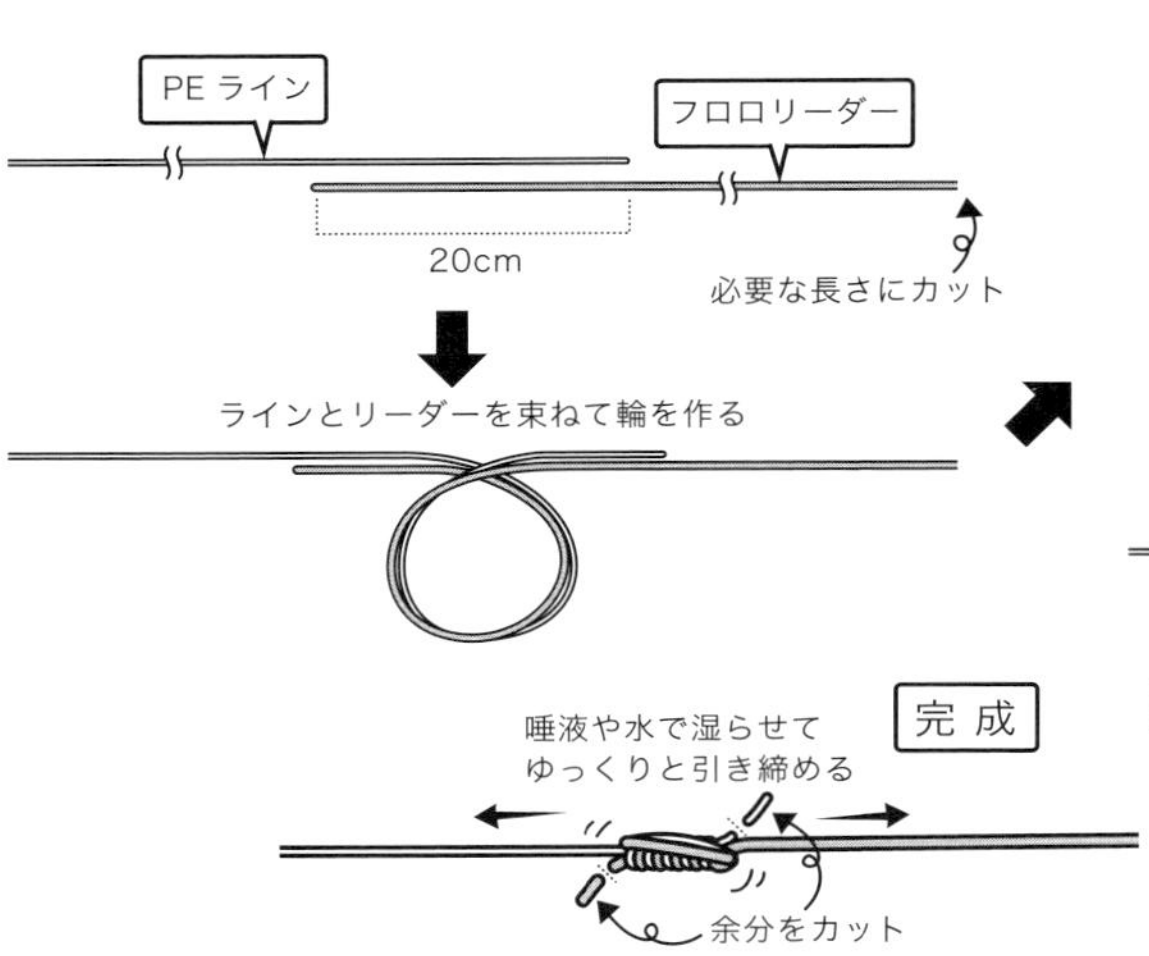
作った輪の中に
端をくぐらせる
同じ要領で
５回くぐらせる

完成
唾液や水で湿らせて
ゆっくりと引き締める
余分をカット

【ハングマンズノット】

ジグヘッドの結び方

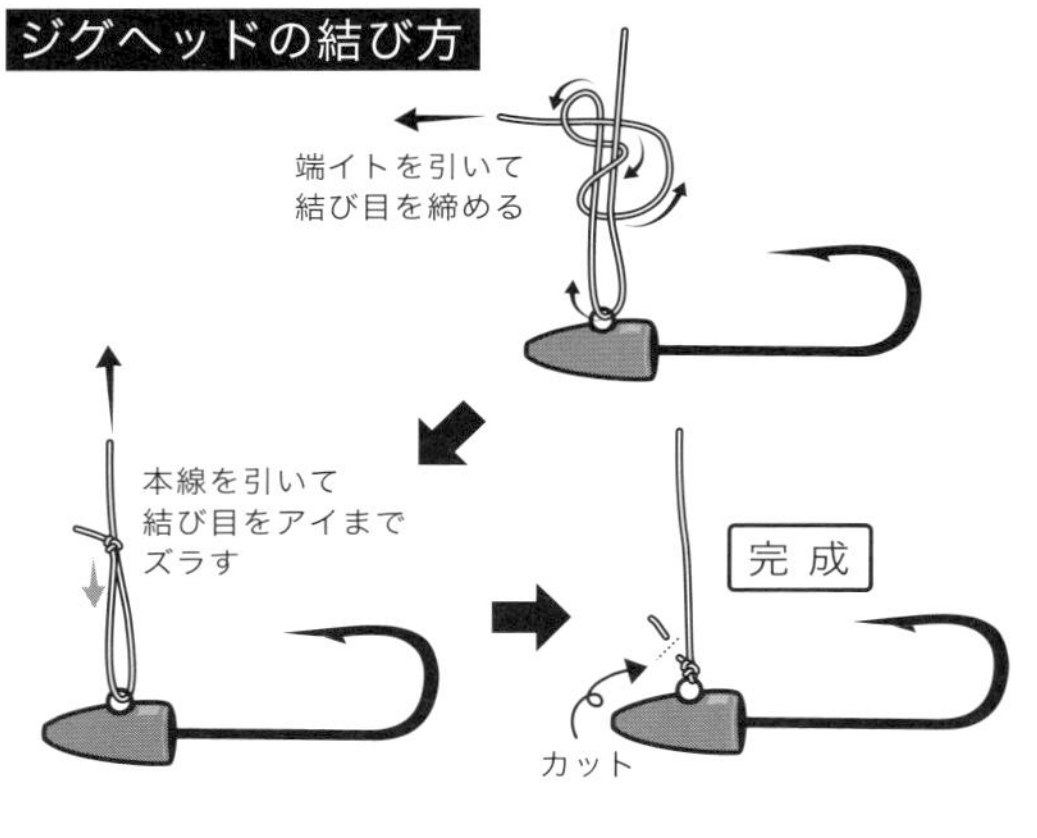

端イトを引いて
結び目を締める
本線を引いて
結び目をアイまで
ズラす
完成
カット

【クリンチノット】

シャローフリークの結び方

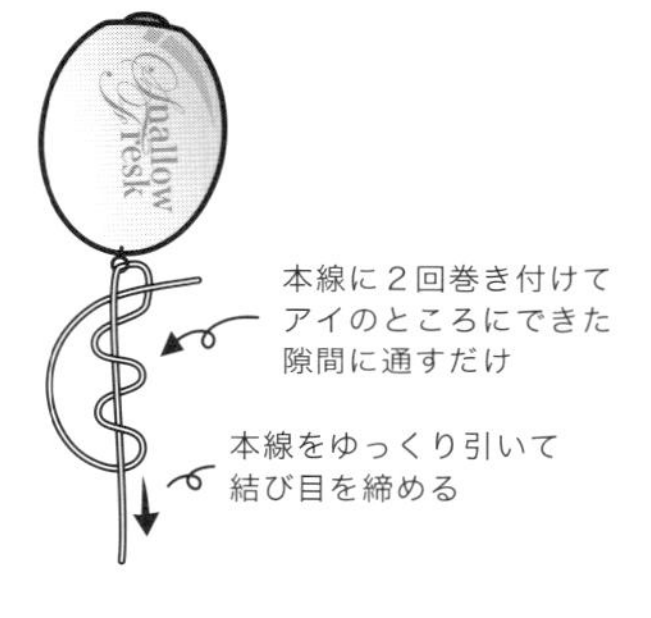

本線に２回巻き付けて
アイのところにできた
隙間に通すだけ
本線をゆっくり引いて
結び目を締める

PEラインとフロロリーダーは、従来オリジナルのWWノットだったが、最近はトリプルサージャンスノットで3回くぐらせるのを５回に増やした結び方にしている。僕はこれを「クインテットノット」と呼んでいる。トリオ、カルテットのクインテットだ。とにかく、まったく釣りをしたことがない女性でも簡単に結ぶことができて強度もそこそこあるため、現場でのロスタイムが少なくてよいのが最大の理由。ただし強度的にはＦＧノットのほうが確実なので、現場で時間に余裕がある場合や自宅で準備する時はＦＧでラインシステムを組むようにしている。ライントラブルやシステム交換時など、時間がない現場では非常に重宝するノットだ。ちなみにフロロラインとフロロリーダーの場合は、電車結びでも束ねて８の字結びなどでもＯＫ。

ジグヘッドにリーダーを結ぶ際はハングマンズノット、フロートのシャローフリークを結ぶのは長さの調整がしやすいクリンチノット。シャローフリークを結ぶリーダーの余りイトがかなり短くなっても結べるのがよい。ともに細イトでも結びやすい。スピーディーで強度的にも問題ない。

藤原真一郎 アジング激釣バイブル 【フィールド編】

FIELDS OF AJI-ING

波静かな漁港内の常夜灯周辺というお手軽な場所を中心に大規模な港湾からゴロタやサーフ、磯といった自然海岸まで。そこに季節や水温、月齢、潮流など幾多の自然条件がリンクしスーパーワイドにアジングフィールドが形成される

フィールド ① 広がるアジングフィールド

日本沿岸の暖流域に幅広く分布 灯り・潮流・ベイトにマアジ集結

日本沿岸に生息するアジ類のなかでアジング対象魚になっているのは主にマアジ。
本来は昼行性の魚なので夜間は灯りに集まる。
また潮流にも敏感で大好物のエサが集まれば当然アジも集まる。ほぼ全国で釣りが可能だ

街灯が照らす漁港の岸壁は典型的なアジングポイント。波静かで潮の流れも緩く軽量リグでも釣りやすいので入門にはもってこい

南紀のとある岩場。すぐそばを国道が通っていて街灯があるためベイトが豊富。メバリングのポイントであると同時に、水温が適正ならアジも寄ってくるはず

大前提としてアジングの対象はマアジである。回遊魚であるアジが集まる要素というのはまず「灯り」、「潮流」、そして「ベイト」。夜間にざっと海を見渡して、この3要素のどれか1つでも突出していたり、2つ、3つが少しでも重なっていたりすればアジはいると僕は思っている。もちろん、このどれもが強烈ならいうことなしだ。特に灯りは内湾で流れがなくベタッとした海面でも暗い中にそこだけ極端に明るいところがあれば、アジが寄っていることが多い。逆に灯りもなく真っ暗な場所でもベイトのシラスがいれば、それを追いかけるアジも集まっているだろうし、潮目や流れの変化ができていれば、そこにはベイトが溜まりやすくアジが付いている可能性が高い。

これは漁港や港湾、ゴロタやサーフ、磯といった自然海岸のどこでもいえることだ。港湾部でも自然海岸でも浅場にバチなどのベイトが発生するとアジは集まる。河口から最初の橋脚周りにもアジは集まりやすい。橋上には街灯がありベイトが集まるからだ。また河口両脇にできる流れ込みの巻き返しはベイトが溜まる。逆にいえば人工的な港にしても自然海岸にしてもアジが集まり、よく釣れる場所にはそれだけの理由があるのだ。

地域的な話をすると北は北海道の南部でもアジは釣れるらしいし、対馬暖流の影響下にある東北の日本海側も非常にアジは多い。北陸はもちろん山陰には大アジポイントは多い。

かえって温暖な太平洋沿岸はムラが多いが水温が高いだけに年中釣れる場所も

Q. 街灯や常夜灯のない場所でもアジングナイトゲームは可能か？

A. 潮が効いている、あるいはベイトが集まっていれば真っ暗でも釣れる可能性大！

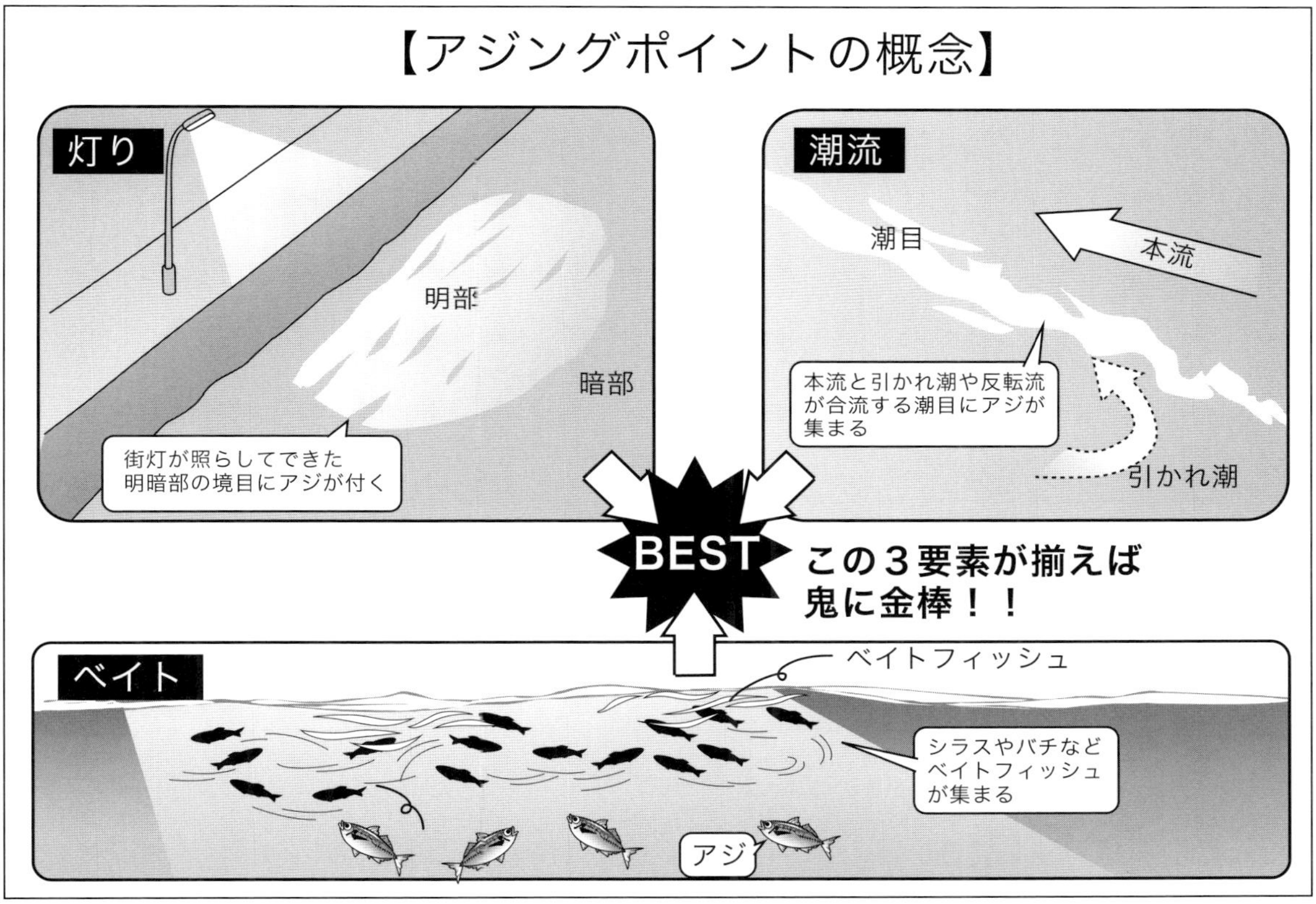

珍しくない。関東周辺では房総半島が超人気釣り場で大阪湾より釣れるのでは？と僕が思うほどアジの数は多い。東北は仙台付近までアジがねらえる。伊豆、東海、紀東、南紀は好釣り場が目白押し。聞いたところによると静岡の焼津で釣れるイワシに付いたアジは40㎝強で1kgもあるというから驚きだ。普通は50㎝のアジでだいたい1kgだから、いったいどんなメタボなアジなのか一度は釣ってみたいし食べてみたいと思っている。

四国の太平洋岸では愛媛の宇和海がメッカだが高知の土佐湾沿岸部ではあまりアジのよい話を聞いたことがないので不思議だ。徳島は南へ行けばサイズのよいものが釣れるそうだが、僕はまだあまり足を運んでいない地域なので今後楽しみな場所でもある。瀬戸内海では東の大阪湾、淡路島、西の周防灘、伊予灘、しまなみ海道、とびしま海道とアジングが盛んだが、岡山県あたりになるとアジは少なくなる。

九州はほぼ全域でアジが釣れる。特に北中部は僕が釣りに行くなかで最もアジが多いと思っている。福岡、佐賀、長崎など九州北部の離島はいわずと知れたギガアジ釣り場で、壱岐などはタマヅメになるとアベレージ40㎝の大アジが音を立てて港内に入ってくるような感じがするほどだ。宮崎でもメタルジグでいくらでも釣れると聞いたことがある。南の限界は鹿児島の薩南諸島まで。マアジの分布域は魚類学的に北海道から南シナ海とされていて、特に日本海、東シナ海に多い北西太平洋の固有種。残念ながら奄美から沖縄、琉球列島には分布していない。

フィールド ② シーズン＆水温

ベスト水温は18〜25℃ シーズンの切り替えは15℃が境

マアジにかぎらず魚類には活動が活発になる適水温があり、
日本各地で釣れるアジだけにシーズンは地方で若干のズレがある。
目安としては海水温 15℃。これを超えると釣れ始め、下回ると終盤を迎える

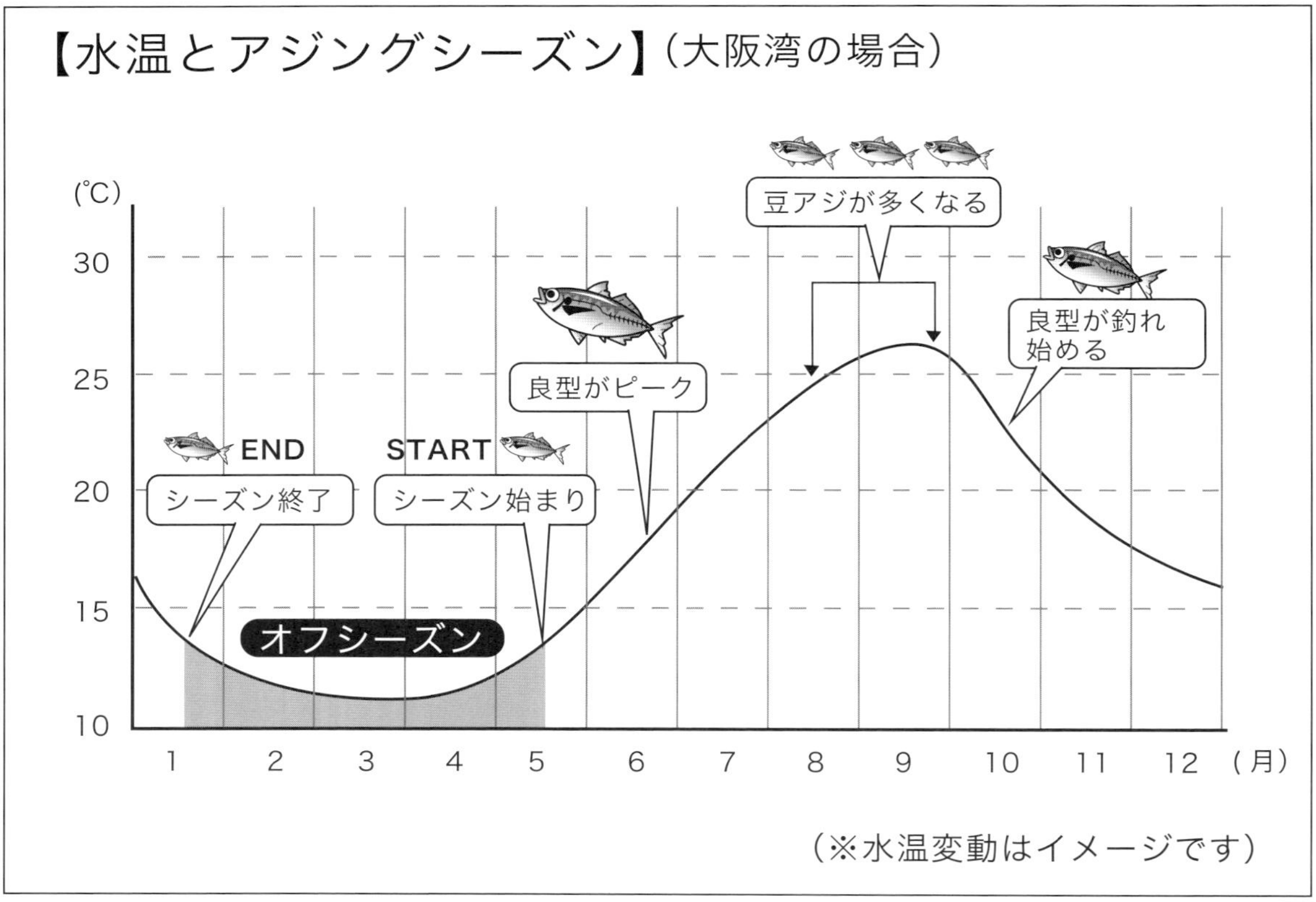

アジングのシーズンを語るうえで、まず知っておきたいのはマアジの産卵について。魚類学の論文によると日本近海におけるマアジの主産卵場は九州西部から東シナ海にかけてであり、これらのマアジは東シナ海系群と呼ばれ、九州から日本海沿岸に幅広く分布する。産卵の盛期は東シナ海でも南にいくほど早くなり1〜2月、中部で2〜3月、九州西岸域から対馬では4〜5月とされているようだ。また豊後水道、紀伊水道、伊豆近海、相模湾など各地に小規模な産卵場があることも分かっており、それぞれの系群ごとに産卵時期が違う。たとえば大阪湾と和歌山県下の太平洋岸では卵を持った個体が釣れる時期がまったく違うのだ。僕がこれまでに釣ったアジで確認したかぎりでは、大阪湾では真夏に卵を持っているが、和歌山県の御坊、印南あたりではそれが冬になる。全国的にみると年中どこかで産卵行動をしているマアジがいるに違いない。

マアジの産卵に適した水温は19〜21℃と考えられており、その卵がふ化するための適水温は18〜24℃とされている。また成長に適した海水温も20℃を超えたあたりかららしい。つまり日本各地で釣れるマアジには生まれも育ちも違う、いくつかのグループがあるのだ。それが地方ごとに水温変動も違うため釣れ始めやハイシーズンが異なっている理由なのだろう。たとえば瀬戸内西部、山口県の平郡島などはアジングのメッカになっているが、関門海峡から入ってくる東シナ海生まれのマアジと、豊後水道生まれのマア

Q. 海水温 10℃以下と非常に低い厳寒期にアジングは可能か？

A. 工業地帯など港湾部で温排水の影響があれば可能性大、アジが集まっていることが多い

【アジの主な産卵場】

［太平洋側］
相模湾／伊豆近海／紀伊水道／豊後水道
［日本海側］
上越～北九州沿岸一帯
［東シナ海］
九州西部～東シナ海沖

2014年7月。大阪湾南部では例年どおり良型のピークを迎えた。尺クラスは当たり前、40cmオーバーを求めて足繁く通った

2013年8月末。右写真の釣り場からすぐの漁港内は豆アジばかり。例年、25℃以上の高水温が続く大阪湾では、これが普通の光景

ジの両方が回遊してくる場所のため、両方のマアジが居着くことから、非常にアジが多い海域になっているのではないかと思っている。

水温変動にからめてアジングシーズンを考えると大阪湾では15℃がひとつのキーになる。例年5～6月に沿岸部の浅い場所で釣れるようになるのだが、その頃の水温がほぼ15℃なのだ。6～7月に水温18℃になると良型のピークを迎えることが多い。ところが水温が25℃を超え30℃近くまで上昇する真夏になると接岸する群れが変わるのか、良型は釣れなくなり小型ばかりになってしまう。ファミリーが訪れてサビキ仕掛けで豆アジ釣りを楽しむ姿が多く見られるようになるのは夏休みの頃だ。

お盆を過ぎ9月に入ると一部ではあるがサイズのよいものも釣れるようになり、水温が20℃近くまで下がってくると、再び良型、大型が釣れ始める。これが例年、年内いっぱいは続くのだが、年を越すと水温が15℃を下回るようになり、アジングシーズンは幕を閉じる。ただ水温が徐々に15℃以下に下降していく過程では14℃、13℃でも釣れることがある。12℃以下になるとさすがに厳しい。ただし港湾部などで温排水の影響を受けるエリアでは周辺海域の水温が低くてもこのかぎりではなく、真冬でもアジングが可能という場合もある。逆に釣れ始めは15℃を超えると一斉に、ということが多い。自宅近く、ホームグラウンドの海水温が現在何℃なのかを知ることは、釣果につながる重要な材料となる。

フィールド ③ シーズンとサイズの関係

ホームグラウンド大阪湾の場合 水温18℃になると尺クラス

釣れるアジのサイズは水温との兼ね合いが大きい。ホームグラウンドの大阪湾を例に水温変動と季節ごとのアジサイズを紹介するが、例外も多く存在するので、あくまで目安としてとらえてほしい

尺アジ！ 30cm！アジングでひとつの目標になるサイズ。大阪湾では水温が18℃になる梅雨前頃から釣れ始めるのが例年のパターン

釣れるアジのサイズは地域でまったく違うので、ここでは僕のホームグラウンドである大阪湾を例にとって話を進めていく。前項でも書いたが例年5～6月に水温が15℃になると沿岸部の浅い場所でアジは釣れるようになる。アジングが開幕する時期は年によってバラバラだが、サイズも17～18㎝が多いこともあれば、いきなり中型の20㎝オーバーや25㎝前後の良型が釣れることもある。それ以降も漁港や港湾部ではこのサイズが釣れ続くが、泉南のゴロタ浜や淡路島では6～7月に水温が18℃になると30㎝オーバーの尺アジが釣れ、ピークを迎える場合が多い。たぶん回遊するアジの群れがまったく違うのだろう。大きいサイズの群れが5月という早い時期に阪南の港湾部まで入ってくる年もある。

水温が25℃を超え30℃近くなる8月に入ると、良型はいても釣れないだけなのかもしれないが手軽なポイントでは豆アジばかりになってしまうのだ。これまた例外もあって2014年は夏前から尺アジが釣れまくった泉南の自然海岸ポイントでは、例年なら真夏に一旦食いが止まるのに、この年に関してはずっと釣れ続き10月末まで40㎝オーバーも混じり好調を維持した。

例年のパターンに話を戻すと、お盆を過ぎ9月に入ると、まだ水温は高いものの一部の場所ではあるがサイズのよいものも釣れるようになる。そしていよいよ水温が20℃近くまで下がってくると尺アジも釣れはじめ年内いっぱいは続く。

以上はすべてマアジの話だが、大阪

Q. マアジとマルアジの見分け方は？

A. ぱっと見て分かりやすいのは尾ビレ付け根の両側に小《しょう》離《り》鰭《き》と呼ばれる小さなヒレがあるかどうか

【ターゲット／マアジ＆マルアジ】

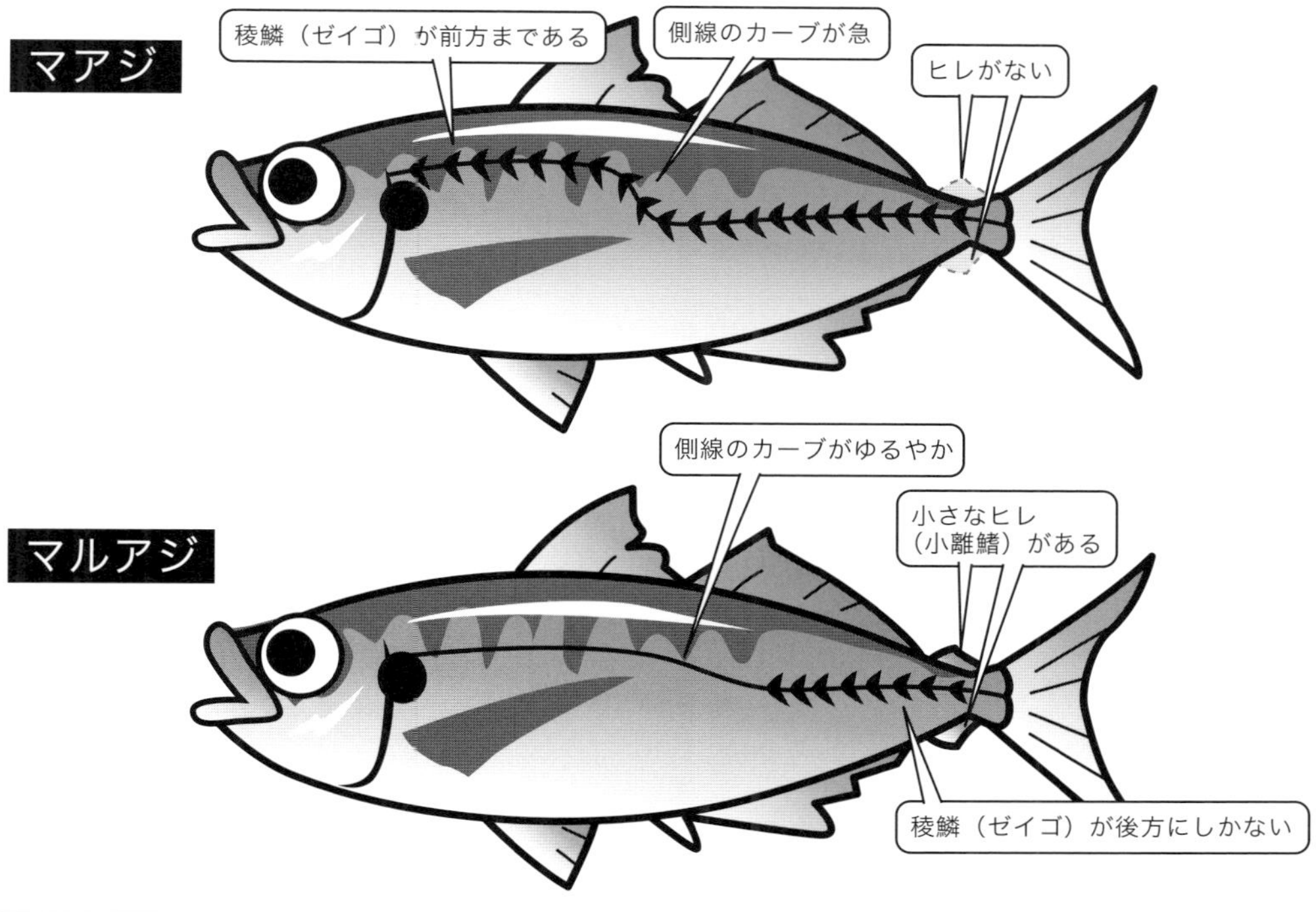

慣れてくればマアジとマルアジは一目見ただけで見分けがつく。関西ではマアジを赤アジ、マルアジを青アジと呼び、その体色で区別しているが、一番簡単な方法としては尾ビレの付け根を見ること。マアジは何もないがマルアジには小離鰭と呼ばれる小さなヒレが上下に付いている。ほか側線のカーブ、稜鱗（ゼイゴ）の付き方でも見分けられる

湾には少ないながらマルアジもいる。２０１４年の秋、神戸港周辺の沖堤には尺クラスのマルアジが多かった。アジングで釣果があったかどうかは定かではないが、遠投サビキでは日中にけっこう釣れた様子。沖堤でメタルジグに飛び付いてくることが多いマルアジは、マアジとは食い方が微妙に違いルアーへの反応が違う感じがする。

播磨灘には毎年、初夏になると鹿ノ瀬や室津の瀬など砂地の浅瀬に産卵のために大型マルアジが大挙して押し寄せ、それをねらう遊漁船が集まる。釣り方はサビキだが完全にボトムねらい。

和歌山の紀北、中紀あたりの遊漁船も初夏はマルアジねらいのチョクリ釣りで賑わう。しかし大阪湾沿岸、岸からのサビキ釣りでは小型が混じることもあるが、中型マルアジはあまり見かけたことがない。マアジよりは沖合を回遊しているのかもしれない。

フィールド ④ ポイントバリエーション

漁港からサーフにゴロタ河口に磯とワイドに楽しめる

手軽な漁港や港湾部から河口、サーフ、ゴロタ浜から磯に至るまで、早い話アジさえいれば、すべての場所がポイントになる。ただし、それぞれに釣れる条件がある

●漁港の内側
最も手軽なアジングの代表的ポイント。とにかく街灯を頼りにランガンしてアジの群れを見つけよう

●漁港の外側
漁港の外側も街灯が頼りだが内側より潮の流れが確実にあるため沖から入ってきた良型が釣れることも多い

●港湾部
総じて水深のある港湾部は、奥まったところでも潮の流れがあり漁港外側と似た傾向でアジが釣れる

アジングのポイントは漁港の岸壁、防波堤、港湾などの人工的な海岸からサーフ、ゴロタ浜、河口、磯などの自然海岸まで幅広い。最も手軽な漁港内の岸壁や防波堤は、アジが入ってさえいれば安定して釣れるポイント。街灯、常夜灯など灯りが多くベイトも溜まりやすいので、一旦アジの群れが入ると出て行きにくい特徴がある。完全に街灯がらみになるのでポイントも絞りやすく、何より足場がよく安全で非常に釣りやすい。車を停めたすぐそばで釣れるところもあるのでランガンもしやすい。大阪湾では比較的小型が多い漁港内だが、太平洋や日本海など外洋に面した場所にある漁港なら、内側でも30㎝オーバーの良型が釣れることがある。

　対して潮通しのよい漁港の外側は沖から回遊してくる良型、大型アジにコンタクトしやすいポイント。防波堤がケーソンで足場がよいこともあるが、消波ブロックが入っていることも多いので安全には充分気を配り無理のない釣りを心がけること。もちろん街灯があれば灯りがらみの釣りになるのだが、潮の流れがあれば潮目ねらい、流れに乗せて流し込んでいく釣りも視野に入れる。防波堤の敷石などのカケアガリ、ボトムも意識した釣りも可能。

　工業地帯などの大規模な港湾部は工場の照明など明るい場所も多く、何より足もとから水深があるのが特徴。灯りに付いて浮き気味のアジもいるし、逆に岸壁際にできるシャドーとの明暗部ではボトムに付いていたりする。フラットな砂泥

Q. 汽水域の河口の中まで アジは入ってくるのか？

A. 橋の灯りがアジを集めるので、河口からすぐにある橋周辺は好ポイントの場合が多い

●ゴロタ浜
サーフ同様、ベイトが岸近くまで入っていれば、それを追ってアジも接岸してくる。潮目があれば最高だ

●河口
写真は日高川河口。両岸にある防波堤、導流堤が好ポイントになるし、少し上流に架かる天田橋の橋脚もねらいめ

●磯
基本的に街灯は少ないので潮流、潮目頼りの釣りになる。潮目を探してリグを遠投することが多い

●サーフ
超遠浅の浜は厳しいがブレイクが近い場合や、干潟っぽい感じで夜にバチなどのベイトがいればアジは回遊してくる

底でストラクチャーもなく一見何の変哲もない場所でも灯りがあればアジングポイントとして成立するのだ。水深があるため釣れるアジのサイズもよい。規模が大きいため潮流もよく動く場所が多い。大阪湾奥にも潮通しのよい場所がある。

　河口からすぐの橋の下も好ポイント。たとえば和歌山県御坊の日高川に架かる天田橋の下。ねらうのは主に橋の下流側。橋上の街灯に照らされた明暗部の境目はもちろん、明るい側、暗い側も探ってみる。もろ河口部にある導流堤も絶好ポイント。同じ和歌山の日置川、大阪湾奥の淀川、日本海側では兵庫県の円山川、富山県の小矢部川、鳥取県の千代川など各地に好ポイントがある。

　サーフ、ゴロタ浜はけっこうシラスなどのベイトが寄っていることが多く、それを追ってアジも接岸する。泥っぽい浜ならバチも発生しアジを狂わせる。アジが河口内に入っている時など、その脇のサーフのほうがアジが多い場合も少なくない。代表的なサーフ、ゴロタポイントとしては大阪府なら多奈川周辺、和歌山に入って大川峠、福井県は九頭竜川河口の南側に広がる浜、和歌山県と三重県の境目に流れ込む熊野川河口両脇の浜、三重県の七里御浜、和歌山県の煙樹ヶ浜など。潮干狩り場など極端に遠浅の浜以外は釣ってみる価値あり。

　渡船利用で沖磯に渡ることはしないが宇和海など入り組んだ海岸線の地磯は面白いポイント。特に岬の先端は潮通しもよく大型が回遊してくる。漁港が近くにあれば灯りに寄るアジも期待できる。

フィールド ⑤ 灯り周りの釣り

海中にもできる明暗の境目 光の色でアジの寄りも違う

街灯、常夜灯といっても光の強さ、周囲との光量差、街灯そのものの光の色の違いなど、さまざまなものがある。基本となるのは明るすぎる部分よりも薄暗い部分、すなわち明暗の境目を立体的に釣ることだ

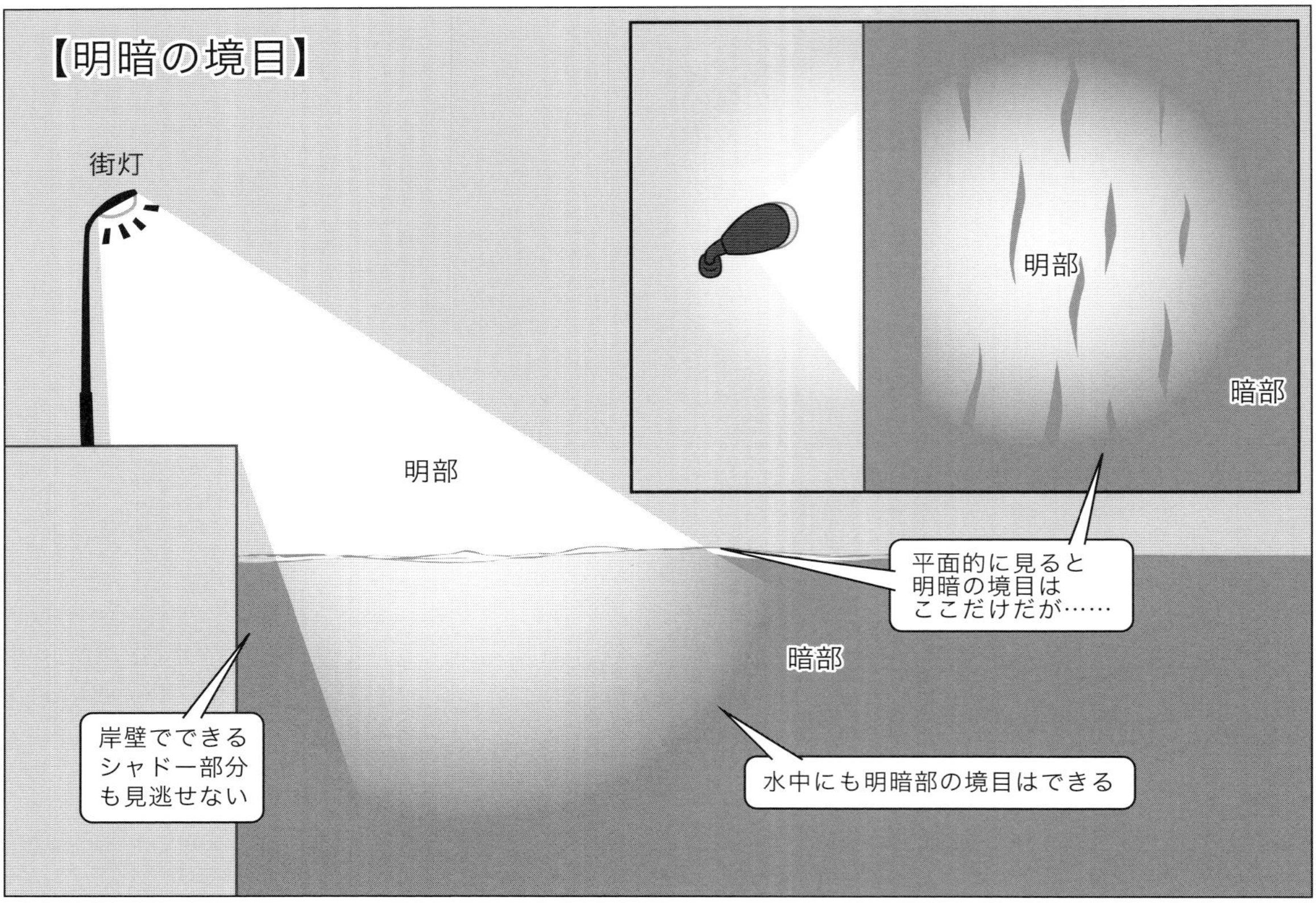

アジは基本的に日中に活動する魚なので、夜間は灯りに照らされた海面で捕食スイッチが入る。当然、そこにはベイトが寄っているしアジ自体も光に集まる習性を持っているそうだ。とにかく灯りが絡むポイントを探して釣っていくのがアジングの基本なのだ。ただあまりに照度が高く、明るすぎる場所は夜の眼になったアジにはまぶしいのかパニックになるらしい。

そういった理由もありポイントとしては明暗の境目が一番だ。海面に照らされた灯りの縁の部分が最も分かりやすい明暗の境目だが、光は海中に入ると減衰するため灯りが照らす中心部の深いレンジにも明暗の境目ができているのだ。平面だけで考えるのではなく立体的に考えればチェックを入れるポイントは多くなる。また見逃されがちなのが岸壁の足もとの壁際部分。後方の街灯が海面を照らしている場合、必ず岸壁の影になる部分が壁際にくっきりできる。ここにアジが付いていることがけっこう多い。灯りを光の固まりのようなストラクチャーと考えれば分かりやすいだろう。真っ暗な釣り場なら薄明かりでもアジが寄っていることがあるのでボトムまでしっかり探りを入れる必要がある。

地方の漁港など真っ暗な中にポツンと街灯がある場所などは、当然最高のポイントになるが、港湾部で街灯が連続して並ぶような全体的に明るいポイントの場合は、その間の薄暗い部分をメインに攻める。そのなかでも一番流れが効いている場所、流れが変化している場所を釣

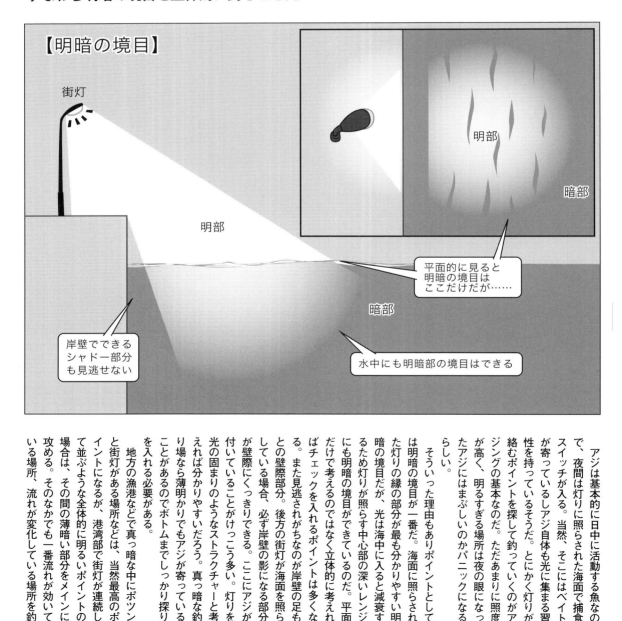

Q. 同じ港内にオレンジ色の街灯と白っぽい光の街灯がある場合、どちらを釣るのがよい？

A. 海中への光の届き方が異なり、条件によってどちらかだけがよい場合がある。結果が出ない時は色違いの街灯で釣ってみる

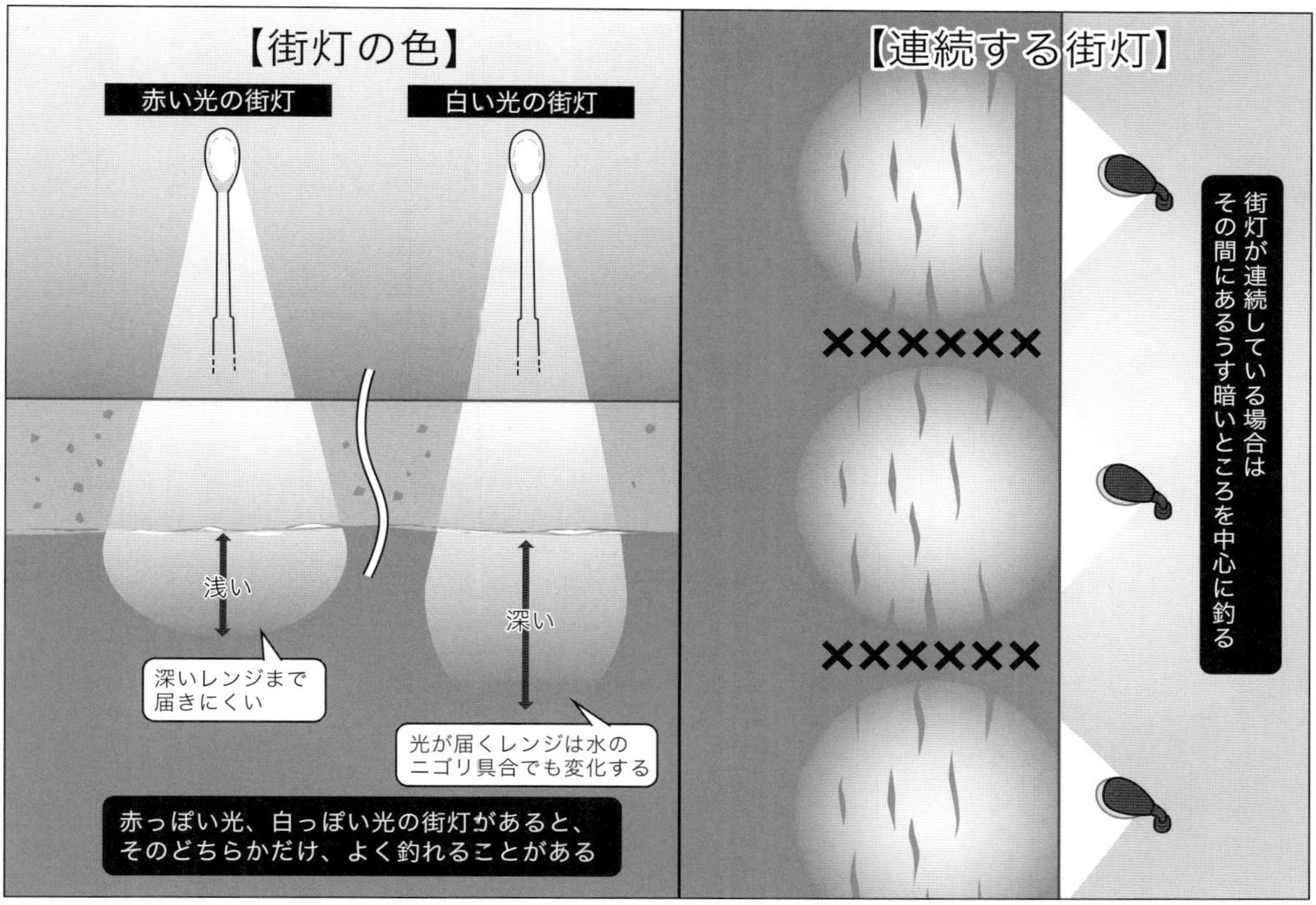

光が届くレンジは水のニゴリ具合でも変化する

【連続する街灯】

るのがセオリー。また自分が立っている場所に灯りはなく真っ暗だが、リグが届く範囲で対岸に灯りがある場所もポイントとして成立する。

そして光の色の違いも重要だ。蛍光灯や水銀灯のように白っぽい光もあればオレンジというか赤っぽい光で照らされている場合もある。どちらが理想とはいえないが、大阪の淡輪漁港の内側や和歌山県田辺市の江川漁港などで経験したことだが、これらの港には白い光と赤い光両方の常夜灯があり、白い光で全く釣れない場合に赤い光のポイントに移動したらよく釣れた、また、その逆パターンで釣れたことがけっこうあった。もちろんアジの活性が高いからか魚が多いからか分からないが、白と赤のどちらも変わらず釣れることもある。おそらく光の色の違いによる海中での届き方の差なのだと思う。赤っぽい光は水中で早く減衰するため深いレンジまで届きにくいのだ。これに水のニゴリや水温などの条件が加味され、このような現象が起こるのではないかと考えている。赤い光の場合は立体的明暗の境目は浅く、白い光の場合は比較して深いレンジに境目ができるので、釣りを組み立てる際の参考にしてもらいたい。

近年は犯罪抑制、犯罪率が下がるということで青い光の街灯があるそうだが、どういうワケかこの青い光には魚が寄りにくいらしい。

一方、愛媛で見かけたのだが緑色の水中ライトを点して漁船が漁をすることも最近はあるようで、光に関しては非常に興味深い。

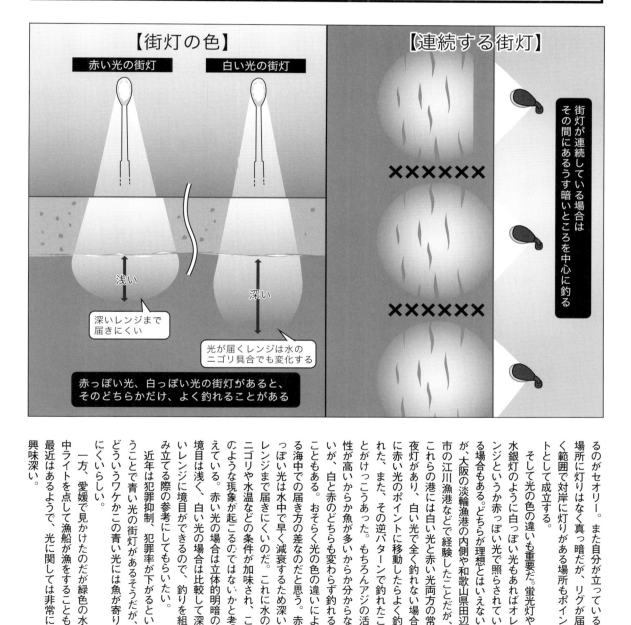

午後7～9時に満潮がくるタイミングがベスト 満月の日は避けるべし！

潮回りに合わせて釣行日を選べない人には厳しい話だが、アジングに最適の潮汐、潮位、月齢の日は存在する。ただし、これも傾向であって絶対ではない。
あくまで目安として覚えていただければ幸いだ

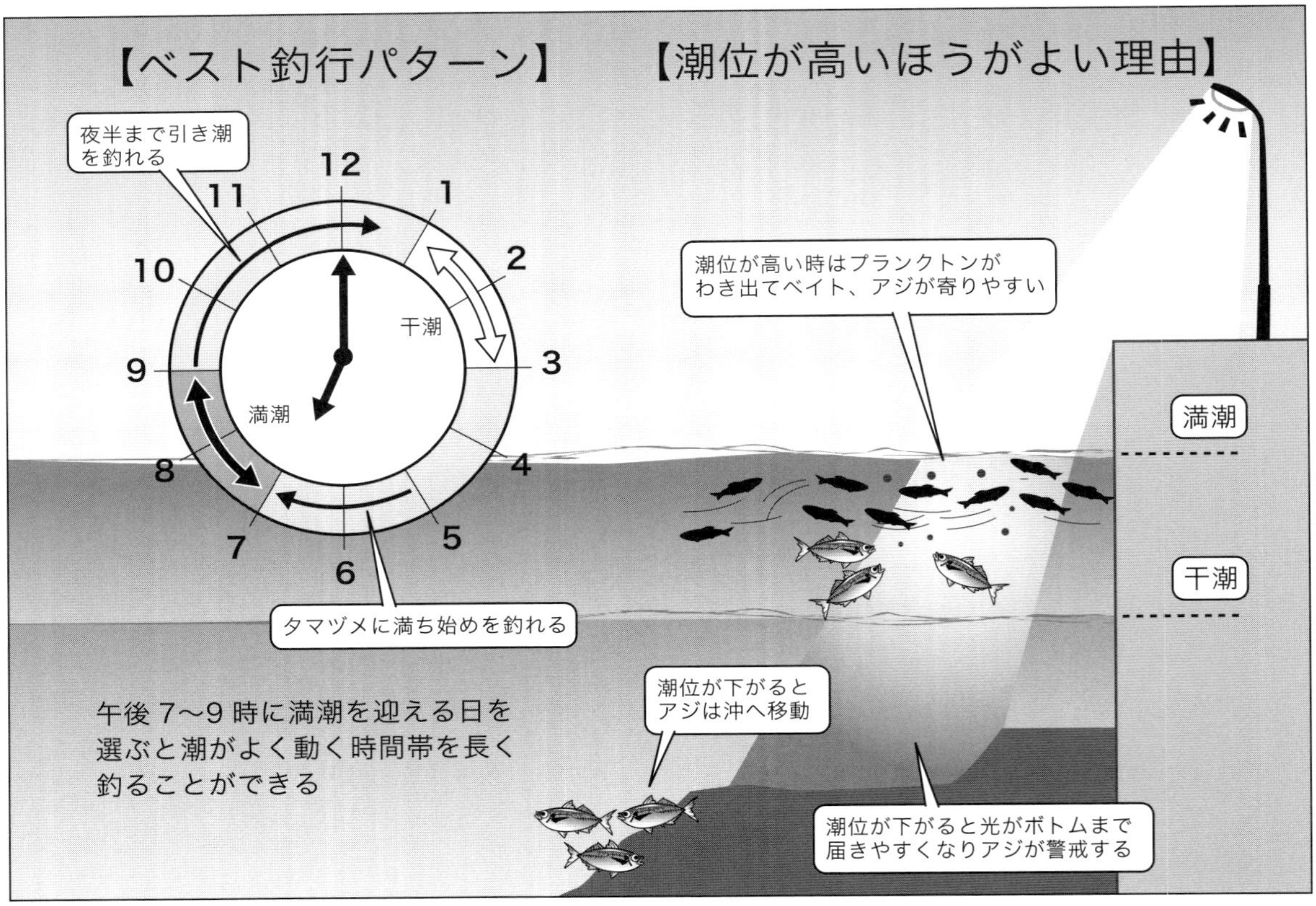
【ベスト釣行パターン】
【潮位が高いほうがよい理由】
夜半まで引き潮を釣れる
12
1
2
3
4
5
6
7
8
9
10
11
干潮
満潮
タマヅメに満ち始めを釣れる
午後7～9時に満潮を迎える日を選ぶと潮がよく動く時間帯を長く釣ることができる
潮位が高い時はプランクトンがわき出てベイト、アジが寄りやすい
満潮
干潮
潮位が下がるとアジは沖へ移動
潮位が下がると光がボトムまで届きやすくなりアジが警戒する

アジングにかぎらず釣り全般にいえることだが、潮位は高いほうが魚は岸近くにいて、よく釣れる傾向にあると思う。アジングではベイトとの兼ね合いが大きく、満潮時にプランクトンがわっとわき出るように多くなり、そのプランクトンにベイトも集まるのでアジの活性が上がる。春にバチ抜けが起こるのも満潮時だ。

またナイトゲームで灯りがらみが基本になるアジングでは、潮位が下がり浅くなるとボトムまで光が届きやすくなり、明るすぎてアジが警戒することもあるだろうし、引き潮に乗って外へ外へ深場に移動してしまう傾向もあるので、やはり潮位は高いほうが期待値は大なのだが、時と場合によっては干潮時によく釣れることもあるので完全にあきらめてしまわなくてもよい。

食わせるタイミングとしては、いくら潮位が高くても満潮で潮が止まっている時よりは、満潮前後で潮が動いている時のほうがベター。アジは潮流に敏感に反応する魚なので、潮が動いていない時は食い気が出ないのだろう。

潮回りでいうと若潮や長潮の日は潮流があまり動かないのでよくないが、若潮を境にアジの群れが入れ替わることはよくある。若潮で新しいサイクルが始まるといった感じだが、これはあくまでも目安にすぎない。実際の釣り場では潮の動きがよくなく流れが緩い場合は、できるだけ防波堤の先端など潮通しのよい場所、逆に潮が速い場合は流れが横にスライドする部分や巻き返し、奥まったところでも食いが立つ。

Q. 満月だが今にも雨を降らせそうな雲がかかっているので釣れるのでは？

A. とはいっても新月回りよりは若干明るい。また魚たちは本能的に満月であることを分かっているのではないかと思う

明るい満月の夜。日中にくらべれば暗いことは確かだが、闇夜よりは街灯が作り出す明暗の境目がくっきりしない。魚たちにとっては準日中といえる状況かもしれない。しかし満月でもよく釣れることもあるので自然界は不思議である

アジング・ナイトゲームにおける時間的ベストタイミングは、日没後の7～9時に満潮を迎える時だ。もともとゴールデンタイムの夕マヅメに満潮直前の満ち潮が釣れるほか、満潮を境に動き出した引き潮を夜半まで釣ることができるからだ。このほかでは夕方4～5時が干底で深夜が満潮の日も夕マヅメからずっと満ち潮を釣ることができるので捨てがたい。逆に午後8時頃に干潮というのはよろしくない。まったく釣れないことはないだろうが、僕はイヤな感じがするので何となく避けている。

月齢でいうと満月の日は避けたい。月明かりに照らされて、せっかく街灯があってもその光の効果が得られにくくなるからだ。それでも釣れる日はあるのだが釣行日を選べるのであれば避けたほうが無難だ。もともと明るい港湾部でも満月の日は期待薄、雲が多く月の光が遮られる場合も、なぜか満月の日はよくない。沖でアジを捕る網を入れる漁師さんも満月の日は漁を休むそうだ。

アジは昼行性の魚ではあるのだが、明るい場所よりは薄暗い場所を好む。日中に沖の深みに移動するのはそのためだろう。満月の夜を準日中と考えれば釣りにくい理由がはっきりしてくる。アジは夕方になると真っ暗な沖の深みから薄暗いエリアを求めて沿岸の浅場に移動する習性があり、月が明るい夜はその行動が抑制されるのかもしれない。曇りで月明かりが海面に届きにくい日も同様の傾向があるのは、月齢周期を本能的に覚えているからではないかと理解している。

フィールド ⑦ 流れを読む！ 潮流推算データ活用術

干満時間とは一致しない潮流 海保などのHPで確認可能

干潮時間をずいぶん過ぎたのに、まだ引き潮と同じ方向に流れていたり……。いったいどうなってるんだ？　実際の潮の動きが予測できれば釣行計画も立てやすい。僕が参考にしているのが潮流推算データだ！

[ある中潮の日の明石海峡の潮位と潮流]

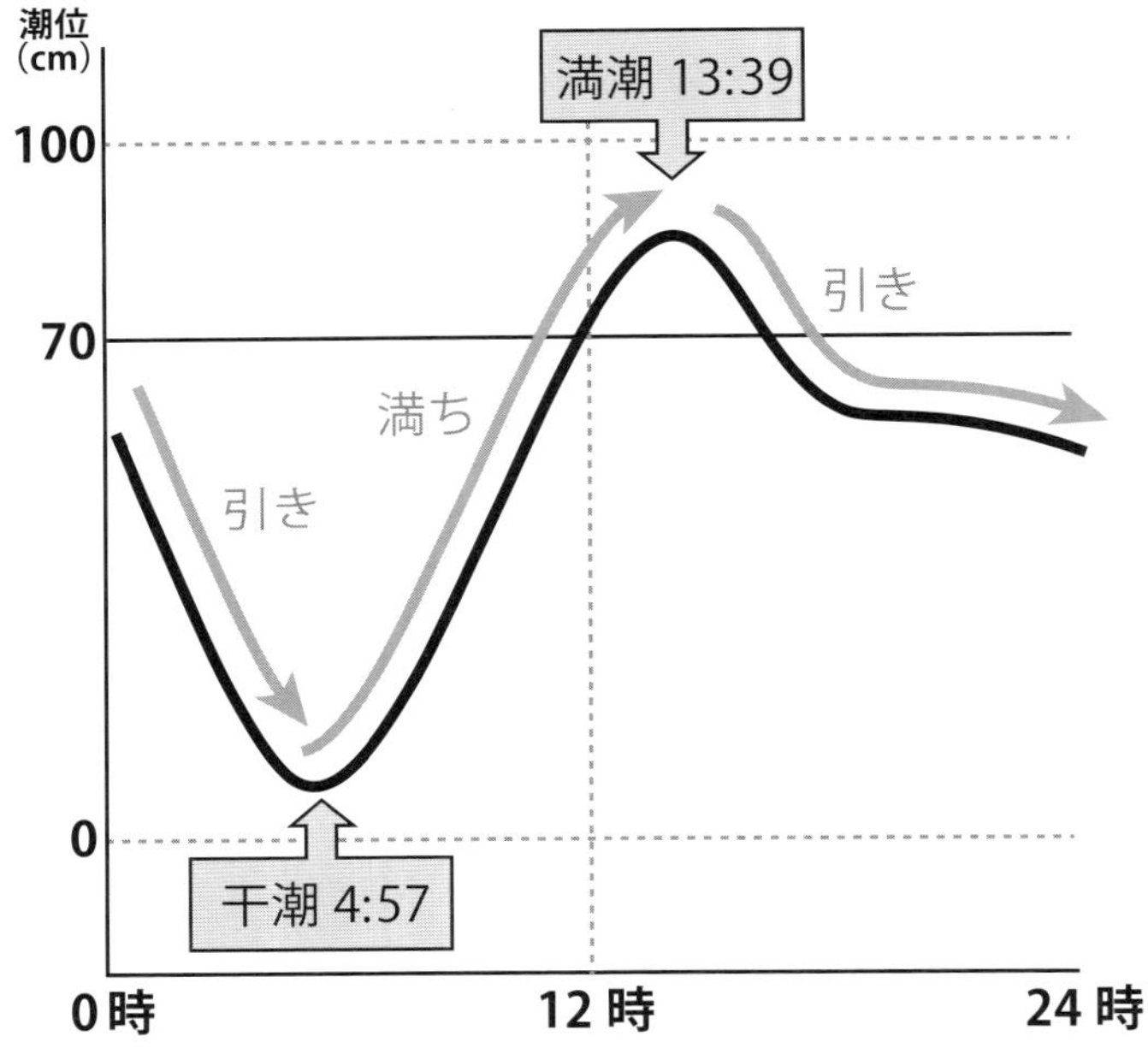

この日の干潮は午前4時57分。タイドグラフだけを見ると干潮を境に潮が反転するように思えるが、実際に反転したのは午前8時を過ぎてから。午後13時39分の満潮を過ぎても、潮はそれまで同様西向きに流れ続けた

時刻	方向	時刻	方向
0	W	12	W
1	W	13	W
2	E	14	W
3	E	15	―
4	E	16	E
5	E	17	E
6	E	18	E
7	E	19	E
8	―	20	E
9	W	21	E
10	W	22	―
11	W	23	W

E ＝東流れ
W ＝西流れ
― ＝ほぼ潮止まり

釣り場では潮時表どおりの潮の動きにならないことが多い。干潮を過ぎそろそろ満ち潮が動き出す時間のはずなのに、まだ引き潮と同方向に潮がしばらく流れ続けるといったことが、よく起こる。

大阪湾には友ヶ島水道（紀淡海峡）と明石海峡の2ヵ所で潮の出入りがあり、基本的に日に4回方向を変える。たとえば友ヶ島水道なら満ち潮時に北流、引き潮時に南流になるのだが、北流でも南流でもそれぞれ流れる時間内に流速は変化し、流れが方向転換する時間は日とともにずれていく。潮時表の干満時間も日とともにずれてはいくのだが、実際の海ではその干満時間どおりには潮の動きは変化しないのだ。地形や水深、気圧など、さまざまな要因が絡み合って起こる現象だろうと思うのだが素人が予測するには複雑すぎる。

そこで海上保安庁や各海上保安本部のホームページに「潮流推算」というコーナーがあり、潮時表にはない実際の潮の動きを予測したデータをパソコンやスマホで見ることができる。たとえば第五管区海上保安本部の潮汐・潮流情報ページには友ヶ島水道、明石海峡、鳴門海峡での転流時間、最大流速とその時間が表になっていて、潮時表の干満時間とくらべてみると、干底の時間が引き潮の最大流速の時間になっているなど、まったく違った情報を得ることができるのだ。またサイトによっては1時間おきの流れの方向と流速が、けっこう細かく地図上に矢印で表示されているので僕は大いに参考にさせてもらっている。

Q. 潮流推算データが特に役に立つのはどんな時？

A. 遠征釣行の際。
実際に潮が止まる時間が分かるので
休憩や移動のタイミングを図りやすい

明石海峡では播磨灘から大阪湾に入る東流れが引き潮、逆に大阪湾から播磨灘へ出て行く西流れが満ち潮だ。しかし実際に潮が東西に反転するのは、潮時表の干満時間とかなりのズレがある

公開されているデータは日本列島の沿岸部、すべてではないと思うが、実際に潮が流れを変える時間、時間ごとの流速が分かると非常に効率がよい釣りが可能になる。たとえば山口県の平郡島などに遠征する場合、実際の潮流の動きがどうなるかを調べることで釣行プランが非常に立てやすいのだ。この時間帯は潮が動かないので休憩、食事とか、その時間帯にポイント移動などムダな時間を極力少なくできる。また潮時表では潮止まりの時間帯でも潮流予測データから、かなり速く流れ潮が効く時間だと分かれば、その時をねらって釣りに行くこともできるし、逆に大潮で潮が速すぎる場合は、その時間を外すこともできる。アジにしてもメバルにしても僕が効率よく釣っていると思われているのは、実は潮流推算データを活用しているからなのだ。

［僕が利用している潮流推算データサイト］

●第五管区海上保安本部（潮汐・潮流情報）
http://www.kaiho.mlit.go.jp/05kanku/
友ヶ島水道、明石海峡、鳴門海峡の潮流情報、瀬戸内各地（備讃瀬戸、尾道水道、長崎瀬戸、来島海峡、釣島水道、大島瀬戸、周防灘東部、速吸瀬戸）の潮流推算グラフ

●MIRCマリン情報（潮流予測）
http://www.mirc.jha.jp/online/w/
瀬戸内海全域、東京湾、伊勢湾、有明海・八代海、鹿児島湾、津軽海峡の予測潮流（方向、流速）を1時間ごとに矢印が動く動画で配信

フィールド ⑧ 付き場／ストラクチャーと底質

潮流変化を起こす障害物周りや地形変化を見逃すな

アジが根などに直接付くことはないが、その障害物が引き起こす潮流変化や
光の当たり加減でアジの集まる好条件が生まれることは間違いない。
底質が変わるだけでもアジにとっては大きな環境変化なのかもしれない

消波ブロック帯のなかに突堤があったり、一部崩れたテトラが落ち込んでいたり、この写真よりもわずかな変化でも潮流に変化が起こりアジが集まる要素となる

沖の岩礁も有力なストラクチャー。アジは根魚ではないものの何もないところより、こういった障害物の周囲で群れていることが多い

回遊魚のアジは根魚ではないので根に潜んでいるということではないが、潮流変化を引き起こす、さまざまな障害物の周囲に付いていることが多い。夜間の灯りが、ある意味ストラクチャーでもあるわけだが、灯りだけでなく砂底の漁港内にポツンと岩が沈んでいて海藻が生えていたりすると、アジは何もないところより必ずそれに寄っている。漁港や港湾の外側でも整然と並んだ消波ブロックのなかに突然、コンクリートの排水口でも突き出していたり海底に沈んでいたりすると、そこにわずかな潮流の変化が生まれる。特に潮下側に流れの巻き返しが起こりベイトもアジも、その巻き返し部分に溜まるようになる。

防波堤なら折れ曲がりや枝になっている部分など……そこに潮の流れがあり何かしら地形の変化があるところをストラクチャーとしてとらえ、重点的に釣ることが大切だ。基本的に巻き返しや反転流が生まれ流れが緩くなるためベイトも溜まりやすく、アジも補食行動しやすい潮下側を釣るのがセオリーだが、白い灯り、赤い灯りの例もあるように、潮下側がダメな場合は潮が当たる潮上側も釣ってみる必要がある。ポイントによっては完全な潮上パターンとしてメソッドが成立している場合もあるのでチェックしておきたい。

ボトムのカケアガリはアジングでも重要なストラクチャーだ。たとえばシャローのゴロタで潮位が下がればポイントはどんどん沖に移っていくのが普通だが、実は潮位が下がっても潮位が高い時に付いて

Q. 海底の様子が変われば付いているアジも変わる？

A. ゴロタ底では24～25㎝ばかりなのに、その先の砂地では尺クラスがヒット！ ということもある

大きな防波堤なら、まずは曲がり角の内外がねらいめ。係留された漁船に街灯の光が当たればシャドーができてアジが潜んでいる可能性大

複数の防波堤や消波ブロックで構成された漁港は潮流も複雑に流れるので最高のポイント。夜になると街灯の灯りもからむ

漁港内にあるスロープもブレイクと考えることができアジのストラクチャーになる

いたブレイクに留まっているアジもいるのだ。自然海岸ではボトムのカケアガリ付近に潮目ができていれば最高の条件になる。防波堤の街灯周りに付いて浮いているアジが小型でも、潮流など何かのキッカケで敷石のカケアガリに付くアジはサイズがよかったりする。街灯周りの浅いレンジでは22～23㎝なのにボトムのカケアガリを釣ると尺クラスということも少なくない。また漁港内の船揚げ場などのスロープもアジが付きやすいストラクチャーだと思っている。

底質でいうと大阪湾でも南部以外は砂泥がほとんどで、こういった場所ではシラスなど回遊系のベイトだけでなく、ボトムからわき出るバチなどのベイトもいる。ゴロタの隙間にも砂地や泥があれば同様だ。基本的にどんな底質でもアジは釣れるが、底質の変化で付いているアジの群れが変わることがある。たとえば同じシャローのポイントでゴロタ部分をねらうと24～25㎝ばかりなのに、そのゴロタの沖で砂地に変わる部分を釣ると尺クラスがヒットする、ということがけっこうあるのだ。大阪湾でいうとみさき公園裏や多奈川の自然海岸などがそうで、他にもこんな場所はけっこう多いと思う。キャロやフロートで遠投して届く距離であれば、街灯の影響も薄く普段は釣ることが少ない沖のポイントも、ねらってみる価値は大きい。

メバリングでは常套手段だが、僕はインターネットの航空写真などで海底の様子を確認しアジングの釣果アップにつなげている。

フィールド ⑨ 漁港のポイント

漁港は灯り周りを中心に内外に好ポイント目白押し！

手軽にアジングを思い切り楽しめるのが漁港というステージ。
港の内外には街灯も多くアジの集まる要素が揃っている。漁船、栈橋、
漁具置き場などの漁業施設には立ち入らないよう、くれぐれも気をつけてほしい

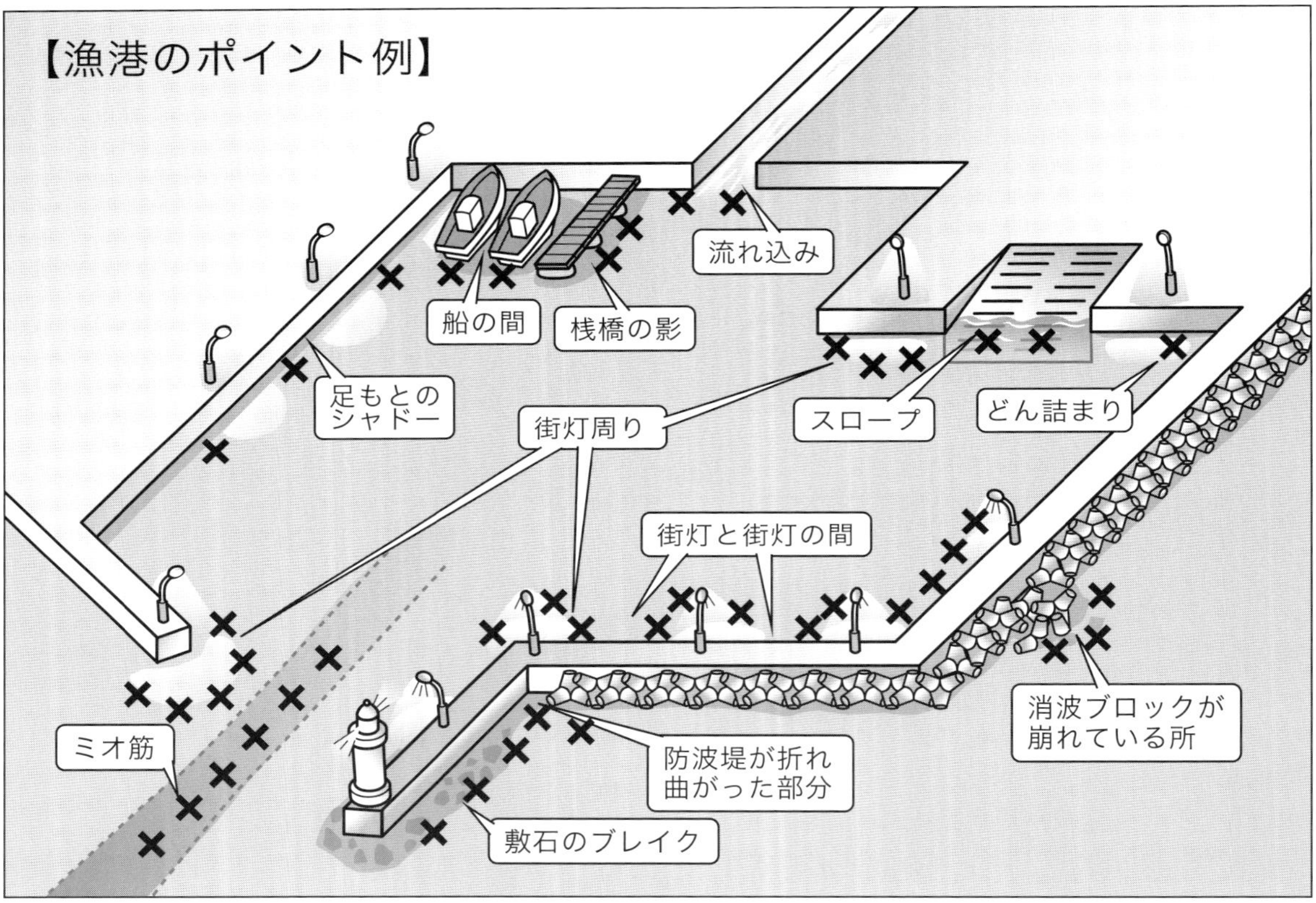

漁港内のねらいどころは間違いなく灯り周りだ。照らされた海面の明暗部の周囲はもちろん、見落としやすいのが岸壁や防波堤の影になった足もとのシャドー部分。また表面的に見るだけでなく光の減衰によってできるレンジによる立体的な明暗部も同様だ。また漁港内には栈橋や係留された漁船などがあり、それらによってできるシャドー部分との明暗の境目にもアジが付いている。

加えて地形の変化。漁港内に多いのはコンクリートでできたスロープ。深い部分には海藻が生えていると、ワレカラなどプランクトン類も豊富で、浅い波打ち際には大きな魚に食われるのを恐れた小さなベイトが群れていたりする。周囲にくらべて水深がない分、アジにしてもベイトを追い込みやすく、アングラーサイドもレンジを絞りやすいため勝負が早い。漁港の最も奥まった部分なども同じで結果が出るのが早い。漁港の出入口に近いミオ筋、ブレイクなど深く掘れ込んでいるところには、案外よいサイズのアジが付いていることがある。外海と近いので潮の効きもよい。

漁港内に小さい流れ込みや水産加工施設の排水口があると、そこにもアジは付くが小型が多い。大阪湾でいうと淡輪漁港などがそうだ。

水温が低い冬の時期に漁港の一番奥、どん詰まりに良型のアジが入り込んでいることがよくある。底まで見えていてアジの姿を確認できるところもあるが、若干水深があるほうがベター。どん詰まりにカケアガリがあるケースも多い。波風

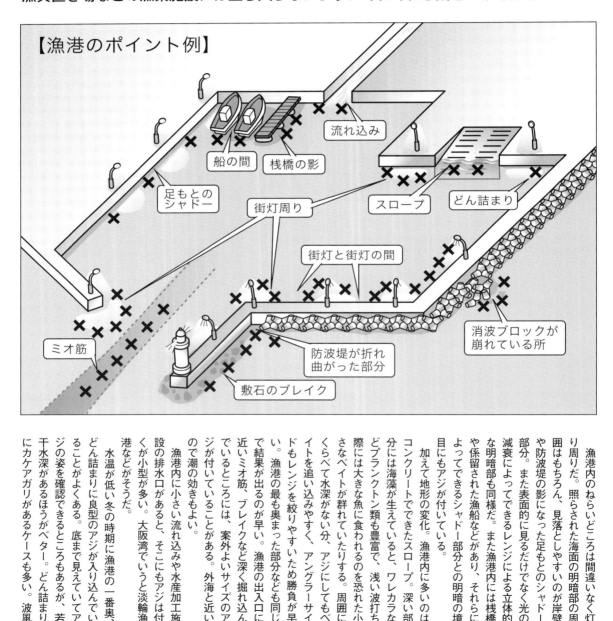

Q. 灯台しかない防波堤の先端もポイントとして有望？

A. 街灯がある少し手前からねらうほうがよいが、潮通しがよく敷石のブレイクやミオ筋に良型が付いていることがあるので見逃せない

漁港はアジングが最も手軽、安全に楽しめる釣り場。それだけに漁師さんの迷惑になる行為は絶対に慎みたい。末永く釣りが楽しめるように！

初めての漁港で釣りをする場合は明るい時間帯に下見をしておけば安心。立入禁止区域なども事前に確認しておくこと

漁港内に係留されている漁船の下はアジが身を隠すのに最適な場所。漁船の間を丹念に探ってみよう

も穏やかで釣りやすいのもうれしい。これに灯りがからめば最高だが、街灯がなくても探ってみる価値あり。

漁港の外も灯り周りを釣ることを基本に、防波堤が折れ曲がった部分、消波ブロックが崩れている部分など、何かしら地形変化した部分を重点的にねらう。防波堤の先端部は潮通しがよくアジの回遊ルートになっているが、大きい防波堤では灯台があるため街灯が立っていないことが多い。そんな場合は灯台より手前にある街灯周りがまずはねらいどころ。狭い間隔で街灯が連続している場合は、その中間の薄暗いところから攻めていく。ただ明るいところより多少薄暗くても、潮がよく動く部分にアジが付いていることもあるのでチェックは忘れずに。先端部分の沖にはミオ筋もあり、型のよいアジが付く要素が揃っているのだ。小規模な防波堤のように先端に街灯があれば最高のポイント。

沖に突き出した防波堤で潮の流れが速い場合は潮下側がリグをなじませやすく釣りやすい。潮上側は潮が速すぎるとリグが足もとに押されラインの角度も付きにくく釣りにくいが、潮が緩ければ当然ねらってみる必要がある。

フィールド ⑩ 港湾部のねらいどころ

埋立地の水道は潮通し抜群 ボトム中心にチェック

都心部からも近い大規模な港湾部では漁港とは少し勝手が違う。目立ったストラクチャーがなく水深もあるため、ねらいどころが絞りにくいのだ。そこで頼りになるのがボトム。明暗の境目も深いレンジにできている

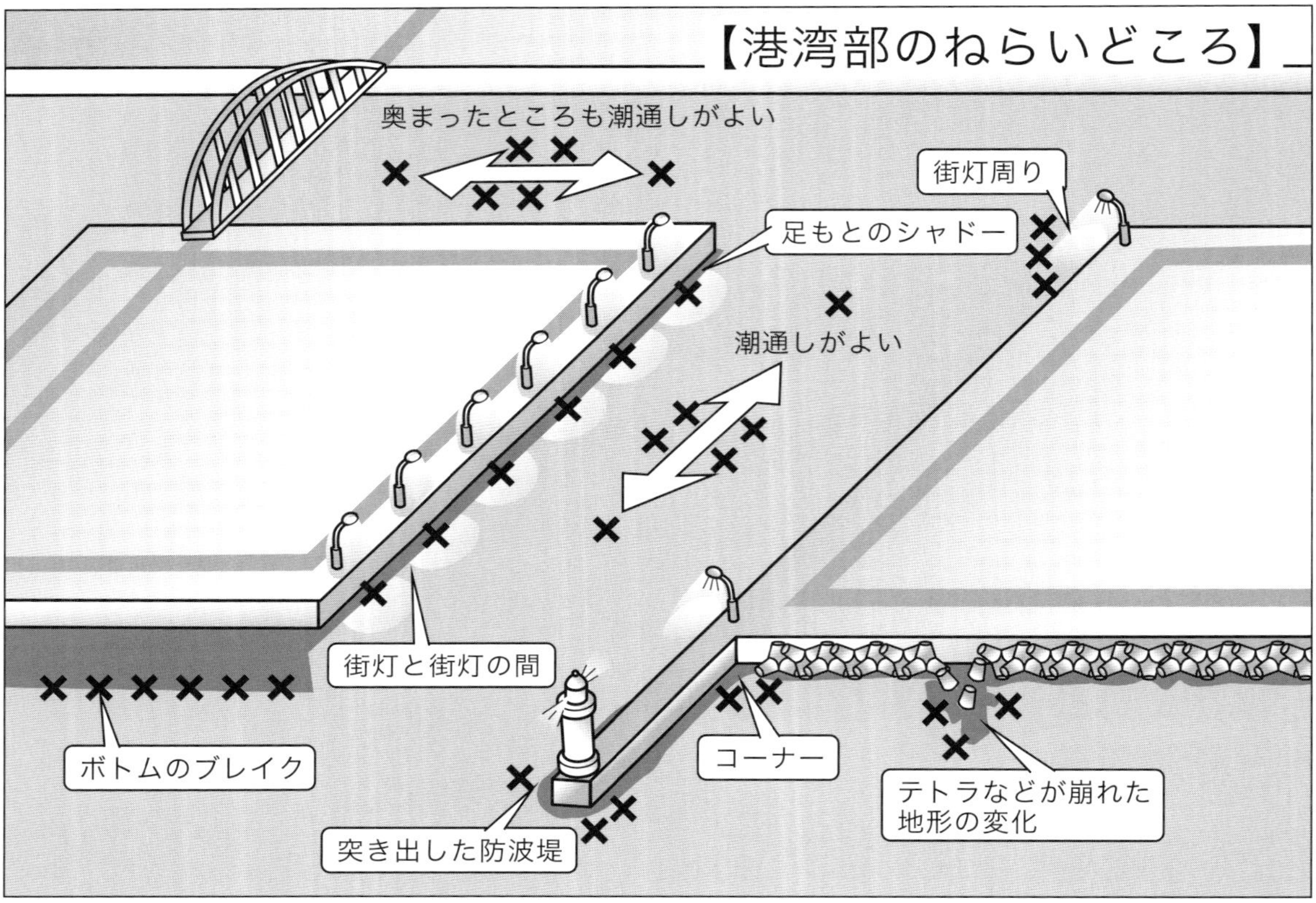

大規模な港湾部は基本的に水深があって特にストラクチャーもない単純な場所がほとんどだ。アジが付くのは灯りかボトムか、ということになる。おおむね岸壁には高さがあり、灯りの明暗部の効果が高いのが足もとにできたシャドー部分。アジの数が多く高活性の場合は上層でも釣れるが、こういった深い場所で安定してアジが付くのはボトムになるので、港湾部ではボトム付近をきっちりねらうのがセオリーだ。

全体的に明るい港湾部では、リグを打ち込んだ明るいところから潮に乗せてドリフト、フォールさせ、深いレンジの明暗部を通過させる。ここでまずバイトチャンスがある。その後、着底させたらそこから足もとのシャドーができた明暗部までを探るようにする。

水深があまりない漁港内などは灯りに絡むストラクチャーをどう釣るかが問題になるが、ストラクチャーも少なく水深がある港湾部は内側、外側ともレンジをどう探るかが大切だ。また潮の流れにもよるが港湾部の垂直護岸では、足もとにできたシャドー明暗部の境目だけをトレースすることは少ない。岸壁と平行に投げていきなり明暗の境目に入れると、すぐに暗い部分に入ってしまうので、よい結果にはつながらないのだ。

港湾はけっこう奥まった部分でも潮の流れが顕著な場合が多く、漁港の外側とある意味似た雰囲気だ。沖側には消波ブロックが並んでいることも多く、漁港の防波堤外側と同様にブロックが崩れた部分などはねらいどころになる。埋立地の

Q. 足もとのシャドーは護岸に沿ってトレースするのか？

A. 真横に引くと暗い部分を引くことが多くなるので、少し沖の明るいところからリグを入れ、シャドー部にコンタクトさせる

港湾部は全体的に明るい場所が多いので、深いレンジの明暗部境目をリグが通過するようにドリフトさせる

目立ったストラクチャーもなく変化に乏しい垂直護岸ではボトム中心にねらうのがセオリーだ

単調な海岸線から突き出た防波堤など地形の変化にはベイトが溜まりアジも集まるので見逃せない

大阪湾の港湾部にはところどころ手すり付きの親水護岸があり安全快適な釣りができる。奥まったところに多いが、案外潮通しはよい

角から突き出した防波堤も漁港の防波堤とほぼ同じだが、ただ水深があるので敷石のブレイクやミオ筋などボトムを意識したほうがよいだろう。

　特に埋立地間の水道部分は流れが速いので、灯りにからむ流れ、レンジを意識した釣りになる。リグの入れやすさからいうと、水深があるだけに流れに対して潮下側を釣っていくほうが効率的。街灯が連続して並んでいる場所ではその間の薄暗いところをメインに釣る。アジの活性が高い場合は、モロに明るい部分の宙層から上をダイレクトに釣ればよいが、たいていは薄暗い場所からリグを入れ、ボトムをからめながら明暗部を探っていくとよいだろう。

フィールド ⑪ 自然海岸のねらいどころ

サーフもゴロタ浜も磯も期待値ナンバーワンは潮目

漁港や港湾部とは違って市街地から離れていることが多い自然海岸では、街灯など光による集魚は期待薄。第一にねらいたいのは潮の流れ、すなわち潮目。これにブレイクなど地形の変化がからめば最高だ

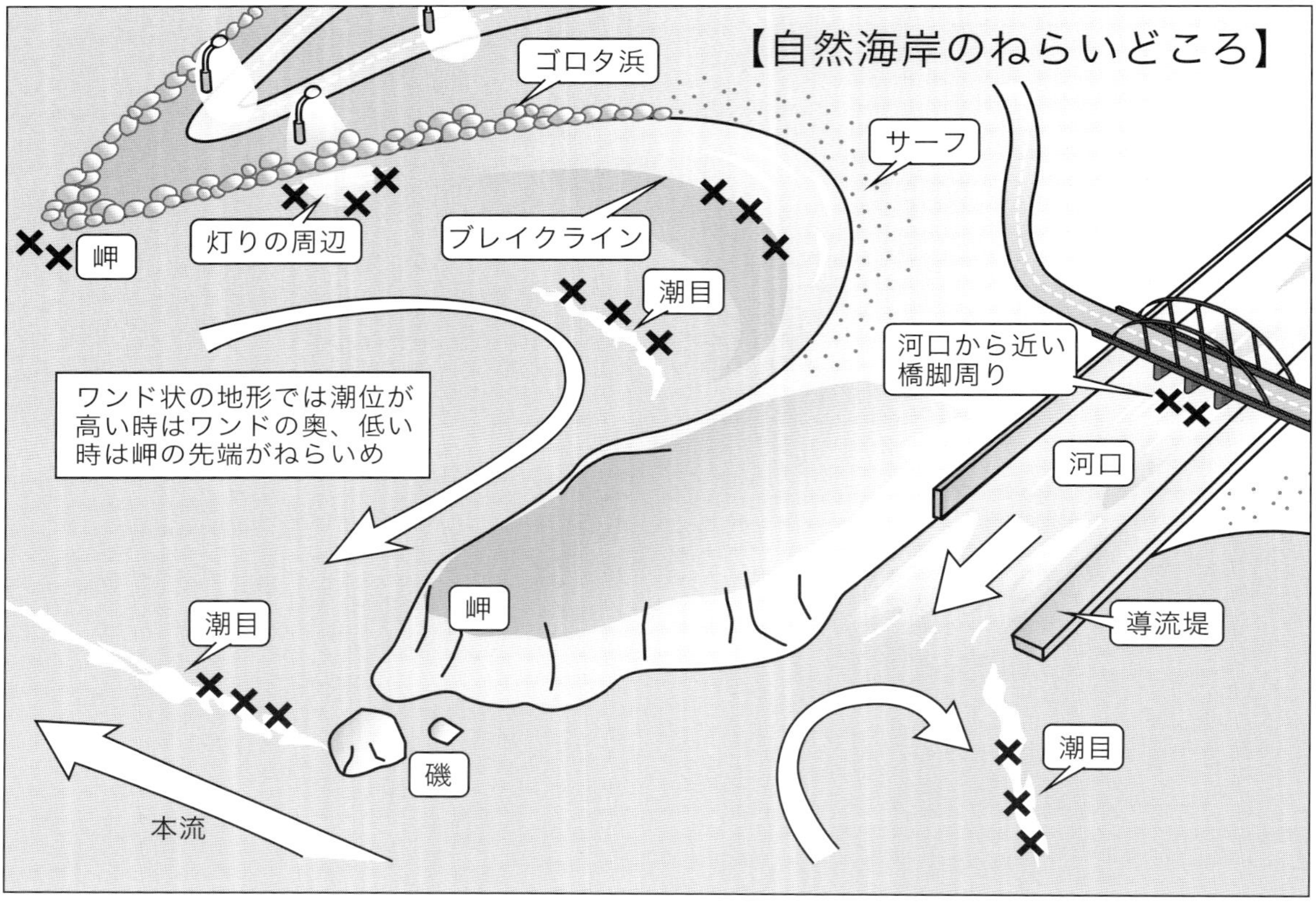

サーフ、ゴロタ浜、磯など自然海岸では潮の流れに付いているアジをねらうのが基本となる。大阪近郊では泉南から和歌山県北部、淡路島などに釣り場が多い。そんな自然海岸でとにかく期待値が高いのが潮目。ワンド状の地形なら沖の本流と反転流の流速差によって潮目が形成されるし、浜なら波の払い出しと潮流でも潮目が発生する。川の流れ込みでも潮目はできる。潮目にはベイトが溜まりやすくそれを捕食するアジも集まる可能性が高いのだ。

自然海岸では港湾部のような灯りは少ないがポツンとでも街灯があり潮目にからんでいれば最高。漁港横の磯場などで街灯の光がくっきり照らしている場合は、明暗の境目を釣るようにしたい。沖に設置された養殖イケスに照明が当たっていることもあるので、キャロやフロートで遠投してねらう。また光が弱く、薄暗く照らしているだけでも、何もないところよりは集魚力があるはずなので、アジが寄っていると考えてチェックしたい。漁港や港湾のようにはっきりした明暗の境目はできにくいが、照らされている広いエリア内にある潮目など潮流、地形の変化を目標に探ればよい。

地形の変化としてはブレイク、根や瀬などのストラクチャー的なものだけでなくワンドの奥や岬の先端などが挙げられる。ワンドの奥はシャローポイントでブレイクや根があり、潮目もできる。岬の先端は潮通しがよく、潮下側には潮の反転流が生まれベイトも溜まりやすくアジが集まってくる。ワンドから出てきた潮

Q. ワンド状の自然海岸では潮の干満によってポイントが変わる？

A. 基本的に潮位の高い時間はワンドの奥、潮位が低くなったらワンド出口の岬先端などがよい

ワンド状の地形は好ポイント。沖に本流が流れればワンド奥には反転流が起こり潮目も発生する。潮位が高い時はワンド奥、低くなれば岬の先端に移動する

一見、変化がなく単調に見えるサーフではブレイクラインを中心に釣る。潮目ができていないか忘れずチェック

サーフにある磯は絶好のストラクチャー。磯に出て釣る際はベスト一体型のライフベスト、スパイクシューズ、グローブ必着のこと

河口部にはシラスなどのベイトが集まるのでアジも多い。川の中や最初の橋の周辺を釣る際は満ち潮時がよい

と沖の本流が合流する部分も潮のヨレや壁ができるので同様に好ポイントとなるので忘れないように。

潮位や流速を考えることが大切で、潮位が高い場合はワンドの奥、低くなると水深がある岬の先端周りがよくなる傾向がある。ただ潮位が低くなってもアジの群れのしんがりがワンド内に残っていることもあり完全に無視することはできない。岬をかすめる潮が速すぎる場合は、ワンドに入る反転流も顕著になりワンド内に潮目ができやすいのでワンド奥がねらいどころになる。逆に潮の動きが悪い時ほど、潮通しのよい岬の先端に出て潮目など流れが効いている場所を探すようにしたい。

河口部は河口から最初にある橋脚というマンメイドストラクチャーを街灯がらみでねらう、また導流堤から流れの巻き返しを釣る場合もある。橋脚ねらいは満ち潮の時。表層は川の流れで海に向かうが、下層は海水が差しているのでアジも入っているし、リグも入れやすい。川にはシラス、シラウオ、稚アユなどのベイトも遡るので見逃せないポイントである。

また本来の河口部である海と川の接点では川の流れと潮流がクロスしてできる潮目ねらいがメイン。この場合、まったく灯りがなくてもベイトが豊富なこともあり、サイズのよいアジが集まっている。当然ボトムにはブレイクも形成されているので、流れと地形変化が複合するグッドポイントだ。川でよく釣れる時は、河口から少し離れたサーフやゴロタにもアジが接岸していると考えられるので、忘れずにチェックしておきたい。

シラスやボラの稚魚など魚系を中心にメガロパ、タコやイカの幼生も食っている！

和歌山県は印南港内で釣ったアジの胃の中にびっしり入っていたのはボラの稚魚？　カタクチイワシ？

日中にサビキ釣りしたあとはアジが居着きよい場合もあるし、アミエビ中毒？でワームをまったく口にしてくれないことがあるので注意しよう

いろいろなものを食べるアジだが、メインはシラスといわれている。しかし常にシラスを食べられる環境にはないのでシラウオ、アミ類、ゴカイ類、タコやイカの幼生などはよく食べているし、大きめのカタクチイワシ、稚アユはもちろんキビナゴやボラの稚魚、ノレソレ（ゴテンアナゴの稚魚）など僕が釣ったアジの胃の中から出てきたことがある。メガロパなどカニの幼生も食べていて日高川河口で釣ったアジの胃の中にびっしり入っていたことがあった。

基本はマイクロベイトであるが 40 ～ 50cm のギガアジになるとハマチが食うのと変わらないような大きな魚を食べているのだ。一方、食べているとは思うのだが河口部にもいるスジエビはあまり見たことがない。

また漁港や港湾では日中にサビキ釣りで撒かれたアミエビを大量に食べていることがある。足もとに残るアミエビの痕跡を頼りに釣りをしてもよいが、アミエビに味をしめ、まったくワームには興味を示さないこともあるので覚えておいてほしい。

アジングではベイト自体が小さいので宙層にベイトがいる場合は、それが何であるかが分かりづらく、シーバスのように明確なベイトパターンの釣りはない。

しかし、大阪の泉佐野あたりでは港内でふ化したタコの幼生がまとまって沖へ流れていくことがあり、この時ばかりはリグを漂わせ流し込んでいく釣りでないとまったく食わない。ただし、そのパターンさえ分かれば入れ食いになるのでチャンスともいえる。

TECHNIQUE OF AJI-ING

軽量ジグヘッド単体を基本に高感度タックルを駆使し距離、レンジに合わせてスプリット、キャロ、フロートと発展させていくアジング。豆アジサイズから40㎝オーバーのギガアジまで共通するテクニックは繊細さと緻密さを第一とする

テクニック ① これぞアジングの奥義！

いかにアタリを出しやすくするか これがアジング最大のテーマ

ルアーのアクションというよりも、すべてのリグの特性とアプローチ法を知り
基本に忠実な釣りをすることが釣果を伸ばす近道。
そして何より実釣のなかにこそ奥義が存在するのだ

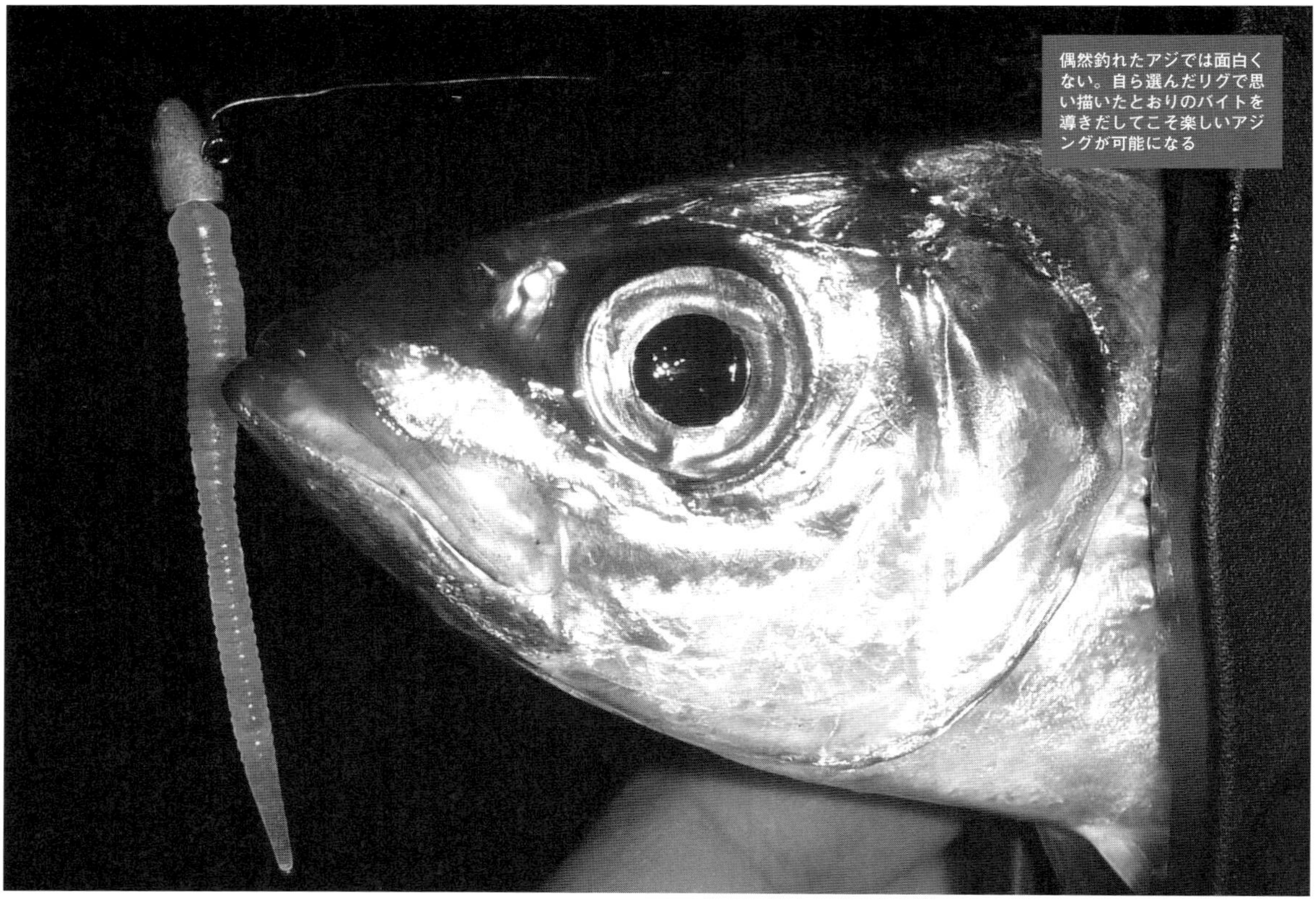

偶然釣れたアジでは面白くない。自ら選んだリグで思い描いたとおりのバイトを導きだしてこそ楽しいアジングが可能になる

アタリを取って積極的に掛けにいく。これを大前提として少しでもバレにくいリグ、タックルを使って釣りを組み立てるのがアジングだ。

そのためにアタリを出しやすくするのがアジングテクニック最大のテーマだと僕は思う。キャストからアプローチ、ラインメンディングに至るすべてがそうだ。どう食わせるか？ どうバイトさせるか？ が重要なのである。そして出たアタリで確実にフッキングし、いかにバラさずやり取りしランディングに持ち込むか……。この一連すべての動作をスムーズに行なえるようになりたい。

絶対アジが釣れる魔法のようなテクニック、メソッドは存在しない。ルアーアクションだけが注目されがちだが、それよりも、きちんと投げられて、ちゃんとレンジが取れるといった、基本に忠実な釣りを徹底することで安定した釣果が得られるはずだ。

キャスティングではリグやポイントに合わせたタックルでいかに正確に遠くまで投げられるか。ナイトゲームが中心となるだけに、いかにトラブルを少なくするかも重要だ。

アジへのアプローチにはリアクションで食わせる方法、食性に訴えナチュラルに誘う方法、さらにはルアーの縦と横の動きによる差、リトリーブとドリフトの使い分けなどがあり、これらすべてを複合的に組み合わせることで、あらゆるシーンに対応する。また、きっちりラインメンディングできなければ、これらのアプローチ法を最大限に生かすことはでき

Q. 絶対に釣れる魔法のようなメソッドは存在する？

A. 存在しない。正確にキャストし、きちんとレンジを取る、基本に忠実な釣りのなかにこそゆるぎなき答えがある！

超軽量リグを夜間でも思ったところに投げられる。これができないと次の段階へは進めない

しっかりアタリを取って積極的に掛け合わせ確実に釣る。これが大前提

基本に忠実な釣りを徹底することで安定した釣果が得られるのだ

ない。ジグヘッド単体、スプリットリグ、キャロライナリグ、フロートリグという4大リグの状況による使い分け、それぞれの特徴をフルに引き出す操作法をマスターするのは大前提だ。

アジングの奥義は実釣のなかにこそ存在すると思っている。ただ単に理論を並べても理解しがたい部分も多いと思うので、項目ごとの基本的な解説だけでなく、それぞれの代表的な例として過去の実釣パターンを98ページから紹介しているので大いに参考にしていただきたい。

テクニック ② ライトタックルのキャスティング

キャストは長めのタラシで遠心力&ロッド反発力を活用!

重量があるキャロやフロートならそうでもないが、
軽量ジグ単を暗闇で正確にキャストするのは慣れが必要。
そのためにも正しいキャスティングテクニックを身に付けよう

キャストの軌跡は山なり。分割式リグの場合、ライナーで投げたり変なタイミングで飛行中にブレーキをかけたりすると、回転してジグヘッドがラインに絡む。リグ飛行中、常に軽いフェザリングでラインの出方を感じておくと、慣れればその強弱で夜間でも飛距離がつかみやすい

ロッドのリールシート部分を握る手の中指と薬指の間にリールの脚を挟み、ラインローラーをロッド側に持ってきたら人差し指先の腹にラインを掛けベールを起こす。ロッドエンドにもう一方の手を軽く添えるダブルハンド。振り子の要領で一旦後方に送ってからロッドの反発力を生かして前方へスイング。リール部分の手はスナップを効かせ、ロッドエンド部分を胸元に引きつけるように。リールを中心にロッドを円運動させるのがキャストの基本で、これが最も安定したキャスティングだ。ただしショートロッド使用で近距離キャストの場合など、シングルハンド、アンダースローと釣り場の条件に合わせたイージーなキャストも多用する。

ロッドの硬軟によってもスイングの味付けを変える。曲がりにくい硬いロッドの場合は力強く速いスイングでロッドを曲げ込む感じでロッドの反発力を引き出す。軟らかいロッドの場合は、あまり強く振るとロッドを止めた時の振動が止まらずライン放出に抵抗を与え、かえって飛距離を殺してしまう。ゆっくりとしたスイングでロッド全体にリグの重みを乗せる感じがベターだ。

タラシの長さは軽量ジグヘッド単体の場合はリーダー分の60㎝強からロッド全長の3分の1と長くし遠心力を利用して飛距離を稼ぐ。ラインとリーダーの結び目がトップガイドから外に出るので引っ掛かりがなくスムーズだ。スプリットやキャロの場合は下のジグヘッドまでの長さもあるのでタラシはティップから20~

Q. 暗闇でリグの着水が目視できず、どこまで飛んだか分からない。何か方法はないか？

A. リグの飛行中、スプールに人差し指を軽く当て、ラインの出を感じておけば放出の勢いの強弱で、だいたいの飛距離が分かる

中指と薬指の間にリールフットを挟むのが基本

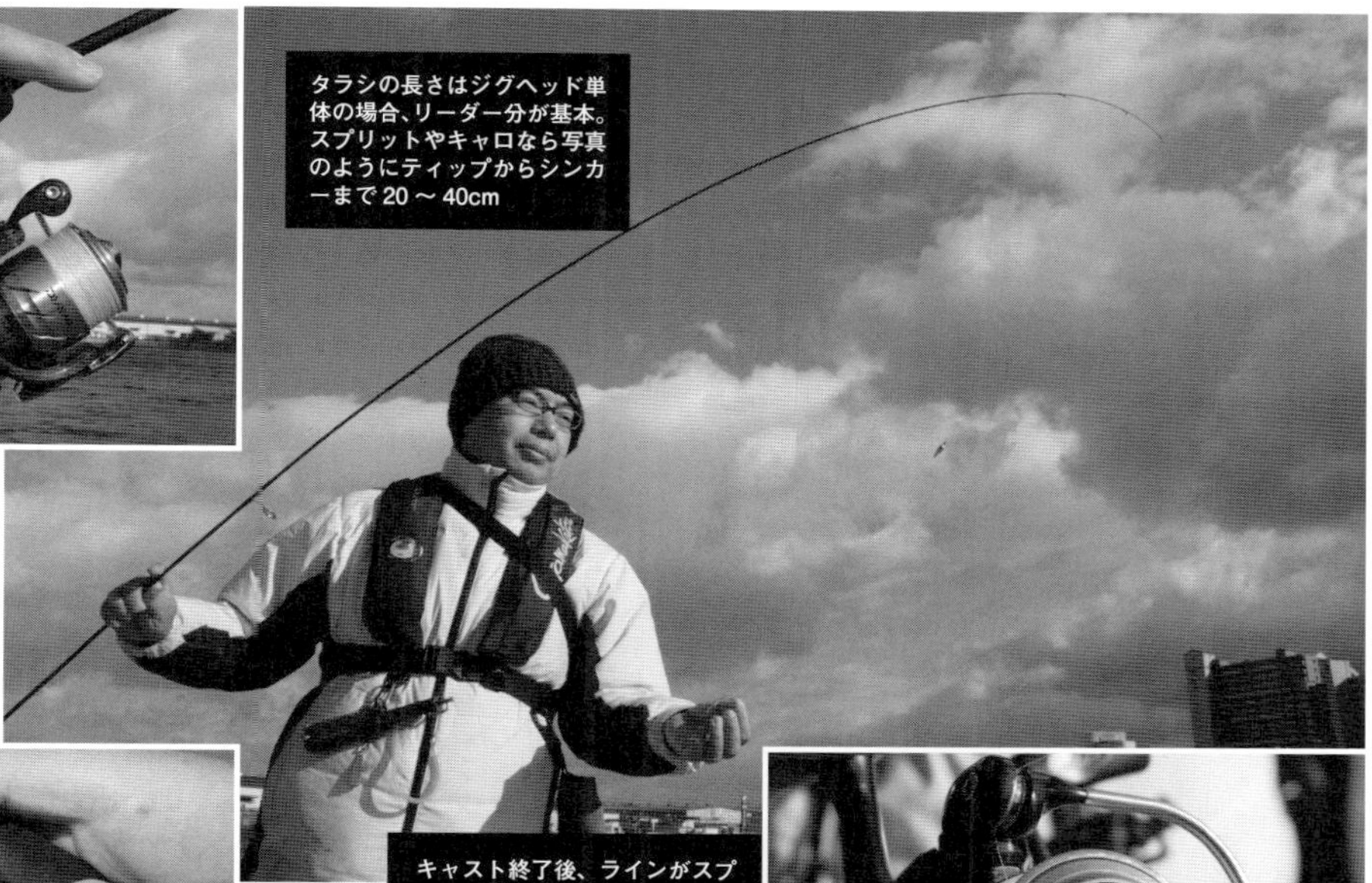

タラシの長さはジグヘッド単体の場合、リーダー分が基本。スプリットやキャロなら写真のようにティップからシンカーまで20～40cm

人差し指先の腹にラインを掛けてベールを起こす

キャスト終了後、ラインがスプール上部に乗ってしまっている場合がある。リールを巻き始める前にラインがローラーに入るよう、スプール上部をさっとひとなですれば解消できる

40㎝でOK。Fシステムの場合はフロートが結ばれた枝ス部分があるので、ラインとの接続部分をトップガイドから少し出したくらいが投げやすい。

すべてのリグ飛行中は人差し指を軽くスプールに当てるフェザリングで、放出されるラインが指にサラサラっと触れるようにしておくと、トラブルが少ないし余計なラインスラックを出すこともない。何かの事情でキャストをストップさせなければいけない時も、すぐ対処が可能だ。

ほとんどナイトゲームのアジングではキャスト精度が問題。軽量リグは慣れていないと、どの方向にどれだけ飛んだか把握するのが難しい。初心者は明るい時間に練習しておくのが無難だ。

キャスト終了後はラインを落ち着かせてからリグを沈めて次の行動に移るわけだが、リールを巻き始める時に気をつけなければいけないのが、ベールを戻した際にラインがきっちりラインローラーに掛かっておらず、スプールの前に出たままになっているのに気付かずに、そのまま巻き始めてしまうこと。特にラインにテンションがかかりにくい軽いリグの時に顕著だ。こうなると次のキャストで必ずといってよいほどバックラッシュのような状態になりラインがワッと出て、ひどい場合はダンゴ状にもつれてしまう。リールを巻き始める時に、サッと手でスプール上側をなでるだけでこの状態はほぼ回避できる。ひとなでしてから巻き始めるクセを付けておきたい。

テクニック ③ アプローチのバリエーション

ナチュラルかリアクションか？ 横の動きか縦の動きか？

アジを食わせるレンジ、位置が分かれば、次はどうアプローチして口を使わせるかだ。動き自体の演出、縦横の方向、巻きとドリフトを複合的に組み合わせ、４大リグを駆使してバイトを誘発する

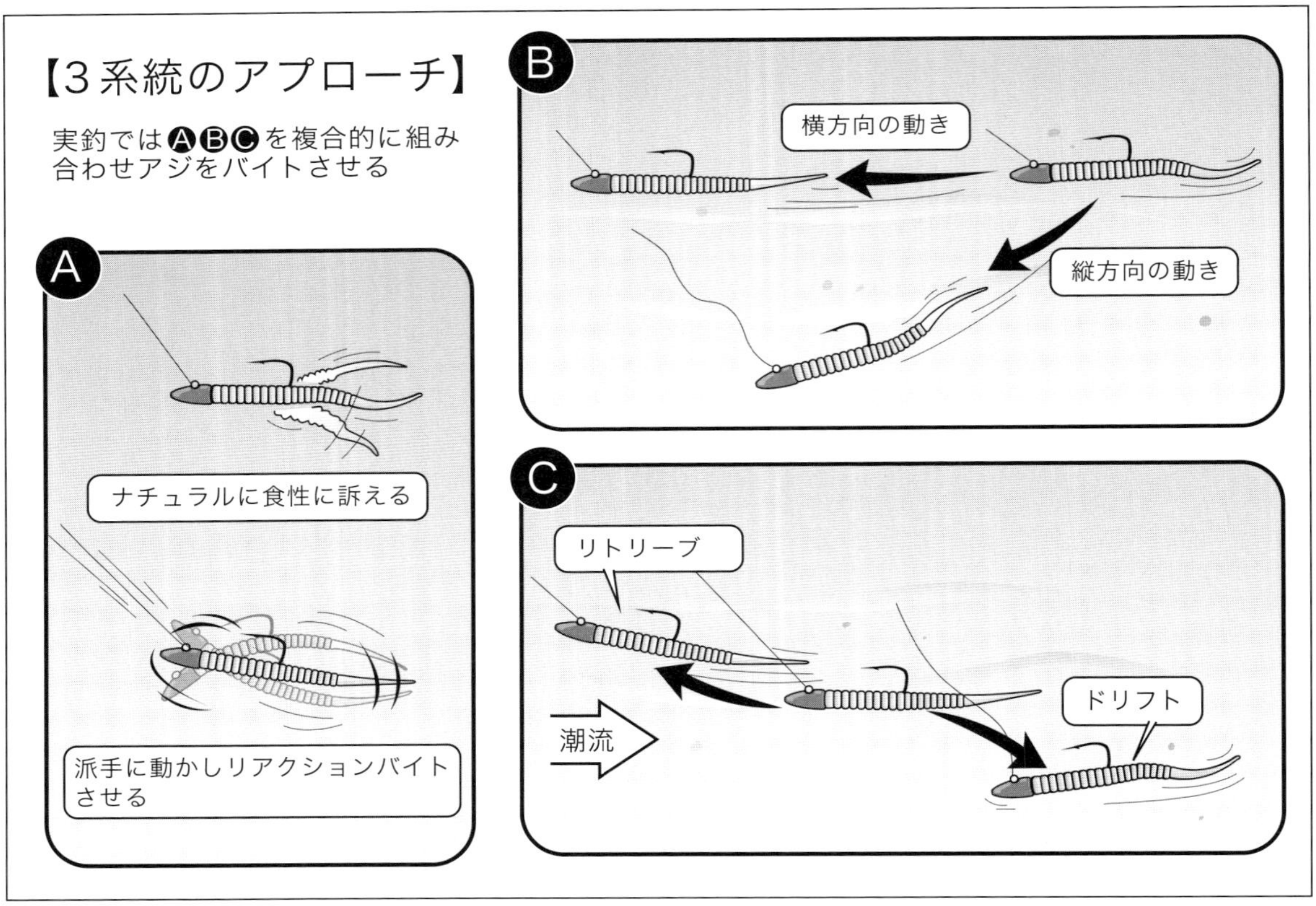

アジへのアプローチ、アジを反応させる方法としては、ルアーフィッシング全般のセオリーとして大きく分けると①リアクションで反応を引き出す方法と、②ナチュラルに食性に訴える方法がある。いま釣ろうとしているアジに対し、そのどちらが有効なのかを、まず探っていく必要があるのだ。言い換えるとアクションで勢いづかせ、しっかり反応させて食わせる場合もあれば、自然にワームを漂わせ、流し込んだりして細かい動きで食わせる方法もある、といった具合だ。

またアジは横に泳ぐものに反応する時と、落ちていく縦（フォール）の動きに反応する時に分かれるので、その時のアジの傾向をつかむのも同時に重要だ。

活性が高い場合は適当に落とし込んでいれば、どこかで食ってくれるのがアジという魚のありがたい部分なのだが、活性が低い場合はアジがどこにいるか、どこで食ってくるかを絞り込む必要がある。そのためにはリグが海中のどのあたりで、どういう状態になっているのかをイメージできるようにならなければいけないし、またリグを自分の思った場所に届け、思ったように動かせるようにならなければいけない。

このほかリトリーブ、巻きの釣りだけでなく潮に乗せて流し込んでいくドリフトを意識したアプローチもある。それぞれにリアクションとナチュラル、縦もしくは横の動きを複合的に組み合わせることでさまざまなシチュエーションに対応できるようになる。

アジングの基本はジグヘッド単体の釣

Q. 遠距離ポイントでジグヘッドにナチュラルな動きをさせるには？

A. 条件に合わせてスプリット、キャロ、フロートを使いジグヘッドを軽くする

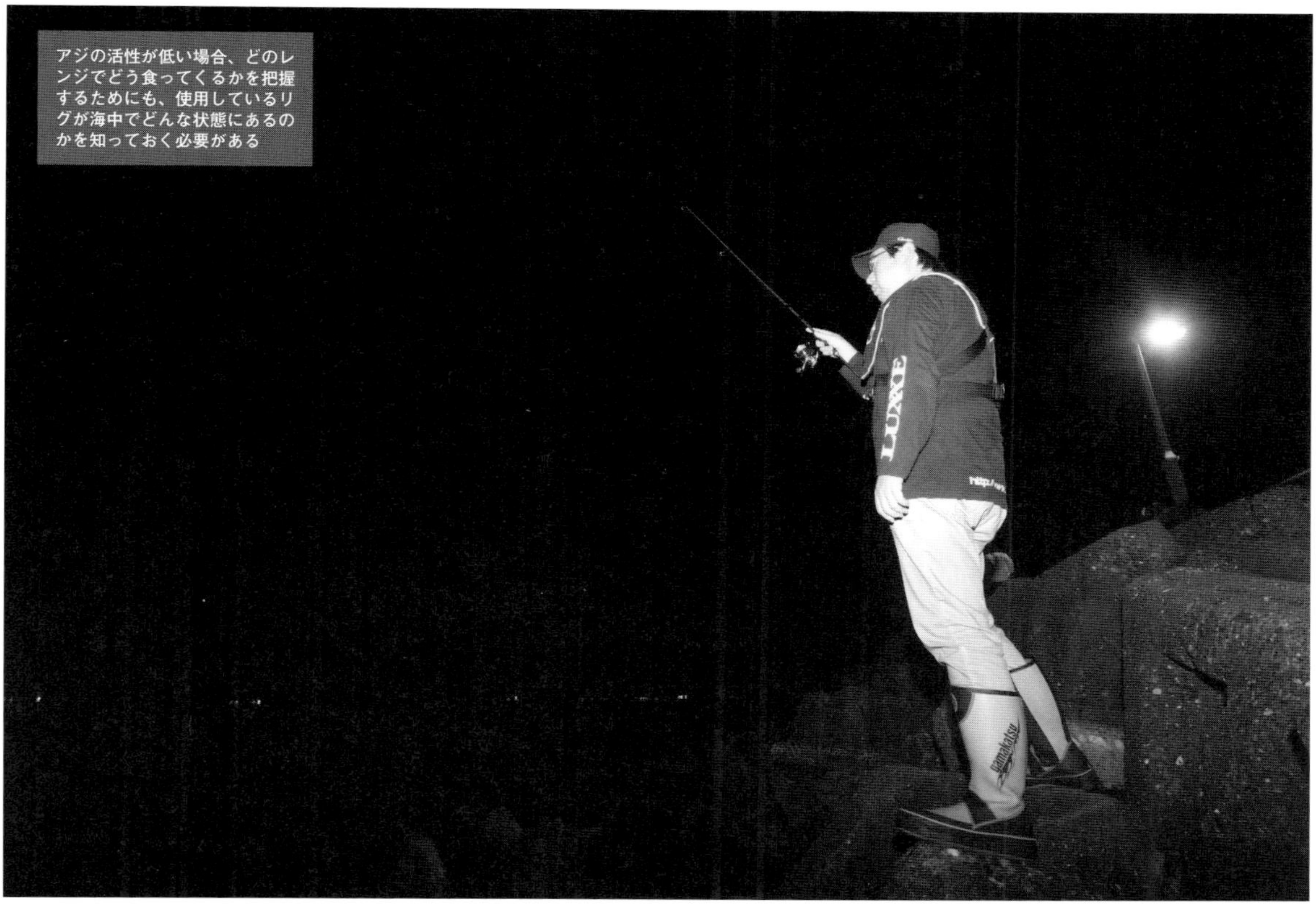

アジの活性が低い場合、どのレンジでどう食ってくるかを把握するためにも、使用しているリグが海中でどんな状態にあるのかを知っておく必要がある

り。ポイントまでの距離が遠い、またレンジが深く、潮流も速い場合にジグヘッドをあまりにも重くすると動きが速く不自然になるため、スプリットシンカーやキャロシンカー、フロートをプラスし、軽いままのジグヘッドで釣りを可能にする。いわばスプリットやキャロ、フロートはジグヘッドをサポートするものなのだ。こういったウェイトを分割した釣りになってもジグヘッド部分の基本的な動かし方、食わせ方は変わらない。アジの口の硬い部分に掛けにいくイメージはリグが変わっても絶対に忘れてはいけないのだ。

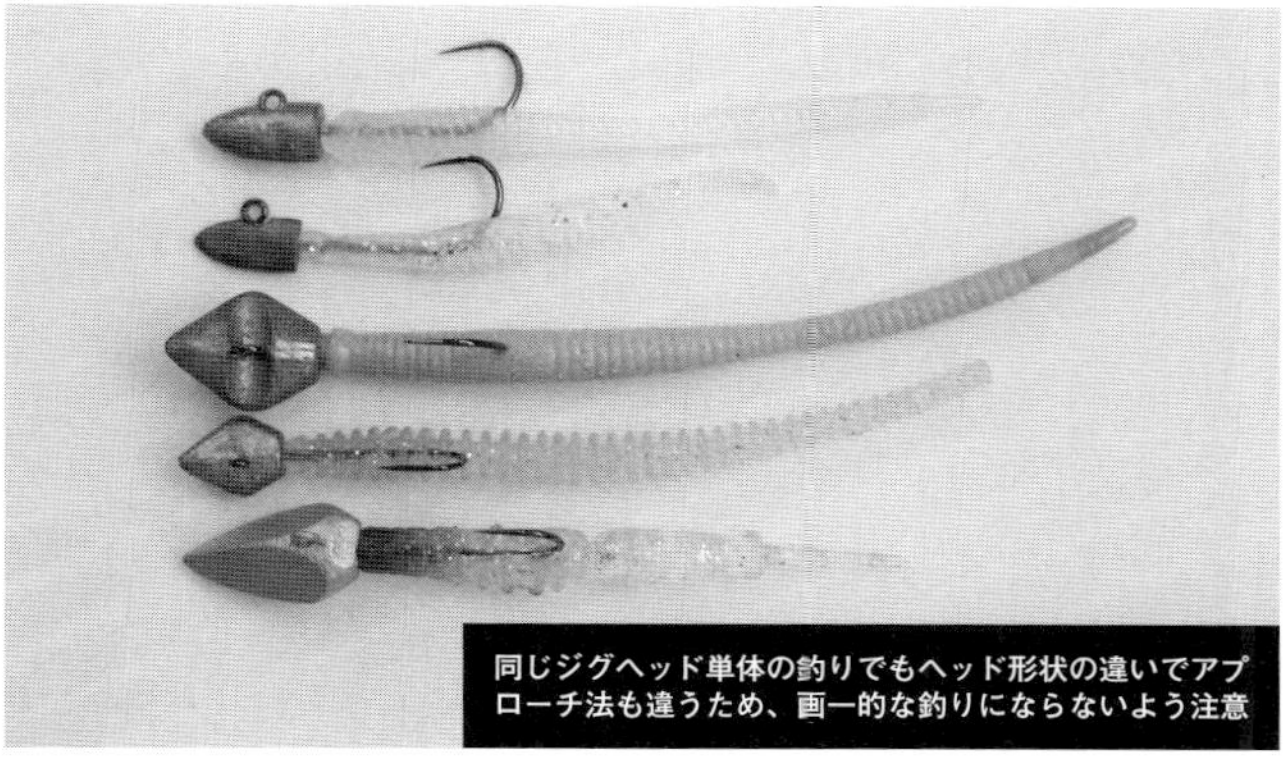

同じジグヘッド単体の釣りでもヘッド形状の違いでアプローチ法も違うため、画一的な釣りにならないよう注意

テクニック ④ ラインメンディング

感度を鈍らせるスラックは継続的に解消することが大切！

重いルアーで巻きの釣りならまだしも、超軽量リグを使うアジングでは いくら極細ラインでも風や流れの抵抗を受けてラインスラックができてしまう。正確にトレースできないばかりか感度も鈍らせるやっかいものだ

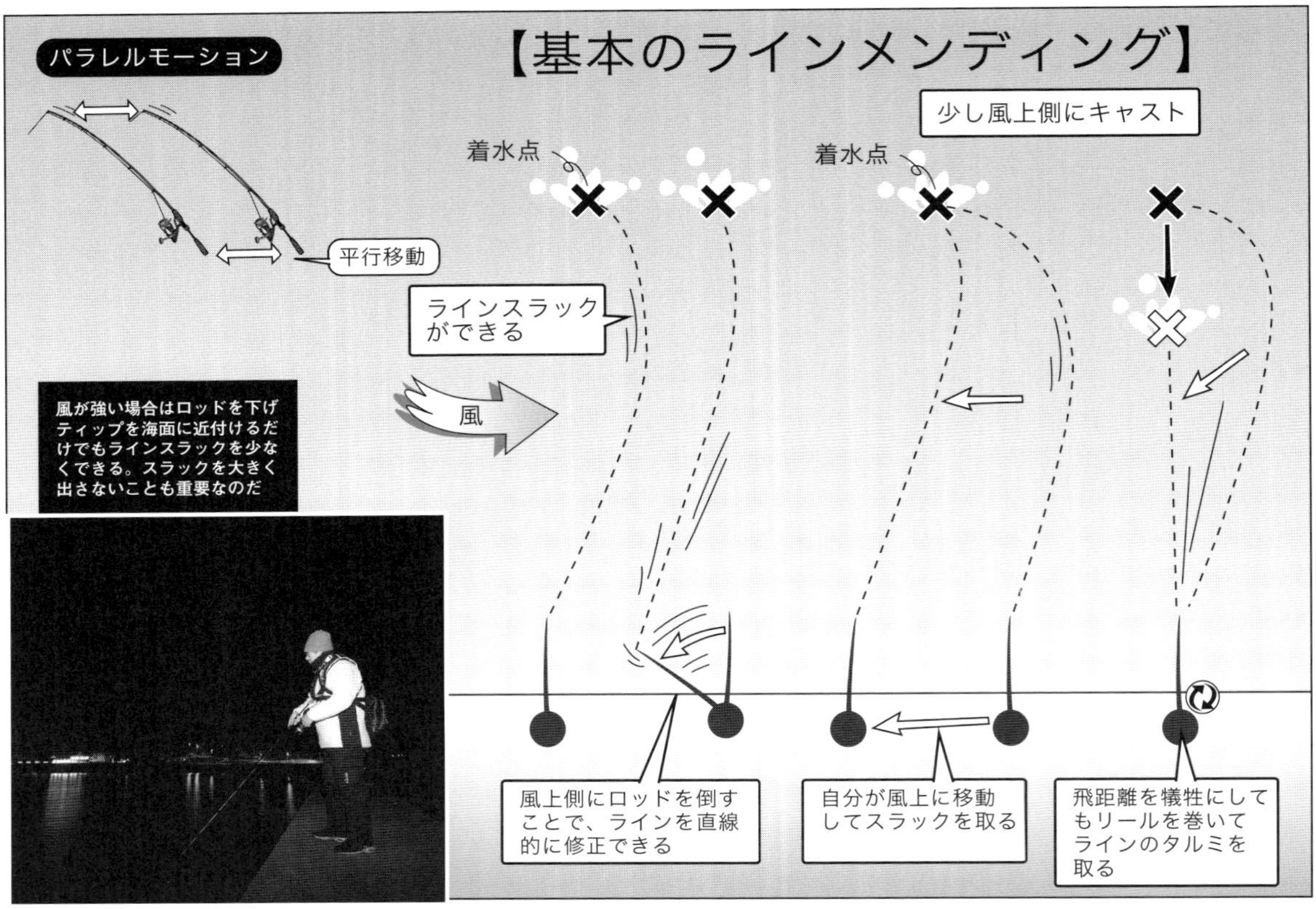

リグを思いどおりに動かし、きちんとアタリを取って確実にフッキングさせるために、ラインメンディングは欠かせない。空気や水の抵抗が小さい極細ラインを使用するアジングといえど、キャスト後のラインは風や潮流の影響を受けラインスラックが蛇行したり膨らんだり吹き上げられたりと、リグとロッド間の感度を生かせない状態となりやすい。

　初歩的なラインメンディングとしては、キャスト直後にロッドをあおる。リールを巻いてスラックを取る。ティップを海面に向けてラインを素早く海面に落ち着かせ風の影響を少なくする。風上側、潮上側にロッドを倒して風下側、潮下側にできるスラックを伸ばす。極端な場合はリグが着水したら自分が移動してロッド操作だけでは取れないラインスラックを解消する。また、あまりに風が強い場合や流れが速い場合は、キャストの飛距離を犠牲にしてまでも大幅にリールを巻いてラインを伸ばすなど、さまざまな方法がある。強風の日でも風は一定ではなく、風が収まった瞬間をねらってキャストするというのも、ラインメンディングの範疇《はんちゅう》かもしれない。

　とにかくリグからティップまでのラインは張らず緩めず、可能なかぎり直線的であるのが理想。特に素材自体が軟らかく低比重で軽く浮きやすいPEラインは風や潮流の影響を非常に受けやすいので確実なラインメンディングが必要だ。

　たとえば風が強く吹く日、風に対処しつつも常に同じメンディングを繰り返している人が多いように思う。しかしPE

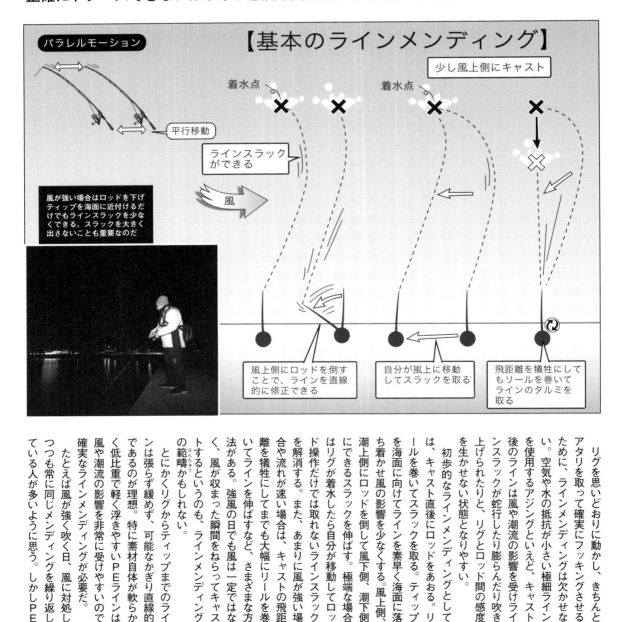

Q. 風の強い日、キャストするとどうしてもラインスラックが大きくできてしまうが？

A. 風は一定ではない。風が息をついて弱まった時に投げると多少でもスラックは小さくなる！

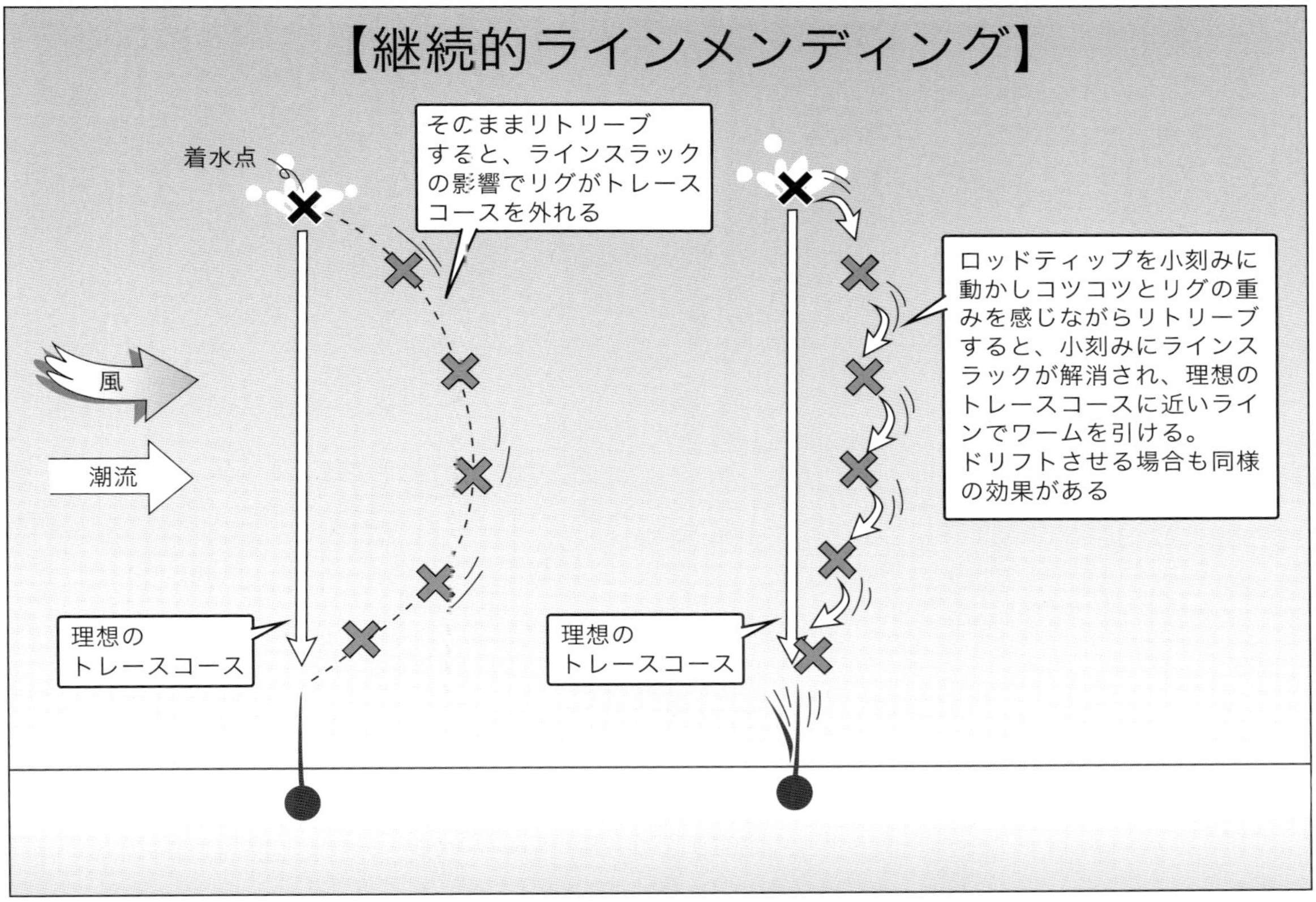

そのままリトリーブすると、ラインスラックの影響でリグがトレースコースを外れる

理想のトレースコース

ドリフトさせる場合も同様の効果がある
理想のトレースコース

ラインは少しでもリグの着水点が変わるだけでスラックのでき方が違うし、風の強さや方向も随時変化するので、その時その時でメンディング方法やテンションのかけ方を変える必要があるのだ。またメンディングはキャスト直後だけすればよいわけでなく、釣っている間は常にラインスラックが発生するので、継続的なラインメンディングを意識することが大切なのだ。

その方法として、こまめに細かくロッドティップをシェイクしカチカチ、コツコツという反響が手応えとして出るようにリグの重みを感じながら引いたり流したりするとよい。自然界ではラインを完全に直線にすることは難しいが、張らずゆるめずでロッドの動きがリグに瞬時に伝わるテンションをキープさせることは可能だ。ラインスラックの解消だけでなくリグの位置確認も容易にしてくれるし誘いも兼ねているので、リグを選ばず非常に有効な方法だ。ただしリグが移動してしまうほど大きく強いシェイクはダメ。あくまでもリグが微妙に振動する程度であることが原則だ。

ところが、細かいシェイクだけではラインスラックがどうしても大きくなってしまう場合もある。そんな時はアタリに備えつつ、時折ロッドを腕全体でグイッと平行移動させ、スラックを解消することがある。僕はこれをパラレルモーションと呼んで多用している。リグをそれほど移動させることなくラインスラックを取り、ついでにアクションもかけられる重要テクニックのひとつだ。

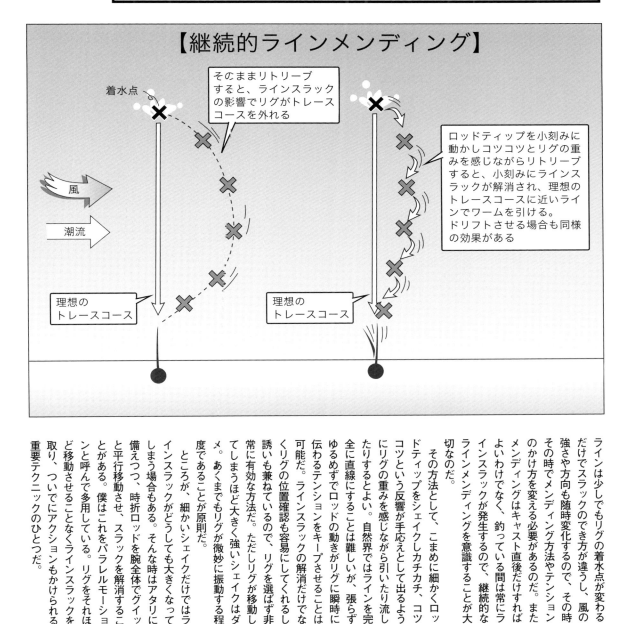

テクニック ⑤ ジグヘッドリグの釣り

ジグ単で求められるスキルはより軽いヘッドのレンジキープ

アジングの基本であるジグ単の釣りは食いが渋い場合に、いかに軽いジグヘッドで深いレンジをキープできるかが腕の見せどころ。きちんとボトムを釣る技術も必要だ

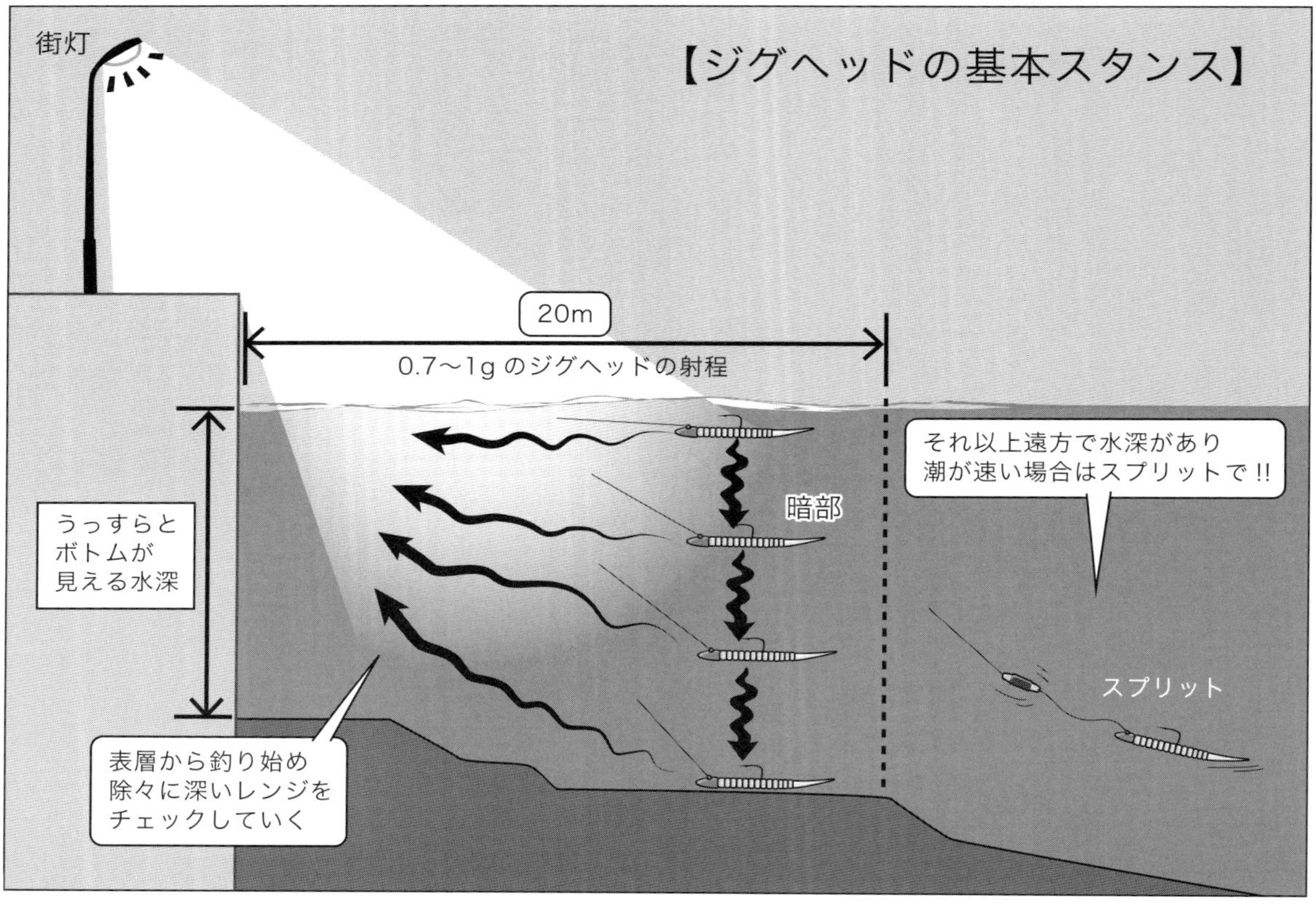

ジグヘッド単体の釣りはよくもわるくもダイレクトだ。途中に余計なパーツがないため高感度で操作もイメージしやすい。アジの食性を考慮するとできるだけ軽いものを使い幅広いレンジを探らないといけないが、どうしても浮き上がりやすい傾向がある。

アジの活性が高い場合は表層近くを引いているだけで食ってくれるが、それで釣れない時にどうするか。きちんとボトムを取ってレンジキープできることがジグ単使いのキモであって、釣果に差が出る部分なのだ。慣れないうちは自分のスキルに合わせて、きちんとボトムが取れる重さのジグヘッドを使うことから始めるのがよい。しかし、重いジグヘッドでレンジキープできる引きスピードは、どうしてもリトリーブが速くなり食ってくれるアジもかぎられてくるので、より軽いジグヘッドでもボトムが取れ、イメージどおりのスピードで引けるように徐々に慣れるしかない。まずはアクション云々よりもアジがいるレンジを適正スピードできちんとトレースすることが大切だ。

たとえば漁港内の街灯周りを釣る場合ボトムがうっすら見えているような水深のポイントではジグヘッドは0・7〜1gでスタートする。表層から釣り始め、それで釣れればそのまま表層をねらう。アタリがなければ反応が出るレンジまでカウントダウンで徐々に探りを入れていく。アタリが出たらそのレンジ、どうリグを入れて、どう誘った時に反応があったかという状況を覚えておき、次回からそのタナを重点的に釣る。ただアジはず

Q. 釣れていたアジからの反応が途絶えたのは群れがいなくなったから？

A. レンジが下がっただけかもしれない！深いレンジをソフトに誘ってみると再び反応が出る可能性あり

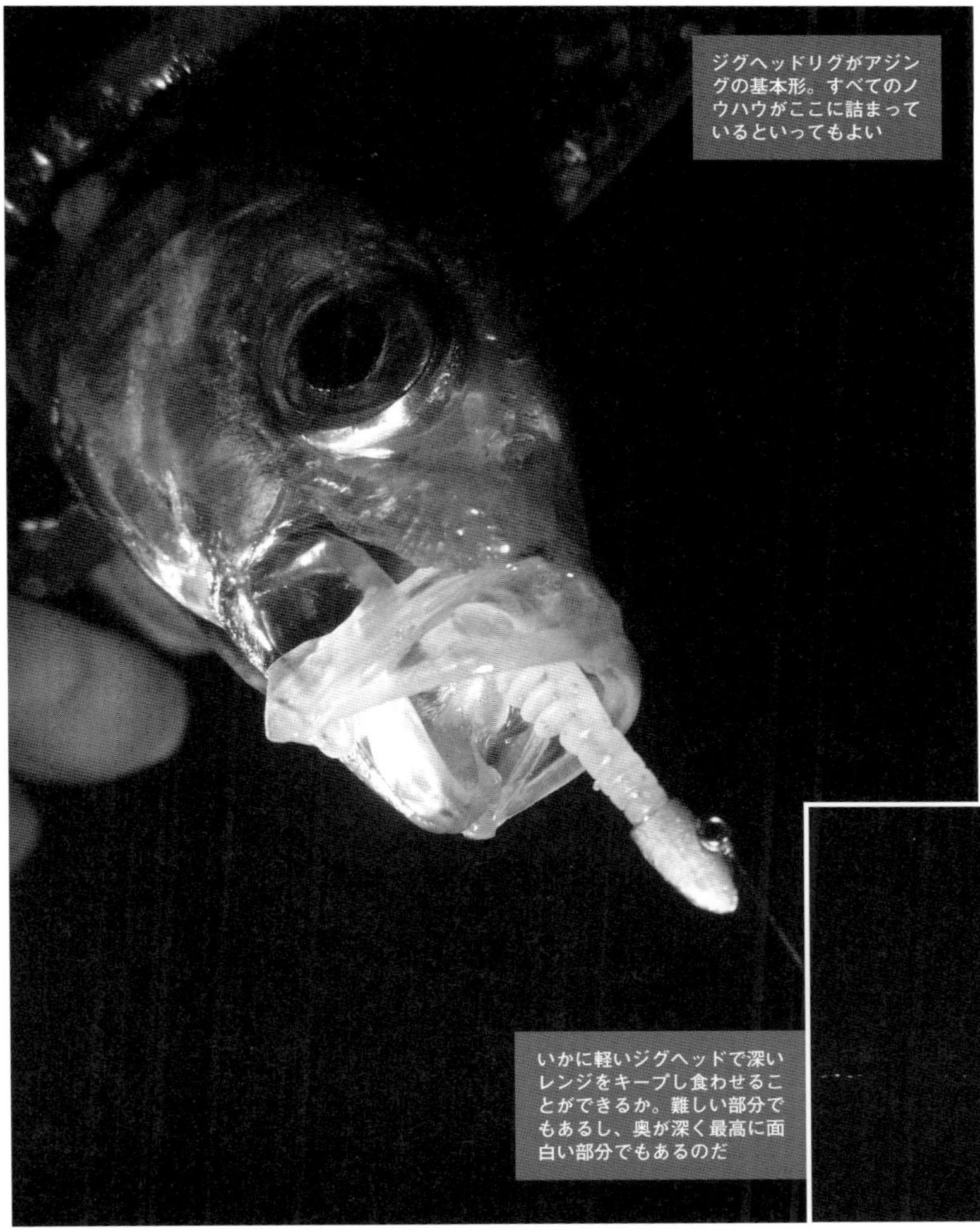

ジグヘッドリグがアジングの基本形。すべてのノウハウがここに詰まっているといってもよい

いかに軽いジグヘッドで深いレンジをキープし食わせることができるか。難しい部分でもあるし、奥が深く最高に面白い部分でもあるのだ

っと同じタナにいることが少なく、また目の前にいるアジの群れもひとつだけでなく複数いたりするので、同じレンジを釣り続けるのではなく常時レンジサーチを心がける。

いままで釣れていたアジからの反応がまったくなくなってしまった時に「アジの群れがいなくなった」と勘違いする人も多い。しかし釣り続けるうちにプレッシャーを感じたアジは、警戒してレンジを下げているだけのことがけっこうあるのだ。とにかく反応が遠のけばリグを深く入れてソフトに誘ってみることが大切だ。時にはボトムに付けてアタリを待つという方法も有効。砂底などではアジはけっこう海底のエサを食べていることが多い。チョンチョンと誘ってボトムでステイさせた時に食ってくる。そうこうしているうちに、再び浅いレンジに浮上して食い出すこともあるのだ。

このように細かくレンジを探れるのがジグ単の特徴だが、軽いだけに不用意にテンションをかけすぎたり、アクションのテンポが速すぎると、どんどんリグが浮き上がってしまう。足もと方向に引くほどアジが泳ぐタナを外してしまっている場合も多い。

ジグヘッド単体で探れる距離は0・7gで20mほど。使用ジグヘッドも重くて2gまでがメイン、近距離で非常に深く潮が速い場合で3g。それ以上のウェイトが必要となる距離、水深、潮流では、迷わずスプリットに切り替えたほうが楽な釣りができる。そのほうが細かい誘い、アクションもかけやすい。

テクニック ⑥ スプリットリグの釣り

こんな時こそ！重いジグヘッドよりスプリット

釣り開始時から、いきなりスプリットを使うことは少ない。ジグ単で食わせるのが難しいシチュエーションで登場させるフォローベイト的な使い方がメイン。しかし遠く深く潮が速い場合は利点も多い

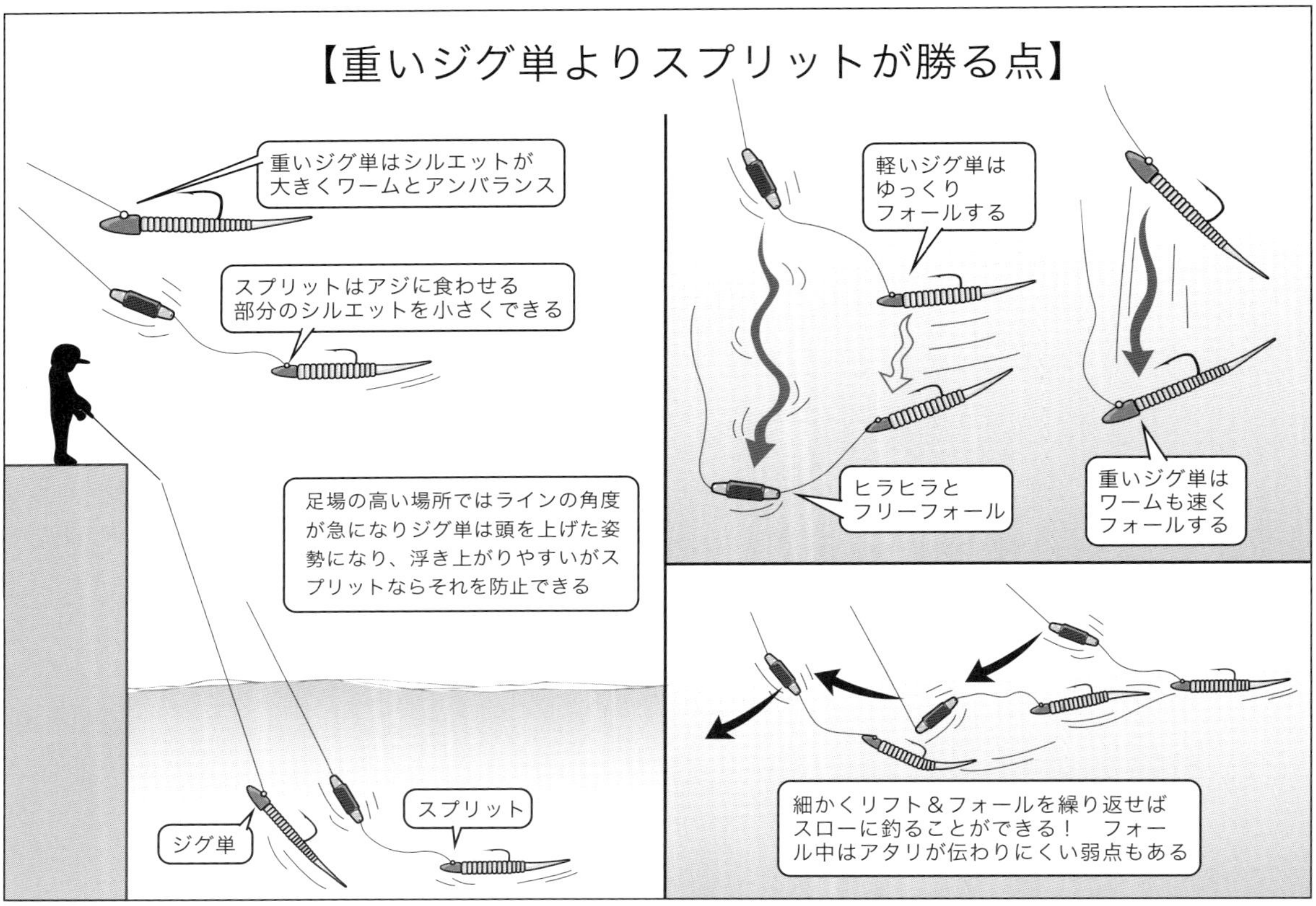
【重いジグ単よりスプリットが勝る点】
重いジグ単はシルエットが大きくワームとアンバランス
スプリットはアジに食わせる部分のシルエットを小さくできる
足場の高い場所ではラインの角度が急になりジグ単は頭を上げた姿勢になり、浮き上がりやすいがスプリットならそれを防止できる
ジグ単
スプリット
軽いジグ単はゆっくりフォールする
ヒラヒラとフリーフォール
重いジグ単はワームも速くフォールする
細かくリフト＆フォールを繰り返せばスロ―に釣ることができる！ フォール中はアタリが伝わりにくい弱点もある

スプリットリグはジグヘッド単体で釣りきれない場合のフォロー的な意味合いが大きい。ジグ単で届かない距離、なじませきれない水深、潮流を探るなど、ジグ単でも釣れる範囲ではあるが、より軽いジグヘッドを使えばもっと食わせられるのでは？ という場合に有効だ。

また足場の高い釣り場ではライン角度の問題でジグ単はどうしても浮き気味になってしまう。本来、ジグヘッドは水平姿勢を保ってスイムし、その状態からアクションするのが理想だと思うが、足場が高いとヘッド部分が上がった姿勢になってしまう。こういう場合もスプリットシンカーを前に付けることで、後方のジグヘッドをより水平近くに落ち着かせることができるのだ。

スプリットリグ最大の特徴は重いリグでありながらジグヘッド部分を軽く小さいシルエットにできる点と、もうひとつシンカーとジグヘッドに分割された2とおりのウェイトのギャップを利用できる点だ。シンカーを3g、ジグヘッドを0・1gにすると、それぞれのスピードで食わせることが可能なのだ。3gのカーブフォールのスピード、3gでレンジキープする引きスピードはもちろん、スッとテンションを抜いてシンカーをフリーフォールさせればリーダーが張ってスプリットシンカーに引かれるまでの時間差間に0・1gのフォールスピードを演出できる。軽いジグ単では届かない距離、なじませられない水深、潮流でも、スプリットなら軽いジグヘッドの動きでアジにアピールし、スローに食わせるタイミン

Q. スプリットリグ最大の利点は？

A. ジグ単では重く大きくしないと届かないポイントで、超軽量ジグ単に近い動きをさせられる点！

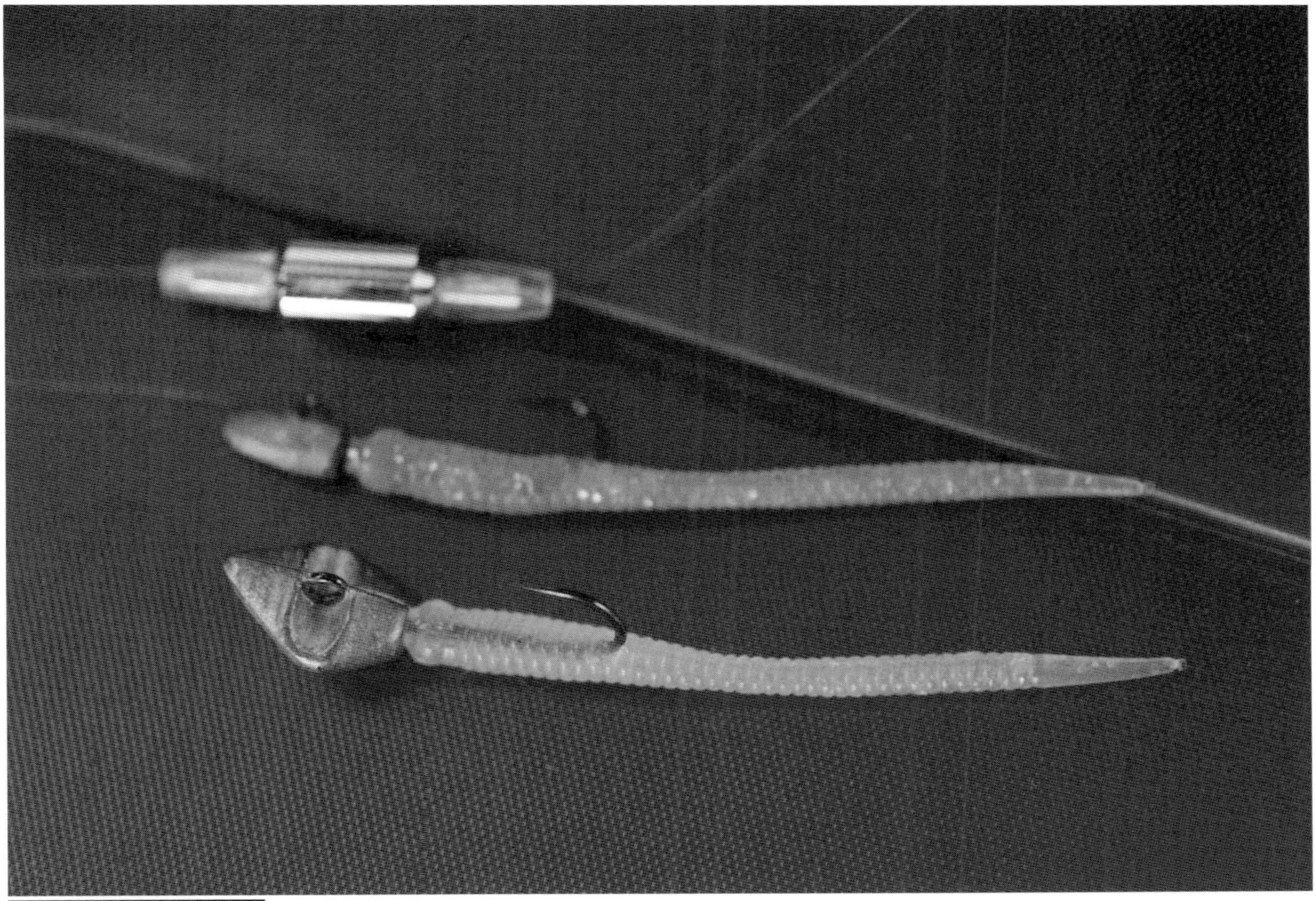

スプリットシンカー 2.5 g＋キャロヘッド 0.4 g のスプリットリグと、『スイミングコブラ』3 g。リグ全体のウェイトはほぼ同じだが、アジの口に入るジグヘッド部分のシルエットの差は非常に大きい

グを作り出すことができるのだ。

　また多くのスプリットシンカーはヒラヒラ落ちる特性があり、これを利用すればジグヘッド部分をあまり動かさずに釣ることもできる。ロッドを軽くシャクリながらリトリーブすると、シンカーは上下しながら進んでいくが、軽いジグヘッド部分はその動きに追随せず、多少揺れながらシンカーの後方からついていく感じになる。時折、シンカーを大きくフォールさせる動きを組み合わせジグヘッドにイレギュラーなアクションをかけることもできる。

　ただスプリットにも弱点はあり、食わせるためにテンションを抜く作業が増えるので、その間に出るアタリが分かりにくいのだ。アタリが分かるのはテンションを抜いたあとの次のアクションをかけた時になる。またリグ前方にシンカーがあるため、ジグヘッドからロッドへダイレクトに信号が伝わりにくく、ジグヘッド単体にくらべれば感度的には劣る。したがって超ショートバイトが多発する時などはジグ単にかなわない。

テクニック ⑦ キャロライナリグの釣り

沖の潮目攻略ならキャロ！比較的スローな釣りも可能

『Ar. キャロフリーシンカー』を使ったキャロの釣りは、意外にもスローな釣りが可能。空中では重くよく飛ぶが、比重の関係で水中では軽くサスペンド状態にすることも可能。ダイナミックかつ繊細な釣りに！

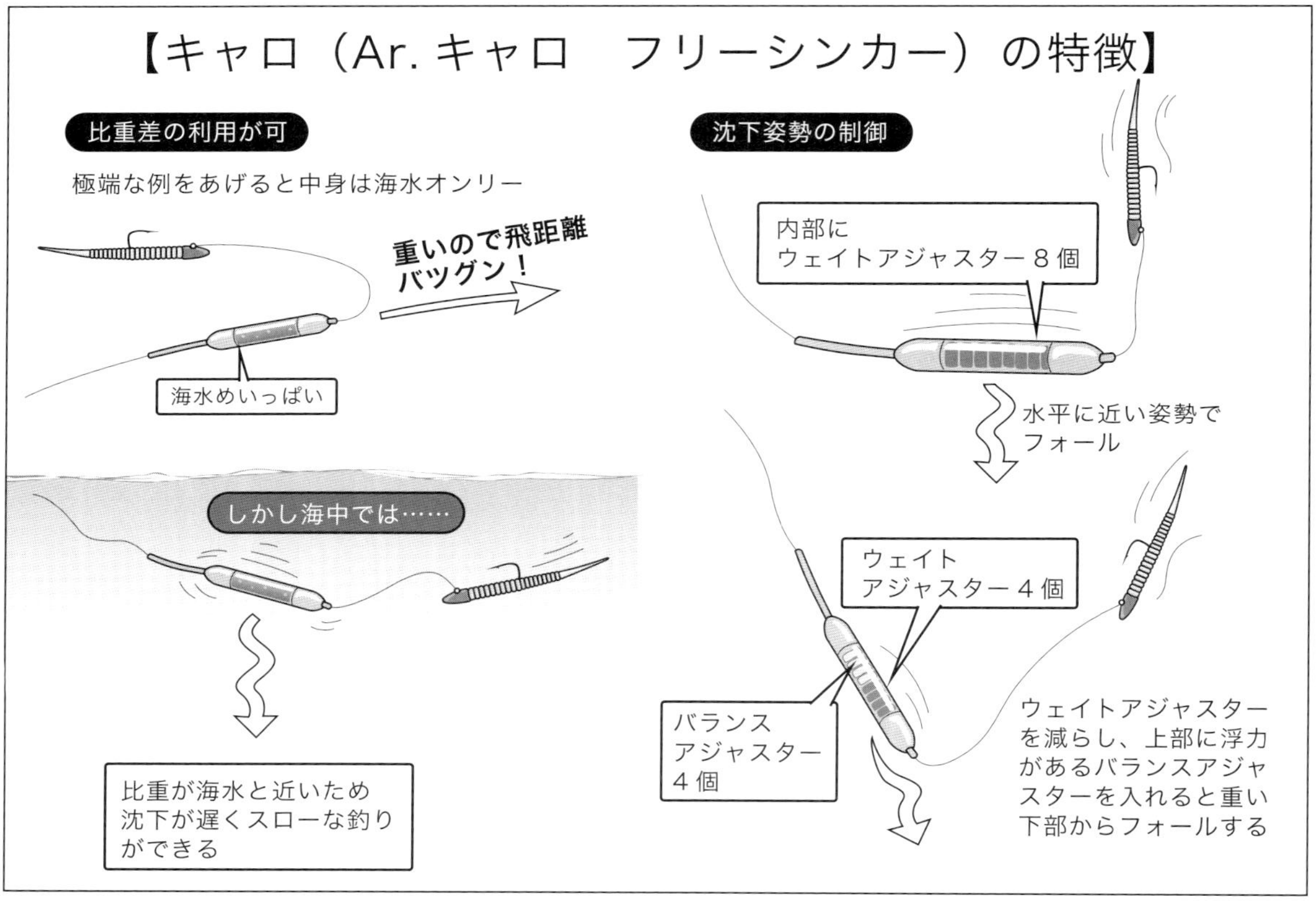

キャロはスプリットよりもダイナミックに遠距離をねらう釣りになる。港湾部でも遠方のストラクチャーを探ったり河口で橋脚周りをねらったり、沖にある灯り周辺までリグを飛ばす、磯で遠方にできた潮目まで投げるといった使い方がメインだ。

より飛距離が必要なキャロは細く空気抵抗が小さいPEライン使用が前提となる。釣り方、アクションとしてはスプリットと共通する部分が多いが、長く出たPEラインの浮力や抵抗がシンカーの動きを抑制するため、キャロで攻めるような潮が速いダイナミックな場所ではスプリットを投入するような場所にくらべシンカー重量の割に意外にスローな釣りが可能になるのだ。アルカジックジャパンの『Ar.キャロフリーシンカー』はオモリだけでなく海水を入れるなど比重調節が自在にできるので、海中の沈下速度を遅くしサスペンドさせれば、よりスローな釣りを展開できる。またぶっ飛ぶ潮なら比重を高くして流されにくくすることも可能。

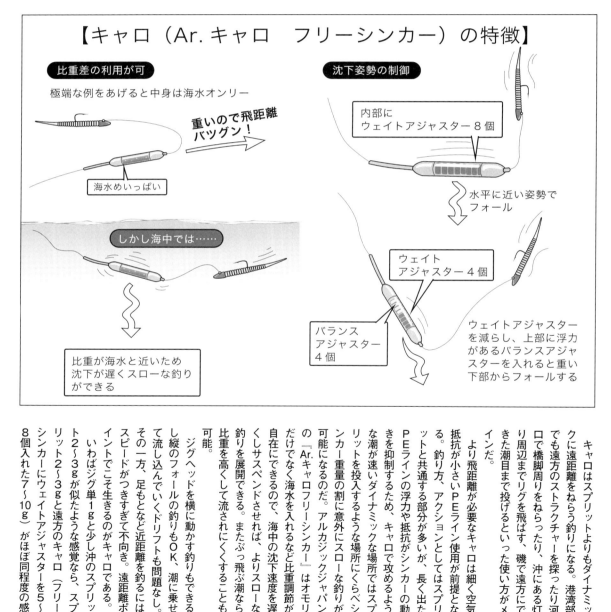

ジグヘッドを横に動かす釣りもできるし縦のフォールの釣りもOK、潮に乗せて流し込んでいくドリフトも問題なし。その一方、足もとなど近距離を釣るにはスピードがつきすぎて不向き。遠距離ポイントでこそ生きるのがキャロである。

いわばジグ単1gと少し沖のスプリット2～3gが似たような感覚なら、スプリット2～3gと遠方のキャロ（フリーシンカーにウェイトアジャスターを5～8個入れた7～10g）がほぼ同程度の感

Q. スプリットがジグ単のフォローなら、キャロはスプリットのフォロー？

A. その意味合いもあるが、最初からキャロ使用が前提の釣り場が多数ある

『Ar. キャロフリーシンカー』使用のキャロでゲットした40cmに迫る大アジ。キャロは大遠投が前提の釣り場で威力を発揮する

覚。しかしスプリットをフォローするだけではないのがキャロの魅力で、潮が速い磯などダイナミックな釣り場では「あそこまでリグを飛ばすことができればアジがいる」と考えて、最初からキャロを投げることを前提として釣行することも多いのだ。

大阪湾の釣り場でいえば、りんくう公園のスカイゲートブリッジ橋脚周り。キャロなら橋脚1本目と2本目の間を流すことも可能だ。この釣り方で20cm台後半の良型がよく釣れた。愛媛・宇和海の磯に囲まれた漁港などもポイントまでの距離が遠い釣り場が多いのでキャロは欠かせない。特に流れがあるポイントで、その能力を発揮する潮目攻略のエキスパートリグといってもよいだろう。

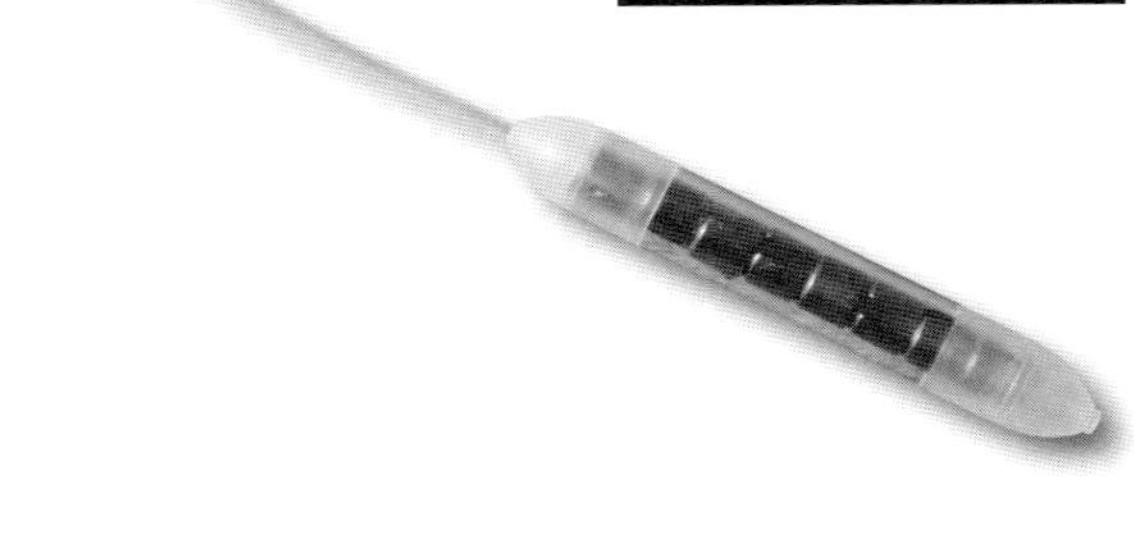

アルカジックジャパン『Ar. キャロフリーシンカー』は内部の『ウェイトアジャスター』の数やほかのシンカー、海水などさまざまなもので沈下速度、沈下姿勢を調整できる便利なアイテムだ

テクニック ⑧ フロートの釣り

Fシステムだから可能になる遠方かつ全レンジのスロー攻略

ジグヘッドを上方から吊るすスタイルで探れるFシステムのフロート『シャローフリーク』はロッドティップの代わりをするものと考えれば理解しやすい。
浮かして沈めてまた浮かせて！　シビアなアジも思わず…！

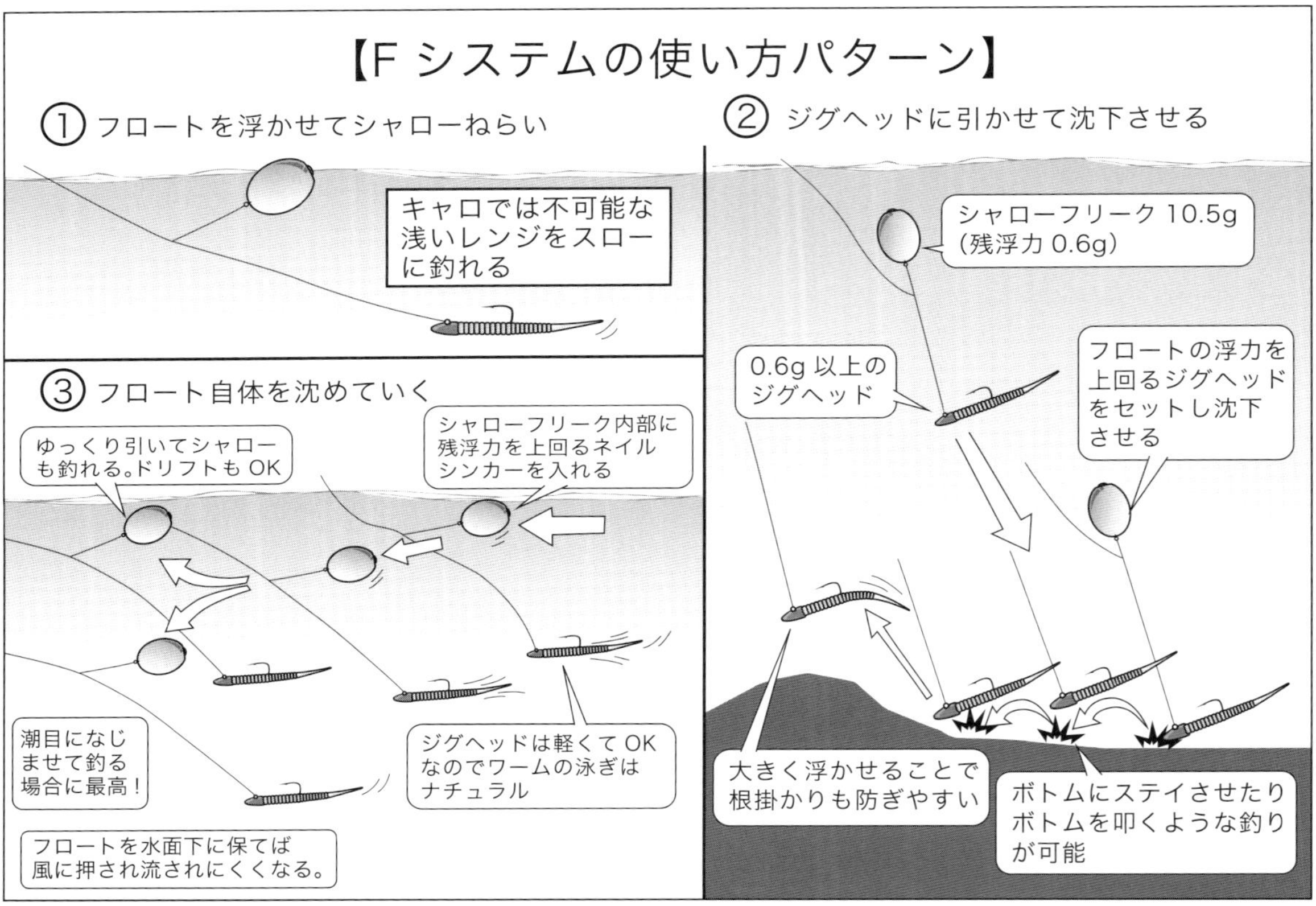

【Fシステムの使い方パターン】
① フロートを浮かせてシャローねらい
キャロでは不可能な浅いレンジをスローに釣れる
② ジグヘッドに引かせて沈下させる
シャローフリーク 10.5g（残浮力 0.6g）
0.6g 以上のジグヘッド
フロートの浮力を上回るジグヘッドをセットし沈下させる
大きく浮かせることで根掛かりも防ぎやすい
ボトムにステイさせたりボトムを叩くような釣りが可能
③ フロート自体を沈めていく
ゆっくり引いてシャローも釣れる。ドリフトもOK
シャローフリーク内部に残浮力を上回るネイルシンカーを入れる
潮目になじませて釣る場合に最高！
ジグヘッドは軽くてOKなのでワームの泳ぎはナチュラル
フロートを水面下に保てば風に押され流されにくくなる。

ジグ単でもスプリットでもキャロでも釣りきれないところを攻略できるのがフロートリグ、僕の場合はFシステムだ。距離的にはキャロと大差ないが、キャロが遠方で行なうスプリット的な感覚の釣りであるのに対し、フロートは超遠方でスピード感、細かい動きなどジグ単同様の軽くスローな釣りができる。これが最大の利点だ。フロートがティップの代わりをすると考えてもらえば分かりやすいだろう。

最も得意なレンジは遠方のシャロー。フロートを完全に浮かせておけば、水面直下のレンジにジグヘッドをキープし、デッドスローで引いたりドリフトさせたり、そのレンジの範囲で跳ね上げたりもできる。これをキャロでやることは不可能だ。重いシンカーをシャローまで浮かせるには、かなりのスピードで引く必要があるからだ。『Ar.キャロ・フリーシンカー』は内部の空気割合を多くすればフロート的な使い方もできるが、軽くなるためフロートほど遠方まで飛ばすことができない。

Fシステムではフロートを沈めていけばシャローだけでなく宙層、ボトムの釣りも可能。ジグヘッドをフロートの残浮力より重くすれば、ジグヘッドがリグ全体を引っ張るように沈めてくれるし、アルカジックジャパン『シャローフリーク』なら内部にネイルシンカーを入れることで、フロート自体が沈むようにも調節できる。

まずジグヘッドに引っ張らせて沈めていく方法だと、ジグヘッドがボトムに付くとフロートが宙層で止まるので、少し

Q. 大遠投でボトムを釣るならキャロでもよいと思うが？

A. キャロだとブレイクなどに根掛かりするリスク大だが、Ｆシステムはリグを浮上させることができるため根掛かりを回避しやすい

Ｆシステムは沖の潮目に付く大アジねらいにもってこい。ただしジグヘッドを重くするとリグが立ちやすくなるので潮が緩い場合にドリフトさせる釣りには不向き。ドリフトさせたい場合はジグヘッドを軽くしフロートの浮力を殺して沈めるほうがよい。潮と風が逆の場合、ラインスラックを無理に取るよりも風にラインをはらませ、そのテンションを利用する

アクションをかけてジグヘッドを跳ね上げボトムを叩くような釣りができる。ボトムにワームをステイさせることも可能だ。これは遠方のブレイクのボトムねらいでは特に有効な方法で、キャロで沈めてボトムを探る際は根掛かりのリスクが非常に大きいが、フロートの浮力が生きているためリグ全体を浮かせて根掛かり回避できる。ただし、これは流れが比較的緩いことが条件。

フロート自体を沈めていく方法は流れが速いポイントや、潮目になじませて横方向にドリフトさせるような場合に有効だ。強風でラインがあおられリグをなじませにくい時も、フロートを沈ませることで風の影響を受けにくくできる。またシャローフリークの残浮力と同じ重さのネイルシンカーを入れれば水面ヒタヒタの浮力ゼロ状態になり、潮目のなかでも特に潮が強く潜り込む地点を敏感にとらえる。ピンポイントで海中になじませていくのも使い方のひとつだ。

さらに沈ませたリグをゆっくり引きながらブレイクのすぐ上にワームをコンタクトさせ、チョンチョンと誘いをかけるといった使い方もできるし、強めにアクションをかけジグヘッドをスローにカーブさせるのもあり。

これらフロート自体を沈ませる場合はジグヘッドを重くする必要がないので、超軽量ジグ単と同様の誘い、アクションで遠方のアジを攻略できる。遠方のポイントとはいえアジの食い気が渋い場合、キャロではスピードがつきすぎてバイトに持ち込めないことも多いのだ。

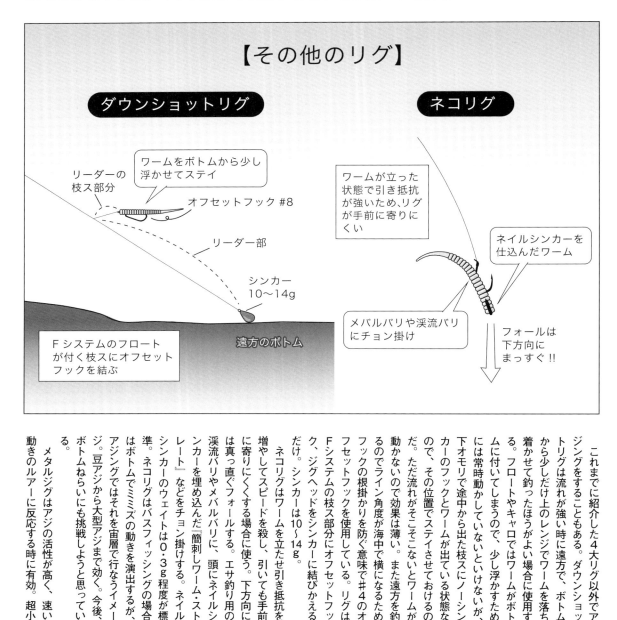

テクニック ⑨ その他の釣り

ダウンショットにネコリグ 金属ルアーも条件次第で使用

使用できる場面は非常に少ないが引き出しは多いほうがよい。ダウンショットにネコリグ、メタルジグにメタルバイブ……。おなじみのリグにアイテムばかりだが、ちょっとしたコツもある

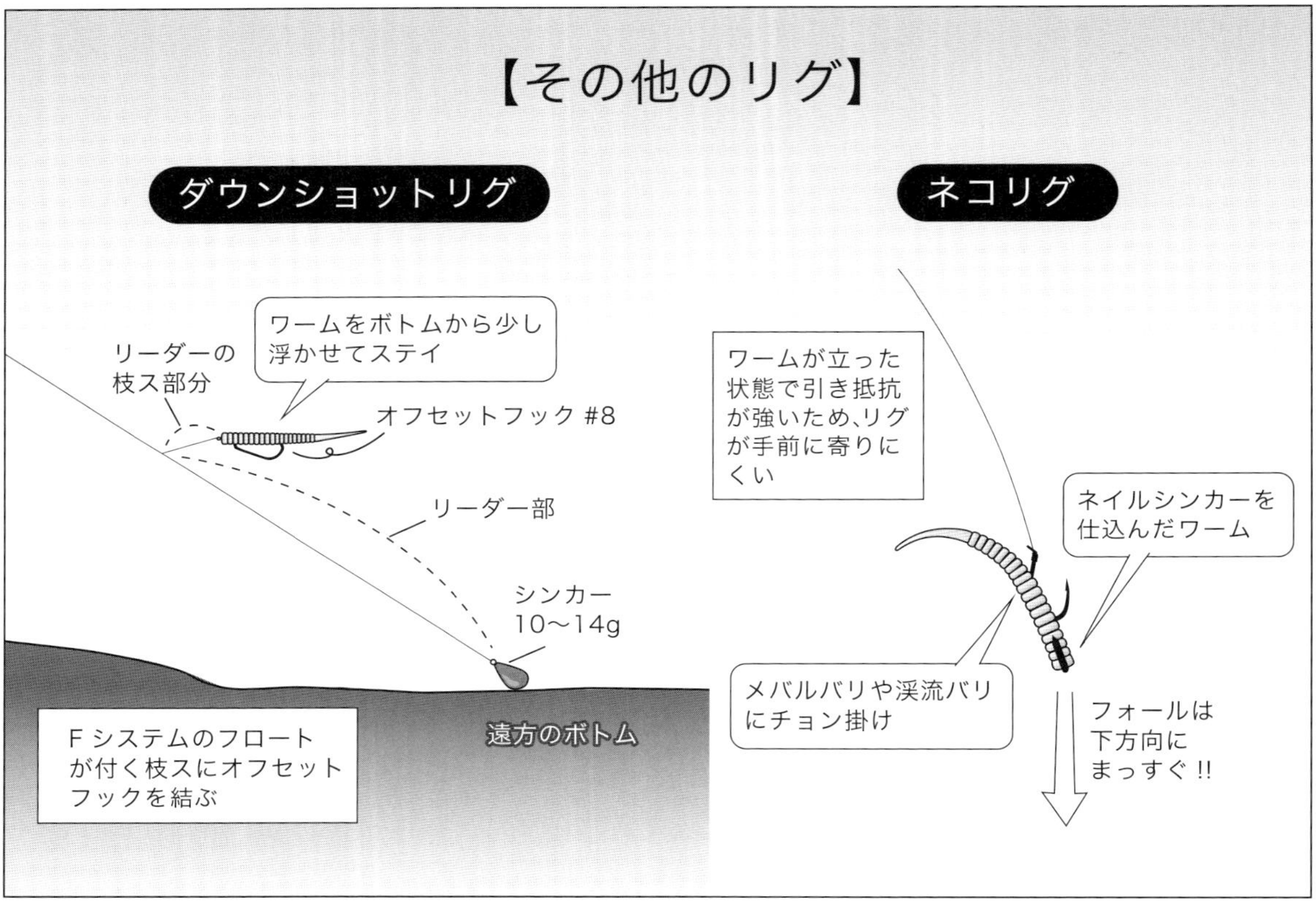

【その他のリグ】

遠方のボトム

ワームが立った状態で引き抵抗が強いため､リグが手前に寄りにくい

　これまでに紹介した４大リグ以外でアジングをすることもある。ダウンショットリグは流れが強い時に遠方で、ボトムから少しだけ上のレンジでワームを落ち着かせて釣ったほうがよい場合に使用する。フロートやキャロではワームがボトムに付いてしまうので、少し浮かすためには常時動かしていないといけないが、下オモリで途中から出た枝スにノーシンカーのフックとワームが出ている状態なので、その位置でステイさせておけるのだ。ただ流れがそこそこないとワームが動かないので効果は薄い。また遠方を釣るのでライン角度が海中で横になるためフックの根掛かりを防ぐ意味で＃４のオフセットフックを使用している。リグはFシステムの枝ス部分にオフセットフック、ジグヘッドをシンカーに結びかえるだけ。シンカーは10〜14g。

　ネコリグはワームを立たせ引き抵抗を増やしてスピードを殺し、引いても手前に寄りにくくする場合に使う。下方向には真っ直ぐフォールする。エサ釣り用の渓流バリやメバルバリに、頭にネイルシンカーを埋め込んだ『箇刺しワーム・ストレート』などをチョン掛けする。ネイルシンカーのウェイトは０・３g程度が標準。ネコリグはバスフィッシングの場合はボトムでミミズの動きを演出するが、アジングではそれを宙層で行なうイメージ。豆アジから大型アジまで効く。今後、ボトムねらいにも挑戦しようと思っている。

　メタルジグはアジの活性が高く、速い動きのルアーに反応する時に有効。超小

Q. アジも青もの！ メタルジグは早巻きしないと見切られる？

A. イナダやワラサほど、速く引く必要はない、どちらかというとリフト＆フォールにスローなタダ巻きのミックスが有効

小魚類を好んで補食する大型アジならメタルジグでリフト＆フォール、スローなタダ巻きでヒットが見込める

小型メタルバイブはアジが高活性の場合、宙層で使用。軽くトゥイッチしたあとのポーズでカーブフォールさせると飛び付いてくることが多い。メタルジグよりも小型のアジを食わせやすい

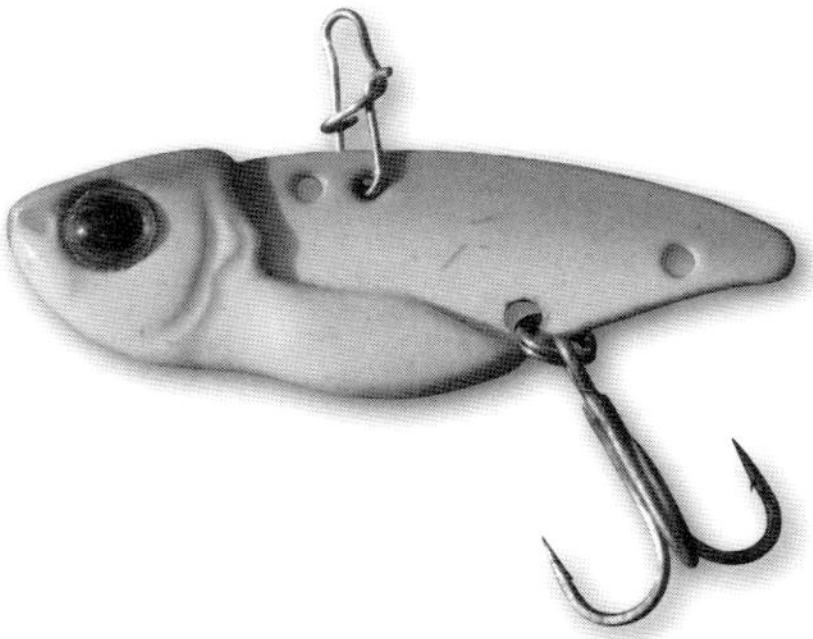

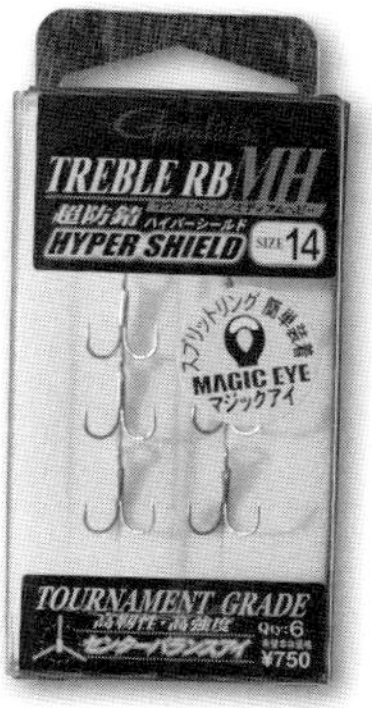

小型のメタルジグ、メタルバイブにおすすめのフックは、がまかつ『トレブルRB ミディアムヘビー』＃14。ハイパーシールド加工で錆びにくく、トーナメントグレイドワイヤー採用。フックポイントの耐久性が抜群で全体強度もアップ

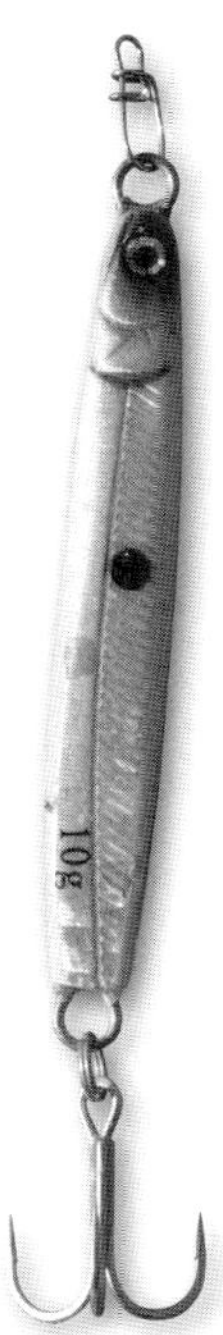

メタルジグでよく使うのは、がまかつの『陸ジグ キャスティングベイト』10ｇ。後方重心で遠投が効き、素早くフォールしリーリングも快適

型ジグなら小アジも釣れるが、本来の威力を発揮するのは小魚類のベイトを追うサイズがよいアジ。10g程度のメタルジグで遠投しリフト&フォール、スローなタダ巻きをまじえて食わせる。ワラサなど青ものを釣る感覚に近いが、引きスピードをそこまで速くする必要はない。

メタルバイブも活性が高い場合に宙層で使うことが多く、独特の振動でアピールして食わせる。宙層に沈めて2回ほどトゥイッチをかけ手に振動を感じたらポーズ。その時のカーブフォールでポンとバイトする。メタルバイブは小型を使うので移動距離が短くアピール度も高いことから、メタルジグより食い気が低い中小型のアジを食わせやすい。特にジグ単の強いアクションで食ってくる時に効果あり。ジグ単の場合は強いアクションをかけると浮き上がって早く寄ってきてしまうが、メタルバイブならレンジが安定し長い時間引けるので、1回のキャストで効率よく釣れる。

テクニック ⑩ ポイントを広く面としてとらえる横アプローチ

タダ巻きにアクションをプラス バイトチャンス増加メソッド

ついつい大きく派手なアクションの縦アプローチで食わそうとするが、アジの食性を考えると横のアプローチも軽視できない。まずはポイントを面としてとらえ広く効率よく探っていこう

タダ巻きで反応がなければ、あとの項で解説する縦のアプローチにすぐ移るのではなく、まずは横のアプローチで工夫してみてほしい。近年は横のアプローチを軽視しがちな風潮があるようだが、おそらく横方向のアプローチにタダ巻きしか引き出しがないのが原因だろう。逆に縦のアプローチではなかなか食わず横の動きでないとバイトしてこない場合も多いので、どちらも同じくらい重要であることを意識したい

リグにかかわらずポイントを面としてとらえて、一定のレンジを手返しよく広く探るのが横方向のアプローチ。最も単純なのがタダ巻きだ。ただ、これが基本にはなるのだが、実際の釣りでタダ巻きだけでどんどん調子よく釣れるということは、よほど条件がよい場合だけ。

そこでタダ巻きに少し細工することでバイトを増やすことができる。一定レンジのタダ巻きでワームがストレートに泳いでいる場合、興味をひかれたアジが一旦はワームを見に寄って来るがあまり生命感が感じられないのか、すぐに見切ってUターン。ところがワームにふわふわと上下アクションを加えると、Uターンしたアジが何度もチェイスを繰り返し、そのうちバイトに至る。

タダ巻きが1尾のアジに対してワンチャンスなのに対し、わずかなアクションを加えることでバイトチャンスが何倍にもなるのだ。継続的にロッドティップを軽く上下、もしくは前後させながらリールを巻くのがこの方法。バスフィッシングでいうミドストに近い感じだ。これはジグ単が最もやりやすいがスプリットやキャロでも可能。ジグ単よりもジグヘッドの動きが少し柔らかくなる。

フロートリグ、特にFシステムの場合はジグヘッドを通常より重めの1gにする。そもそも一定レンジをスローに引けるリグなので、ティップを前に倒してテンションを抜いた時に0・4g程度の軽いジグヘッドだと、このアクションで反応が鈍いからだ。そこで重めのジグヘッドにしてリーダーを立たせてテンション

Q. Ｆシステムで横のアプローチをする場合のコツは？

A. ジグヘッドを重めの１ｇ程度にすると、わずかなティップの動きにも敏感に反応しよく動く

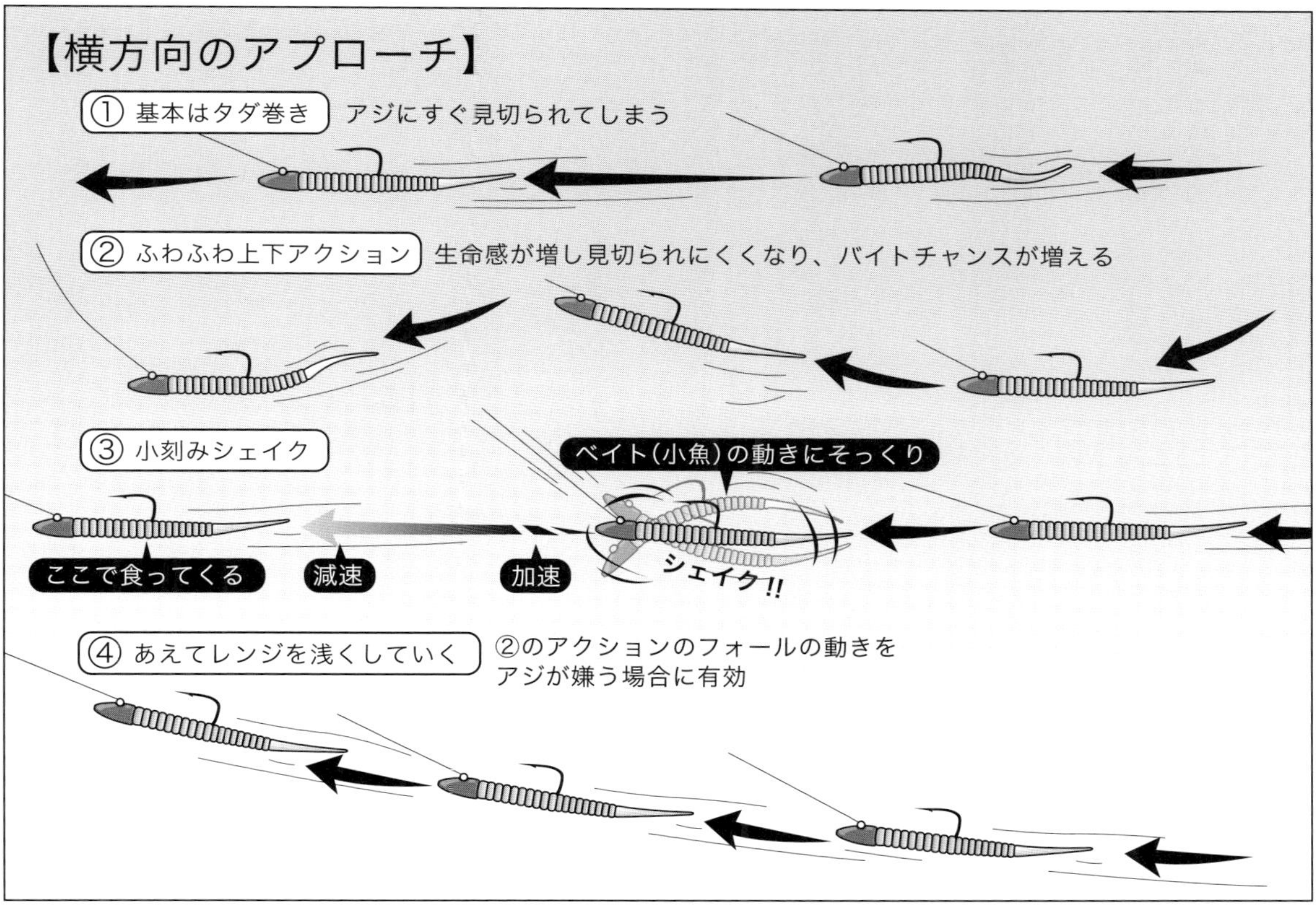
【横方向のアプローチ】
①基本はタダ巻き
アジにすぐ見切られてしまう
②ふわふわ上下アクション
生命感が増し見切られにくくなり、バイトチャンスが増える
③小刻みシェイク
ベイト(小魚)の動きにそっくり
ここで食ってくる
減速
加速
シェイク!!
④あえてレンジを浅くしていく
②のアクションのフォールの動きをアジが嫌う場合に有効

をかけ、わずかなティップの動きにも反応し引かれたジグヘッドが早めに落ちるようにする。一方、スプリットやキャロの場合は一定レンジでシンカーを引くスピードは速いが、テンションを抜いた時にジグヘッドの動きとのギャップが大きいので軽いジグヘッドのままでＯＫ。

リーリングしながらたまにティップをコツコツッと小刻みにシェイクさせる方法も有効。ベイトの小魚を観察すると、一定速度で泳いでいるなかに尾ビレを急に激しく動かしスッと加速する瞬間が何度もある。タダ巻きにこのアクションを少し加えるだけでバイトが増え、アクション直後の通常スピードに戻った瞬間にすかさず食ってくる。実はラインメンディングの項で解説した継続的メンディングが、このテクニックとほぼ重なる。操作的にはやはりジグ単がやりやすいがスプリットやキャロでも効果があり、メタルジグでも使える。動かし方は決してジャークではなく強めのシェイク。フロートリグでも軽いジグヘッドのままでＯＫだ。

もうひとつは徐々にレンジを浅くしていくパターン。冒頭で紹介したふわふわ上下動させるテクニックでジグヘッドが少しフォールするとかえってアジに見切られることがある。深いレンジからリトリーブを始め、強めのシェイクを通常より頻繁に入れながら若干速めのリーリングスピードで、あえてレンジを上ずらせていく。途中で変にテンションを抜いてリグをフォールさせるとダメ。アジが長距離チェイスしてくる場合に有効。

テクニック ⑪ トゥイッチ後のカーブフォールで決める縦アプローチ

ベイトを追わないアジには水平移動の短いフォールが効く

横方向のアプローチがアジの食性に訴える釣りなのに対し、縦方向のアプローチはリアクションバイトを誘う釣り。ベイトを追わず目の前に現われたものだけを食べている場合に効くメソッドだ

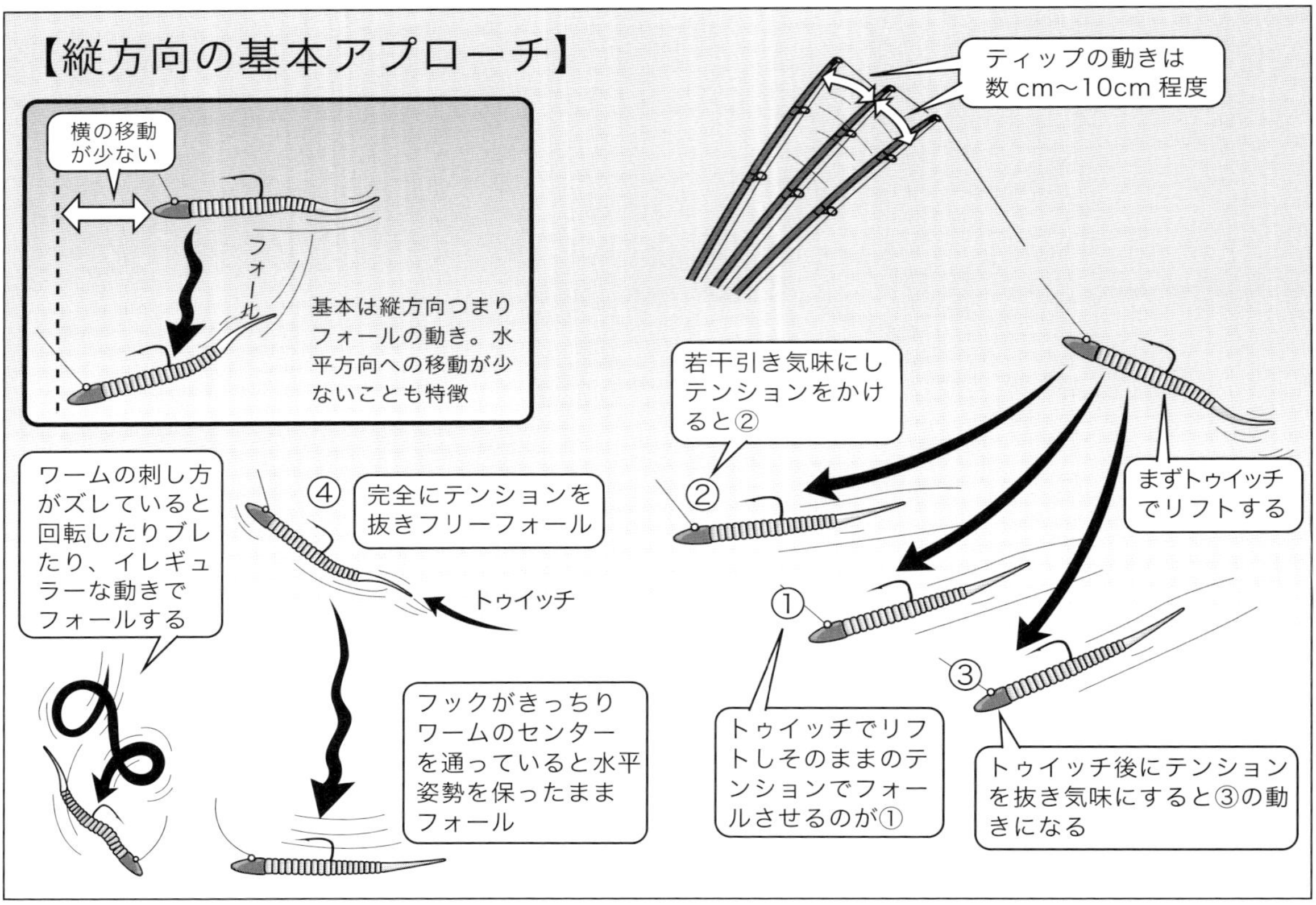

横方向のアプローチをいろいろやってみて、いよいよ食わないとなった場合に縦のアプローチに移行する。縦方向＝すなわちフォールということになるのだが、これは「リグの移動距離」という意味でもあるのだ。横方向のアプローチはリトリーブでリグがどんどん移動していくので、アジに追い気があればそれでよいし、さらに活性を高めることにもつながるのだが、アジの活性が低い場合は流れに定位するだけ、あるいは群れで移動しながら目の前を通過する、または落ちてくるものだけを捕食するケースが多い。

そこでリグの移動距離をできるだけ短くするためにリグをチョンチョンとトゥイッチで跳ね上げ、その場でカーブフォールを繰り返し、そのフォール中にバイトさせる。どちらかというとリアクションバイトを誘う釣りだ。

縦方向はこの釣り方が基本と僕は思っていて、リールには触れずトゥイッチを入れたらそのままのラインテンションでカーブフォールさせる（図中①）のだが、その時の食い気、追い気でカーブフォールの角度を変えることがある。これはラインテンションの強弱による作業で、ティップを少し引くようにしてテンションを強めにかけるとリグのフォール角度が浅くなり（図中②）、縦方向と横方向の中間的な動きになる。または逆にティップを少し送り気味にしてテンションを抜き気味にし、フリーフォールに近い感じにもできる（図中③）。基本のカーブフォールだとリグの動きはスローだが、この方法はテンションを抜くため一瞬だけ

Q. フックにワームを刺したらセンターからズレてしまったが、そのままで大丈夫？

A. フォールさせるとイレギュラーな落ち方になるが、それが有効な場合もあるしダメな場合も。ワームの色を変えたら食ってきた!?　という時、実はワームの刺し方が変わったのが理由かもしれない

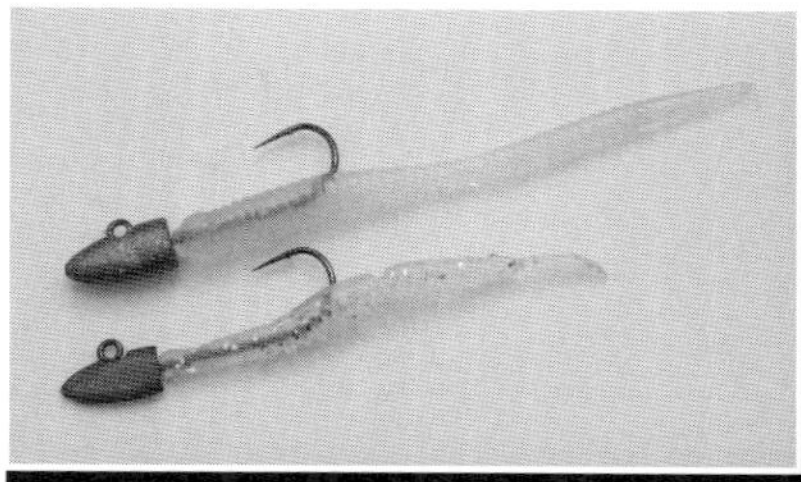

クリア系のワームならフックを刺した状態が確認できるのでフリーフォール時の落ち方の違いを把握しやすい。簡刺しワーム・アミ（下）などはフックを通す穴がセンターに開けてあるので真っ直ぐ刺しやすい

横の釣りでレンジをキープしている途中でヒラッといきなりフォールさせるのも有効。引き上げてくる釣りとは逆の方法論。テンションを抜き一旦アタリが分からない状態になるが、直後にさびいて聞いてみると食っている、ということが多々ある。ドリフト中にも行なうアクションではあるが、動き自体はティップを送ってマイナスに動かす縦の変化だ

ヒラッとリグが早く落ちてからテンションが再びかかった時にスローな動きに戻る。フォール開始時の初速があり、わずかに勢いが付く感じになる。

テンションをかける時も抜く際もティップの動きにして数㎝～10㎝。トゥイッチ後の微細フォールであまり動かないほうがよい場合もあるが、逆にフワッと止まったような感じだと食わない場合もあるので、そういう場合はテンションを抜き気味にしてワームに生命感を与えるようにしている。

さらにはチョンチョンとトゥイッチさせたあと、ティップを大きく戻し大幅にテンションを抜き、長い距離を完全にフリーフォールさせることもある（図中④）。細かいことをいうとワームの刺し方でフォール姿勢が変わるのだ。ジグヘッドのウェイトとワームの浮力バランスがとれていることが前提だが、きちんとワームのセンターにフックが通るように刺してあれば水平姿勢を保ったまま沈下するが、フックがセンターからずれているとスライドしたり回転したり、イレギュラーなフォールになる。どちらがよいとは一概には言えないが、どちらかでしか食わない時もあるので覚えておこう。

たとえばワームを刺しやすいようにセンターに穴が開けてある『簡刺しワーム』だと、きっちりセンターに刺せるし、逆に意図的にずらすことも可能。クリアカラーで内部が見えるものなら、なおさら把握が簡単だ。キャロヘッド0・4gと『簡刺しワーム・アミ1・3in』の浮力バランスは良好でオススメ。

テクニック ⑫ 間合いを詰めて移動距離を短く保つ

スプリットで表層から底まで探るリフト&スローフォール

**前項で紹介した縦方向アプローチは、どちらかといえば
ジグヘッド単体での釣りに向いているが、シンカーとジグヘッドに分割された
ウェイトのギャップを生かしたスプリット向きの縦アプローチもある**

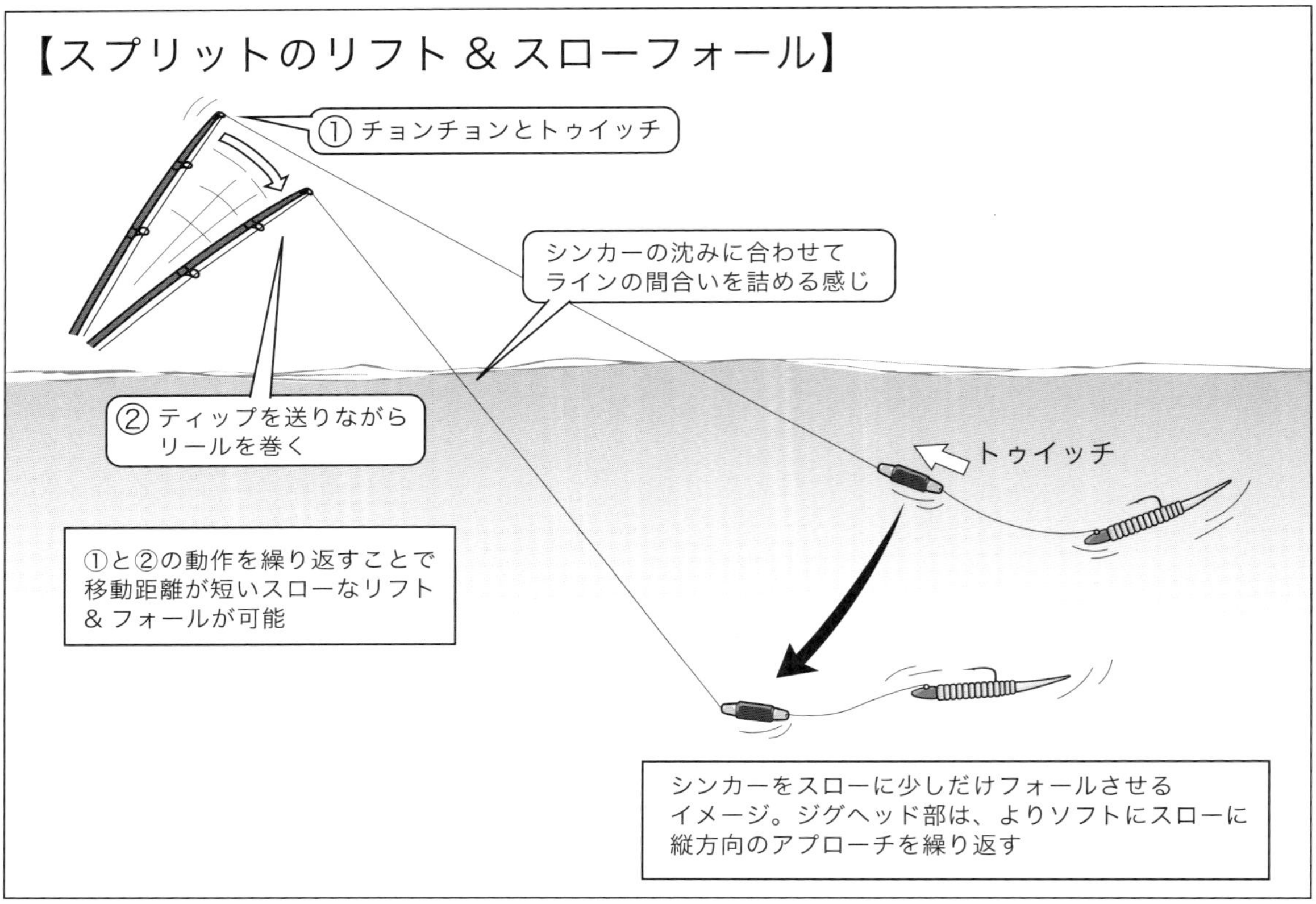
【スプリットのリフト & スローフォール】
① チョンチョンとトゥイッチ
シンカーの沈みに合わせて
ラインの間合いを詰める感じ
② ティップを送りながら
リールを巻く
トゥイッチ
①と②の動作を繰り返すことで
移動距離が短いスローなリフト
& フォールが可能
シンカーをスローに少しだけフォールさせる
イメージ。ジグヘッド部は、よりソフトにスローに
縦方向のアプローチを繰り返す

縦方向のアプローチの一種で、特にスプリットでよく使うのが、チョンチョンとシャクったあと、あまりテンションをかけずティップを送りながらリールを巻く方法。この時のラインは張らず緩めずで、イメージ的にはリグの位置、レンジはそのままにティップをリグに近付ける感じだが、実際にはリグの重みで微妙にフォールする。よってこれはロッドを前に倒すことでアワセ時のマージンを取るための行動でもあるのだ。この操作はフリーフォールとテンションフォールの中間的なイメージで、重いスプリットでもジグヘッドをゆっくりフォールさせられる時間を長く取れる。ジグヘッドとワームのバランスが取れていて、きちんとセンターにフックが通っていれば水平に安定した姿勢のままじわっとフォールする。

キャストしてリグを宙層やボトムまで沈めたら、イトフケを回収しチョンチョンとトゥイッチ。そしてティップを送りながらリールを巻いてリグをじわっとフォール。これを繰り返し手前まで探ってくるのがリフト&スローフォールの基本だ。けっこうアジを食わせやすいテクニックではあるのだが、これをジグ単でやる場合は、スプリットにくらべ沈みにくく張らず緩めずのテンションだと前へ進む動きに近くなる。さらにテンポを早くするとレンジが上ずり気味になり、ジグヘッドも上向きになるため、どうしても自分に近い足もとの深いポイントが探りにくい。

そう考えると、このメソッドはスプリット向きといえる。スプリットの場合は

Q. キャロでも同様にリフト＆スローフォールは可能？

A. スプリットよりも重いキャロではスプリットよりは速い動きになってしまうが基本的には可能

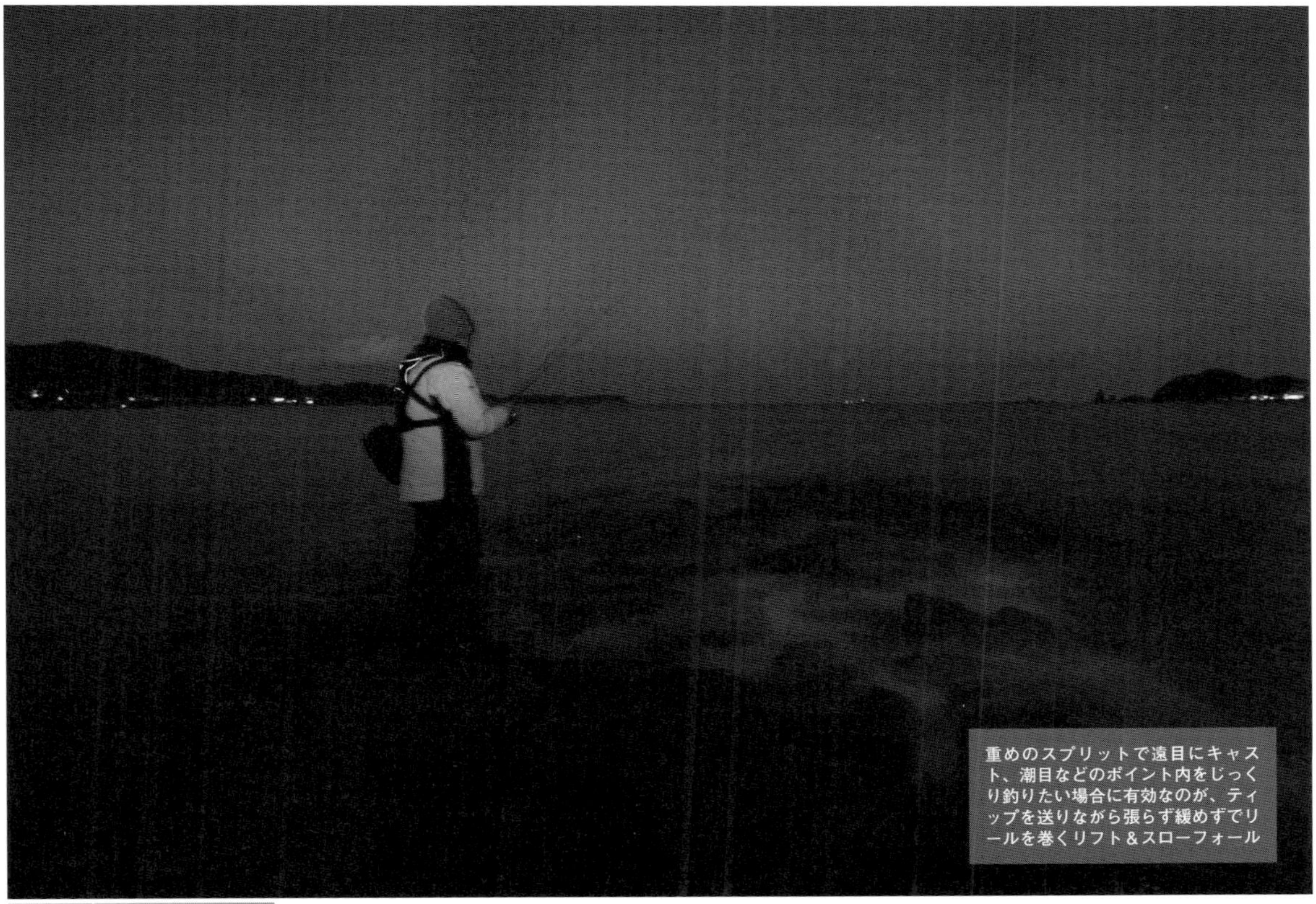

重めのスプリットで遠目にキャスト、潮目などのポイント内をじっくり釣りたい場合に有効なのが、ティップを送りながら張らず緩めずでリールを巻くリフト＆スローフォール

ティップとリグ感のラインの間合いを詰める感じをイメージすると、横方向の移動距離を短くできる

シンカーと軽いジグヘッドの重さのギャップを使ってナンボ。シンカーまでを張らず緩めずの状態で送り込みながらゆっくりフォールさせると、シンカーの動きに遅れてジグヘッドが動くためワームの水平制御は難しいが、それほど移動させることなく、じんわりとしたフォールが可能。シンカーを完全にフリーフォールさせると、まったくアタリが分からない状態が長くなるため、ティップを送りながらリールを巻く動作が必要なのだ。

この動作を繰り返すことでシンカーの後方にあるジグヘッドのふんわり感が長時間持続。理論上、7gといった重いスプリットシンカーでもリフト&フォールさせることで多少は手前に寄ってくるものの、移動距離を短くできるのでジグヘッド部分のスローな縦の動きを演出できると思っている。さらにシャローでも絶え間なくこの操作を繰り返すことで7gのシンカーを巻く釣りよりは、かなりゆっくり釣ることができる。特に遠方ポイントでの利用価値が高い。

キャロの場合はスプリットよりシンカーが重くなるため、比較的速い動きになってしまうが、考え方としては同じなので全く使えないテクニックではない。

テクニック ⑬ 流しながら落とし込むドリフトテク

流れの先のアジがいる場所にリグを送り届けるドリフト

横方向、縦方向のアプローチはリグを引く釣りだが
ドリフトは流れにリグを乗せて送り込んでいく釣り。
ジグ単、スプリット、キャロ、フロートとリグは違っても基本的な考え方は同じだ

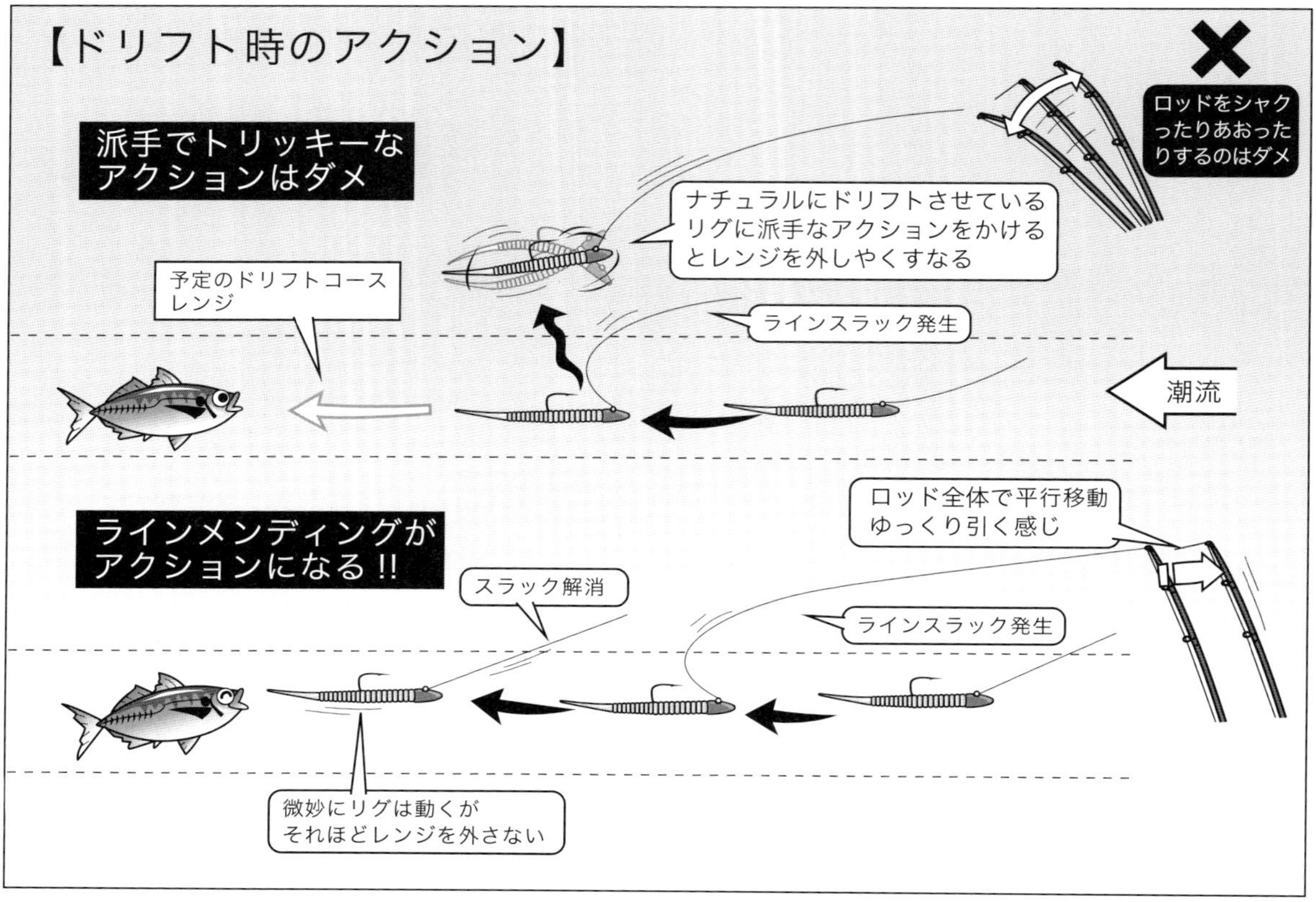

速い流れの中でアジは定位して流れてくるものを食べるほか、潮に乗ってベイトを追っている。その流れにジグヘッドを流し込んでいくのがドリフトの釣りである。

ジグヘッドとワームは、より反応を得るためにアクションさせることを重視しがちだが、本来はそれだけでアジが食う要素がある。目先に食べられそうなものが流されてくるだけでアジはそれを食うのだ。ただしレンジが違っていれば反応してくれないので、的確にリグを入れる作業が重要といえる。

実際の動きでは潮上にリグを入れ、ラインを出さずに潮下にスライドさせる方法と、ラインを出しながら潮下に送り込んでいく2つのアプローチが基本となる。ともに重要なのは変にアクションを入れないこと。水圧がかかる流れの中では、わずかなアクションでレンジを外してしまうからだ。それよりも、きっちりアジのいる場所にワームを送り届けることを優先する。

それでもドリフト中にごくわずかなアクションをかけたほうが反応よいケースもあるので、その場合はレンジを外さないように小さく行なう。さらにはドリフトの釣りではラインメンディングの必要性もあるので、誘いのアクションはラインメンディングを兼ねた動きとして行ない、ひとつの動作で2つの効果を得るようにしている。この場合のリグは距離と流れの速さ、レンジに応じて使い分けているが、流し込み方、アクションに対する考え方は変わらない。

Q. 潮上にリグを入れると、どんどんラインスラックができてしまう。どうすればよい？

A. リグが正面を過ぎ潮下側に移動するまでは、ラインがフケた分だけリールで巻き取り張らず緩めずの状態をキープ

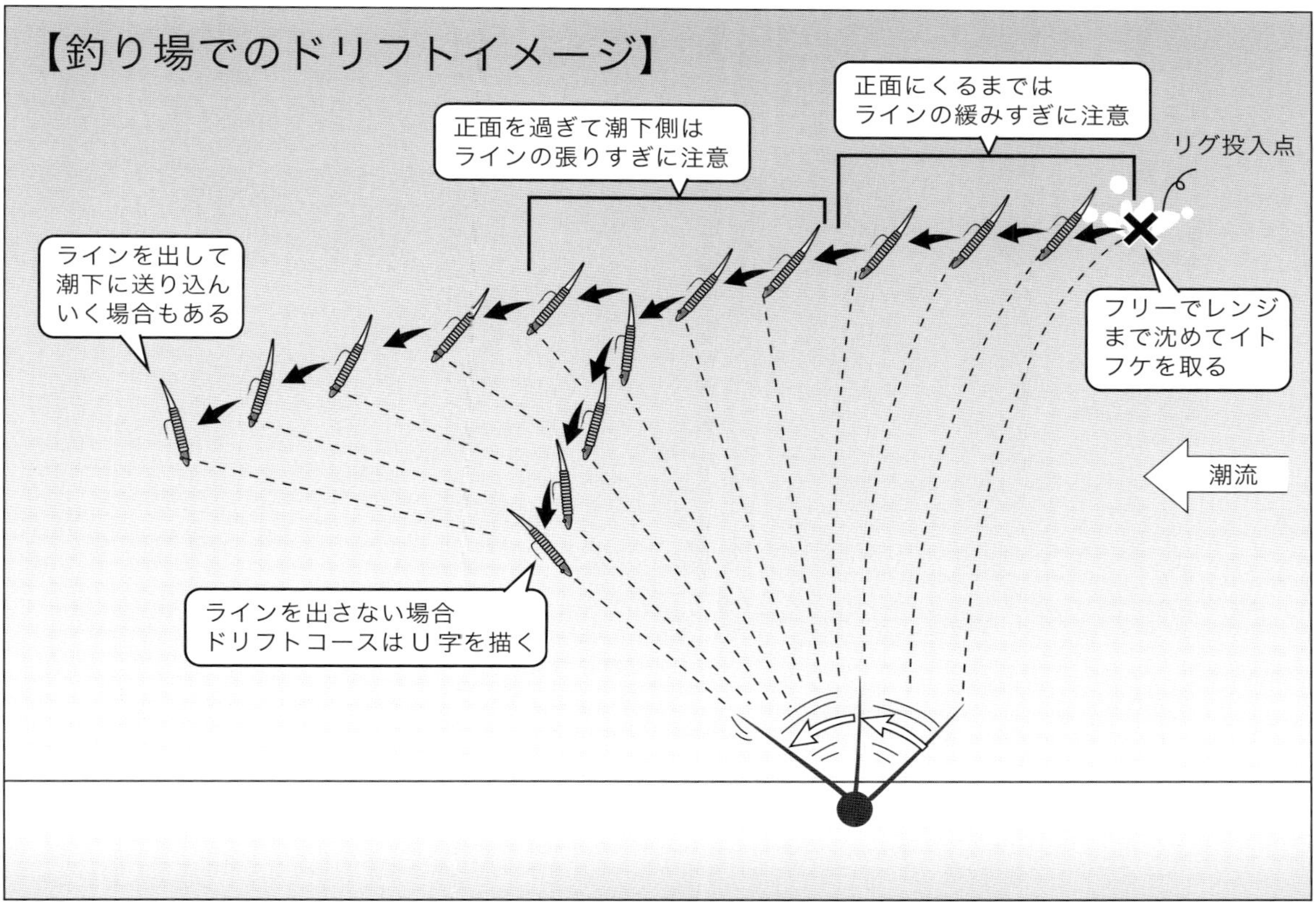
【釣り場でのドリフトイメージ】
正面にくるまでは
ラインの緩みすぎに注意
正面を過ぎて潮下側は
ラインの張りすぎに注意
リグ投入点
ラインを出して
潮下に送り込ん
いく場合もある
フリーでレンジ
まで沈めてイト
フケを取る
潮流
ラインを出さない場合
ドリフトコースはＵ字を描く

メンディングとアクションを兼ねた動きは、腕をわずかに平行移動させラインテンションに強弱を付けている。ロッド全体でゆっくりラインを引く感じだ。これならリグはそれほど移動せずレンジをキープし、流されながら一瞬ヒラッと揺れる感じにできると同時にラインスラックも抑制できるのだ。手もとにも常にテンションを感じることになるのでアタリも感じやすい。ただし軟らかすぎるロッドはテンションを吸収してしまうため、サオ先にやや張りのあるソリッドタイプを使いたい。チューブラーティップのロッドでもこの動きは感じられるが、張りがありすぎるとテンションがかかりすぎてリグを跳ねさせてしまうので注意が必要だ。

目の前の潮が左右に流れている場合、潮上にキャストしたあと、フリーでリグを沈めレンジを取ってからラインスラックを取りテンションをかけ潮に乗せる。リグが潮上から正面にくるまではテンションが緩む傾向になるのでリールを少し巻いてラインスラックを解消しつつロッドを流れに合わせて潮下へ移動。リグが潮下側に移るとどんどんテンションがかかってくるので今度はテンションの張りすぎに注意し、上記したメンディングとアクションを兼ねた動きでスラックを取りながらリグを送り込むようにする。ラインをほとんど出さずにU字を描かせてリグを手前に寄せた場合に反応がよいケースもあれば、流れが速い磯や河口の払い出しなどではラインを出し、さらに送り込んだほうがヒットする場合もあるので、その時の状況に応じて使い分けてほしい。

テクニック ⑭ 予測不能バイトパターンに対応せよ

アジはあらゆる角度からバイトあり アタリを感じたら即アワセ！

慣れないとなかなか難しいのがアタリを取ってアワセを入れる作業。分かりやすいアタリが出て理想の位置にフッキングという場面ももちろんあるが、要はどんなアタリでも感じたら即アワセすることだ

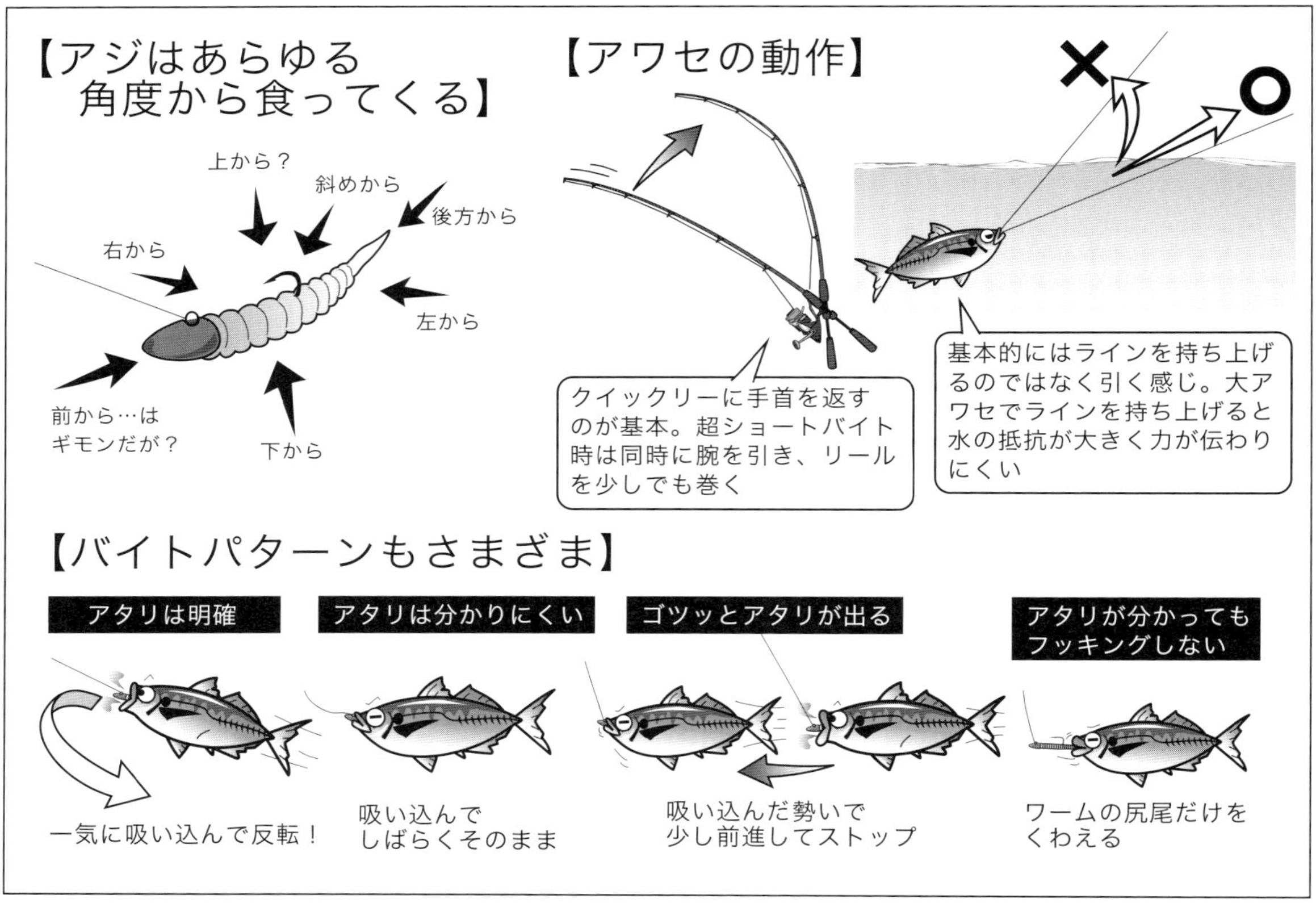

海中でのアジのバイトパターンは一定ではなくさまざまだ。よくいわれるようにワームを吸い込んだ時のアタリを取って即アワセを入れ、口の上側の硬いところに掛けるというのはあくまで理想であって、実際にはこんなことばかりではない。まず最も明確なアタリが出るのはアジがワームを吸い込んで反転した時だが、吸い込んで即反転する場合もあれば間をおいてから反転行動に移る場合もあるし、極端な場合は10秒も20秒もそのままということだってある。

ある時、日中にサイトで確認できたことだが、ワームのやや斜め後方から接近してきてワームを吸い込み、その惰性ですぐには止まれず、リグを少し追い越した形でストップしたアジが何尾もいた。この場合はロッドにコツッとけっこう明確なアタリが出る。

また夜間街灯が照らす海面で、表層を泳がせているワームに対し、まるでシーバスのように下から出てきてワームを吸い込み、そのまま反転して海中に戻るアジもいた。こんな時はロッドティップまで曲げ込む派手なアタリになるので誰にでも分かりやすい。

三重県の神前浦の漁港で20尾程度のアジの群れが表層に現われ、その群れにワームを入れて同調させると、1尾のアジがそのワームを食ったものの、まったく特別な動きもみせず居食いし群れとともに動き回るままになっていたこともあった。ベテランなら微妙にラインテンションがかかり、モゾッとしたアタリとして感じられるが、初心者では全くアタリが

Q. アジの上アゴ、口の上側の硬いところに掛けるのが正しいといわれているが？

A. それはあくまでも理想。アジがジグヘッドを吸い込んだ時、極端な場合は回転して反対向きになっているかもしれない。どこに掛かるかは運次第だ

Fシステムでアワセを入れる藤原さん。遠方攻略でラインが長く出ているので、アワセは手首を返すと同時に腕も引き、さらにリールのハンドルを半回転させる。超ショートバイトが多い時と同様に少しでも早くアワセの力をフックにまで伝達するためだ

分からないだろう。

またワームの尻尾の先を口にするだけの場合などが典型的なようにさまざまなバイトの仕方をするアジのすべてのアタリを完全に取って、すべて口の上側の硬いところに掛けることは不可能。アタリを感じたらとにかく即アワセ。フッキングしたらバラさないやり取りで釣れるアジを少しでも確実に釣っていくのが正攻法だと思う。

ワームを吸い込んでいきなり反転するアタリが出た場合は、アジの口でも軟らかいカンヌキに掛かりやすいし、アジがワームを吸い込んだ場合も、そのショックでジグヘッドがどちらを向いているかは分からない。前後が逆になっていることもあるだろうし、アジの口の中で横向きになっていたとしてもアワセを入れてテンションがかかった瞬間にねじれて下を向き、口の下側に掛かるかもしれないのだ。

通常アワセの動作は瞬時に手首を返すだけでよいが超ショートバイト時は、手首を返すと同時に腕も動かし、リールのハンドルを半回転でも3分の1回転でも回すようにしている。1回の動作で少しでも早くアワセの力をフックに伝えるためだ。のけぞるような大アワセは必要ない。逆に海中に入ったラインを持ち上げる形になるので、その分アワセの力伝達が遅れてしまう。また超ショートバイト時にフロロラインを使っているのであれば、伸びの少ないPEラインと若干張りがあるロッドに持ち替えたほうがアワセが決まる。

テクニック ⑮ 良型をバラさない秘訣

尺アジ“ポロリッ”で泣かないために海面を割った瞬間リフトアップ

**尺超えの大アジは１尾１尾を確実に取り込みたい。
フッキングパワーを利用してこちらを向かせ手前に泳いでくれればこっちのもの。
遊ばせず一気に抜き上げてネットに落とし込む。抜けない特大は磯ダモで！**

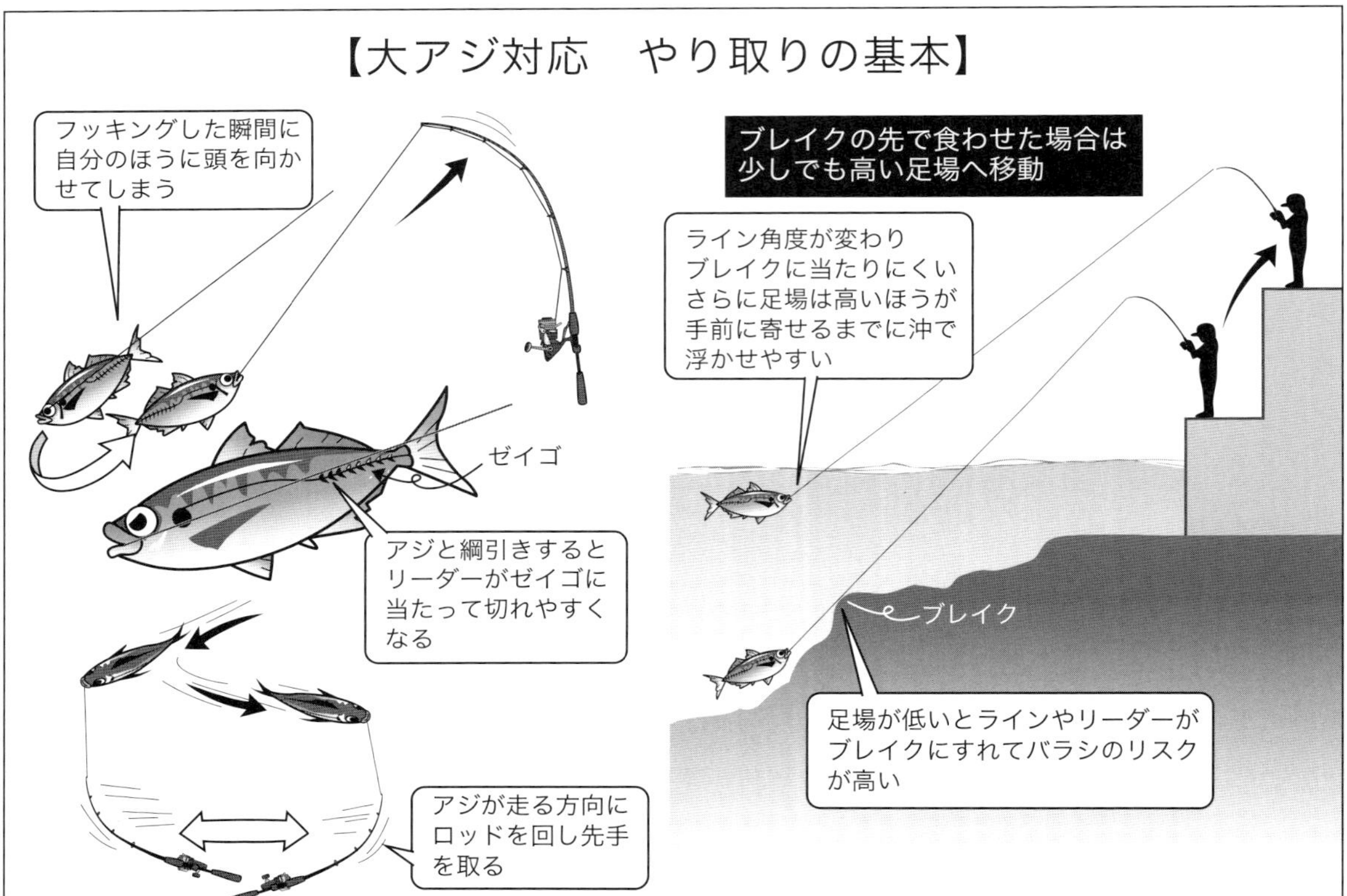

【大アジ対応　やり取りの基本】

ライン角度が変わりブレイクに当たりにくいさらに足場は高いほうが手前に寄せるまでに沖で浮かせやすい

やり取りに関して豆アジや小アジの場合は弾力が生かせるロッド角度を一定に保ち適度なリーリングスピードで寄せて抜いてしまえばよい。ただ消波ブロック帯など足もとが不安定で地面に魚を下ろすと逃げられてしまうような場所では、小型のネットで抜いたアジを受ける。ネットに入れてしまえばフック外しも楽なので僕はあらゆる釣り場にネットを持参している。

問題は尺以上の良型、大型アジをねらう場合だ。適正なドラッグ調整ができていて、しっかり口の硬いところにフッキングしていることを前提に話をすすめよう。まずアワセを入れてフッキングが決まれば、すかさずリールを巻いて魚の頭を少しでも自分のほうに向かせてしまうことが大切。僕は掛けてロッドに重みを乗せた際「おおっ、デカイ！」と魚のサイズを計る感じで一瞬、リールを巻かず楽しむためのタメの時間をついつい入れてしまうのだが、本来は掛けた瞬間にどれだけリールを巻けるかが勝負の分かれ道になる。

アジは根に入ったり根を巻いたりする魚ではないので、一旦こちらに頭を向かせてしまえば、その方向に泳ぐ性質があり、そのまま引き寄せて足もとの海面上に頭を出した瞬間にリフトアップしてしまう。ただ相手は生き物、こちらを向いているとはいっても右へ左へコースを変えるから、その場合はアジが走る方向にロッドを回しアジと綱引き状態にならないようにする。フックの角度が変わって外れてしまったりアジの稜鱗（ゼイゴ）

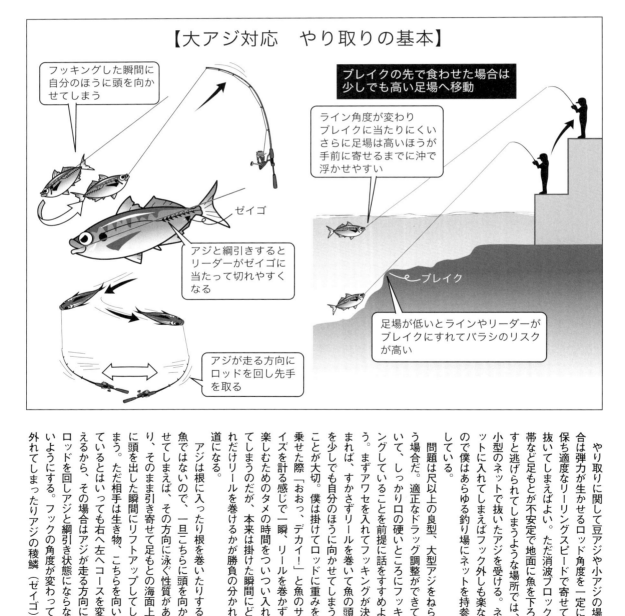

Q. ブレイクの先で大型を掛けた場合、リーダーやラインが擦れてバラシの心配があるが？

A. 強引に引くとアジも驚き深く潜るので、ゆっくりいなすようにすれば回避しやすい。できるだけ高い足場に移動できればなおよし

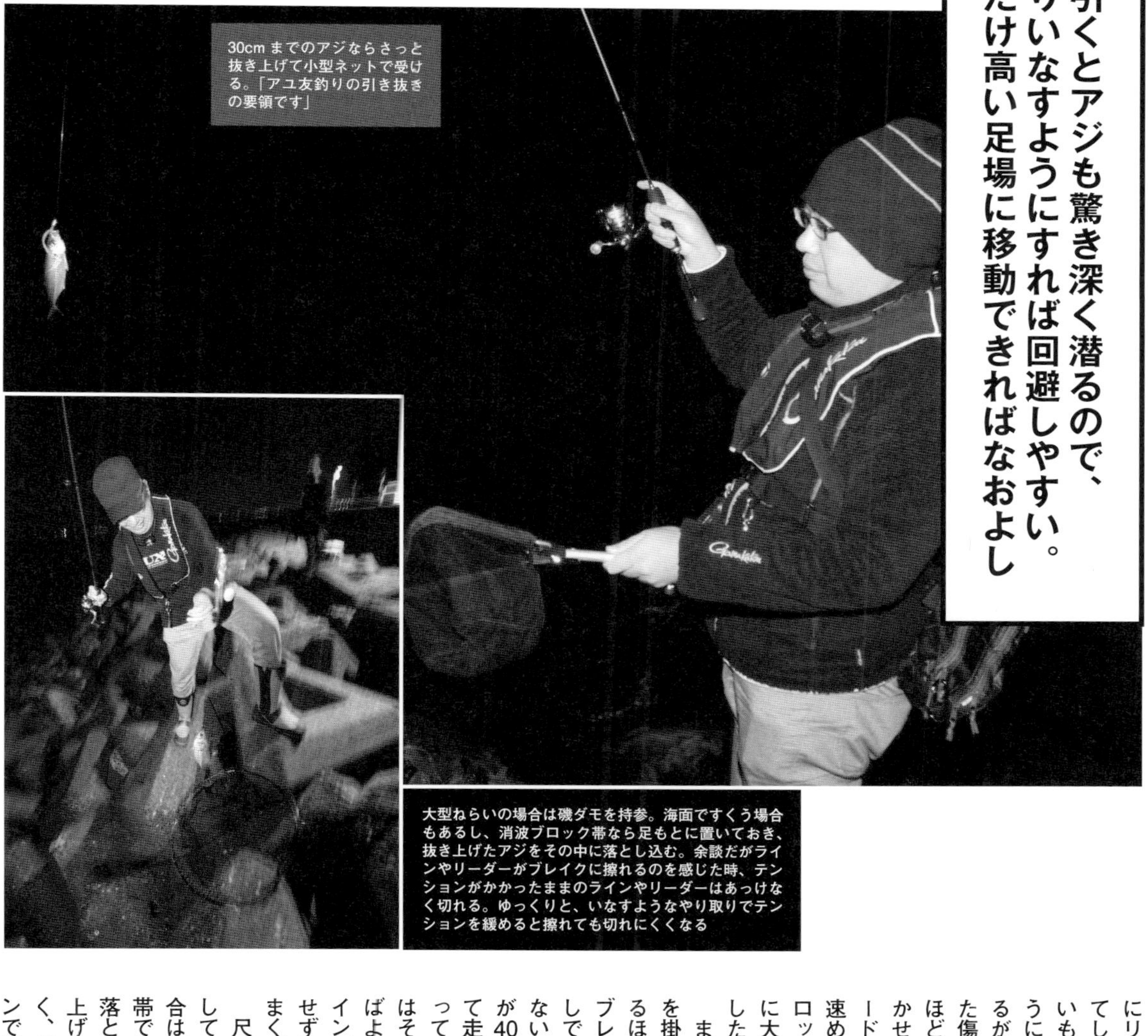

30cmまでのアジならさっと抜き上げて小型ネットで受ける。「アユ友釣りの引き抜きの要領です」

大型ねらいの場合は磯ダモを持参。海面ですくう場合もあるし、消波ブロック帯なら足もとに置いておき、抜き上げたアジをその中に落とし込む。余談だがラインやリーダーがブレイクに擦れるのを感じた時、テンションがかかったままのラインやリーダーはあっけなく切れる。ゆっくりと、いなすようなやり取りでテンションを緩めると擦れても切れにくくなる

にリーダーが触れた瞬間にプツッと切れてしまうことがあるからだ。サイズがよいものほど右へ左へ８の字を描かせるように泳がせると早く弱らせることができるが、あまり遊ばせるとフックが掛かった傷口が広がり外れやすくなるのでほどほどに。そのためにはロッドは弾力が生かせる角度をキープ。リールを巻くスピードは遠方ほどラインの長さがあるので速めでよい。ただしポンピングは御法度。ロッドを倒してテンションが緩んだ瞬間に大アジに反転され、流れに乗られでもしたらやっかいだ。

また釣り場の条件にもよるが、大アジを掛けたらできるだけ高い位置へ移動するほうがやり取りは楽になる。特に沖のブレイクがらみを釣っている場合は、少しでもライン角度を高くしなければいけない。基本的にアジは根に入らない魚だが40㎝を超えるとブレイクや根に向かって走ることもある。ブレイクと平行に釣っていて掛かったアジが浮き気味の場合はそのままのテンションでリールを巻けばよいが、なかなか浮かずブレイクでラインが擦れそうな気がする場合は、無理せずじわっとスローにリフトすると、うまくブレイクをかわすことができる。

尺アジ以上では柄が長い磯ダモを使用している。足場が高く抜けそうにない場合は柄を伸ばしてすくう。消波ブロック帯では足もとにタモを置き網の中に魚を落とし込めば逃がすことも少ない。抜き上げはポンと一気に跳ね上げるのではなく、グイーッっと加速させながらクレーンで吊し込む感じだ。

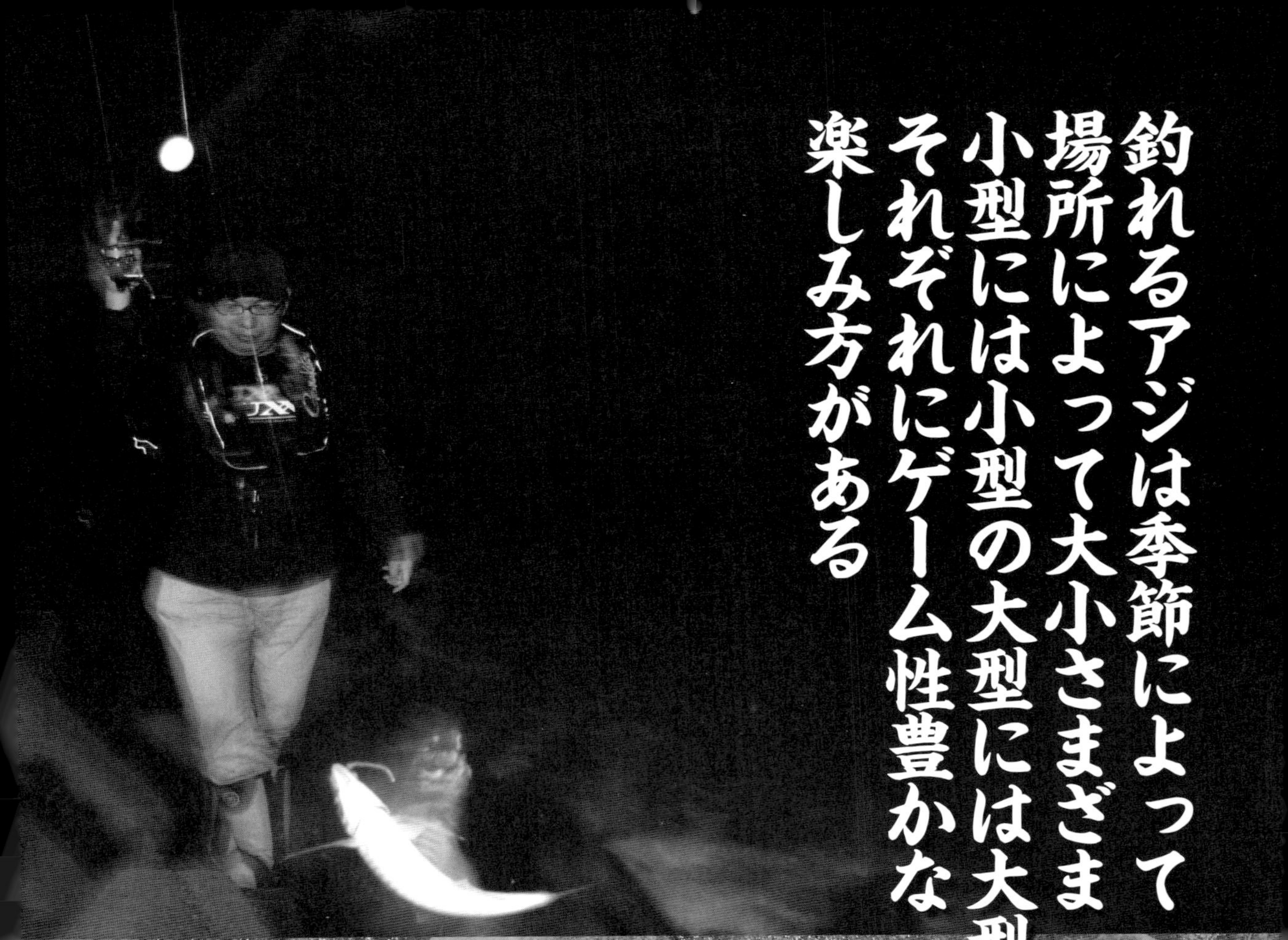

釣れるアジは季節によって
場所によって大小さまざま
小型には小型の大型には大型の、
それぞれにゲーム性豊かな
楽しみ方がある

アジング4大リグを状況に応じて的確に使い分ける。これこそがねらいどおりのターゲットを手にする王道！

手軽さが代名詞の釣りではあるが、安全とマナーに関しては充分すぎるくらいの配慮が必要！

この釣りはナイトゲームがメインなので安全とマナーには充分すぎるほど気を配ってほしい。ライフジャケットの正しい着用、滑りにくいフットウェア、帽子、手袋、目を保護するナイトグラスなど。釣り場では落水時に上がれるハシゴや階段の有無、位置を確認しておくことも大切だ。

またライトや電池の予備も忘れずに。足もとやリグを照らすには明るいライトが必要。手軽な防波堤でもロープや段差に足を取られるので転倒には注意したい。
ライトを点灯したまま海をのぞき込まないように。人にしゃべりかける際もライトが点灯したままだと相手の目を幻惑しかねない。先に釣っている人の近くで釣らせてもらう場合に一声かけるのは当然だが、その時もライトの使い方ひとつで印象が変わる。できればその人がリグをどう流して釣っているかも聞いておき、適度な間隔を空けるなどオマツリしない配慮もほしい。エサ釣りの人も当然いるので、それぞれの釣りの特性を理解したうえで楽しんでほしい。

漁港では漁業施設には触れないのが鉄則。漁船に乗り込むのはもってのほか。桟橋も許可されたもの以外は立ち入らない。係留船の間を釣る場合も、ロープや漁具にフックを引っ掛ける可能性があるので、あまりに狭い隙間では釣りをしない。迷惑駐車はもちろん、たき火をしたり、ゴミを放置したり、大きな声で叫んだり、騒音をあげたりするなど迷惑行為は慎まなければならない。

僕は車のドアの開閉音にも注意しているし、ラインやリーダーの切れ端もポケットに入れている。つまりそれくらいの気構えが必要なのだ。度重なる迷惑行為で釣り禁止、立入禁止になって泣きをみるのは釣り人自身なのだから。

[改正 SOLAS 条約に伴う立ち入り禁止区域について]

平成 16 年 7 月 1 日から「国際航海船舶及び国際港湾施設の保安の確保等に関する法律（国際船舶・港湾保安法）」が施行されました。同法律は、IMO（国際海事機関）における改正 SOLAS 条約（海上人命安全条約）を受けたもので、国際航海船舶や国際港湾施設に自己警備としての保安処置を義務付けたり、外国から日本に入港しようとする船舶に船舶保安情報の通達を義務付け危険な船舶には海上保安庁が入港禁止等の措置を行えるようにした内容となっています。これにより、国際航海船舶及び国際港湾施設の所有者等は保安規定の承認等の手続きを受ける必要があるため……（国土交通省 HP より）。

承認を受けた施設所有者はフェンス等の設置など保安措置が義務付けられ、当該地域への一般人の立ち入りは禁止となります。釣行の際には、事前に最寄りの釣具店や国土交通省 HP（http://www.mlit.go.jp/kowan/port_security/00.html）等にて承認箇所（立ち入り禁止区域）をご確認ください。

藤原真一郎 アジング激釣バイブル【ヒットパターン編】

HIT PATTERN OF AJI-ING

アジングの奥義は実釣のなかにこそ存在する。
ここでは過去の激釣経験による代表的実釣６パターンを紹介

ヒットパターン 動きの演出が効いた時［激釣パターン例その❶］

起死回生！ 超軽量ジグヘッドのシェイキング＆リフト

ほとんど反応してくれなかった大アジがワームとジグヘッドのウェイト、シルエットをごく軽く小さくし繊細なシェイキング＆リフト後のカーブフォールに飛び付いてきた！

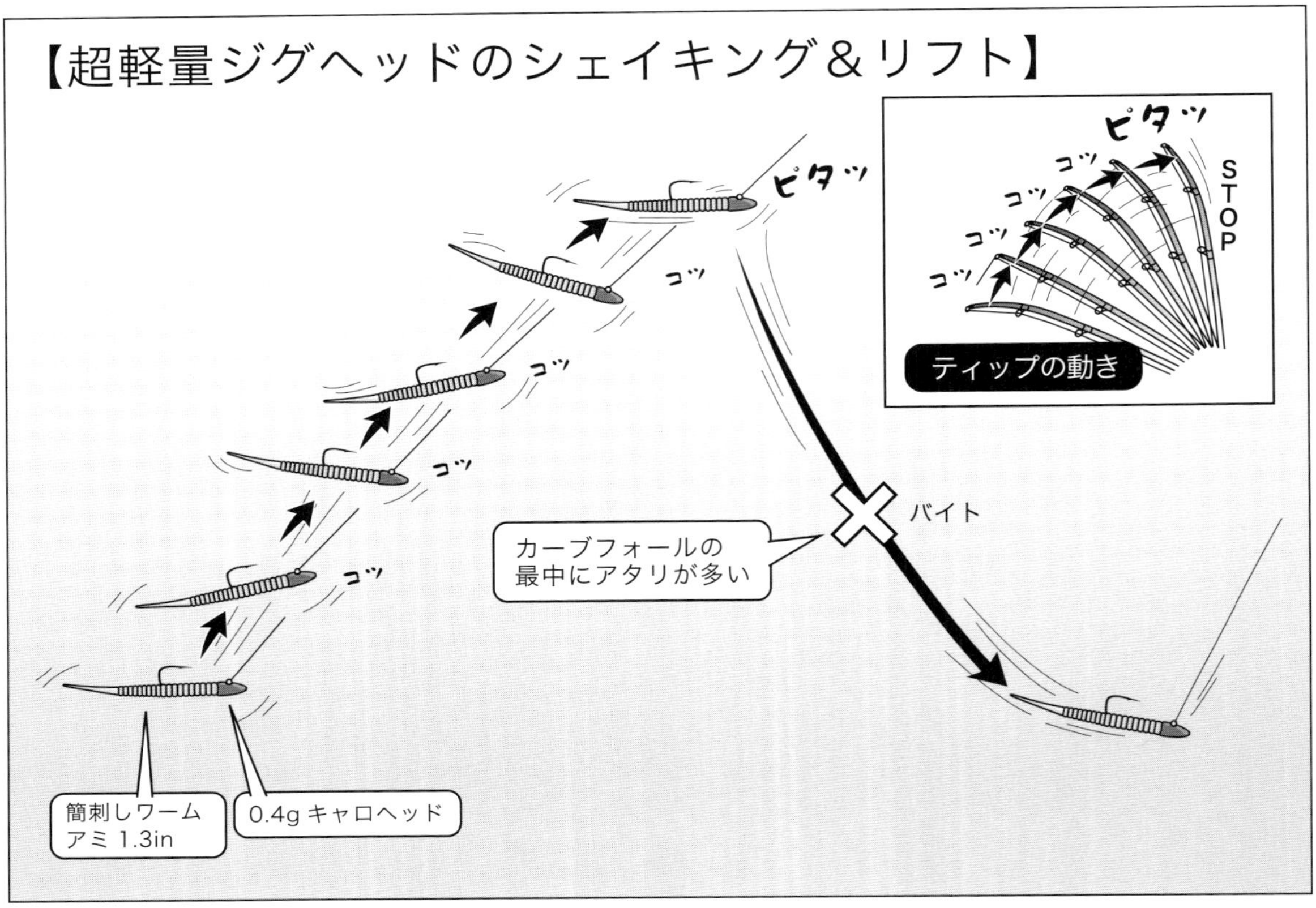

ある年の春、超軽量ジグヘッドの「強さ」を再認識させられた出来事があった。上越日本海でのことだ。30～35㎝を中心に40㎝オーバーまでが漁港内に入ってきており、ジグヘッドやスプリットの激しいアクションに好反応。非常にエキサイティングな状況に遭遇した。ここまでビッグサイズの接近戦が楽しめるのは滅多にないことで「もう一度！」と5月の連休に再び訪れたのだ。

外灯周りをのぞき込むと30㎝オーバーの姿が見える。1投目から尺クラスのアジが掛かった。ところが……である。その後、どうにもアタリがない。忘れた頃にぽつぽつという程度。アジは港内に入っているのだが反応が前回とは違う。1・6gのジグヘッドから徐々にウェイトを下げる。スプリットのアクションでも誘う。しかしどうもフィットしていない感じがつきまとう。確かな感触を得られないまま時間だけが過ぎていった。

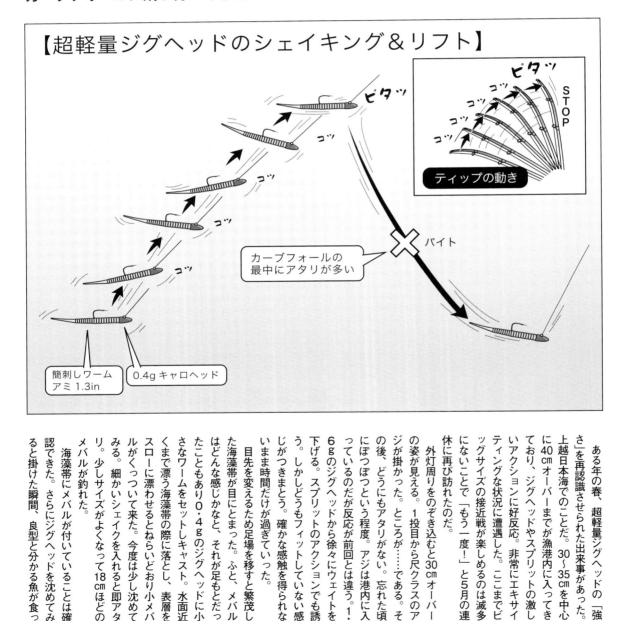

目先を変えるため足場を移すと繁茂した海藻帯が目にとまった。ふと、メバルはどんな感じかなと、それが足もとだったこともあり0・4gのジグヘッドに小さなワームをセットしキャスト。水面近くまで漂う海藻帯の際に落とし、表層をスローに漂わせるとねらいどおり小メバルがくっついて来た。今度は少し沈めてみる。細かいシェイクを入れると即アタリ。少しサイズがよくなって18㎝ほどのメバルが釣れた。

海藻帯にメバルが付いていることは確認できた。さらにジグヘッドを沈めてみると掛けた瞬間、良型と分かる魚が食っ

0.4 gのキャロヘッドと小型ワームを使いシェイキング&リフト後のカーブフォールで効果てきめん。初回の釣行では大型ジグヘッドやスプリットの派手なアクションにも好反応だったアジが非常にシビアになっていたのだ。同じポイントでも時間とともにアジの反応はコロッと変わってしまう

●このパターンの推奨タックル

■**ロッド**：がまかつ『ラグゼ宵姫 EX S610UL-solid.RF』『同 S69FL-solid.RF』『同 S74L-solid.RF』
■**リール**：ダイワ『セルテート 1003』
■**ライン**：サンライン『ソルトウォータースペシャル・スモールゲーム PE』0.2 号
■**リーダー**：サンライン『ソルトウォータースペシャル・スモールゲームリーダー FC』4lb
■**ジグヘッド**：がまかつ『キャロヘッド』0.4g ＃４
■**ワーム**：アクアウェーブ『簡刺しワーム・アミ 1.3in』

た。海藻に突っ込まれないように注意しながら浮かせ抜き上げると、何と35㎝を超えるアジだった。

「えっ、こんな海藻の際で!?」「こんなところにも回遊しているのか」と続けて同様に沈めてシェイキング&リフト。直後のカーブフォールで小さくも明確なアタリ。フッキングさせるとまたしてもしっかりとした重量感で同サイズのアジ。「もしかして?」と同じパターンでねらってみたらアジが連発。となれば他の場所でもこのアプローチを試したくなる。最初にアジをねらっていたポイントで0・4gをそ〜っとフォールさせ、シェイキング&リフトで誘う。またまた一発で尺アップ。超軽量ジグヘッド&小さなワームのフォールパターンがハマったのだ。

浅場にはボトム付近をユラユラと群れで回遊するアジの姿が見える。よく観察してみると非常に低速で泳いでいる。しかし、時折りスピードアップしヒラを打つような仕草を見せる。その時に何かを食っているようだった。試しに群れの進行方向にジグヘッドを落とす。ラインをフリーで静かに沈めてベールを戻す。イトフケをていねいに回収しシェイクを入れた直後、先頭の数尾がスピードアップしたのが見えた。次の瞬間、手もとにバイトが伝わった。こうして数を稼いでから、あえてジグヘッドを重くし激しいアクションを入れてみると一瞬で群れは散ってしまった。ルアーのスピードやアクション、シルエット。これらがアジを反応させる要素になることをあらためて認識させられた。

ヒットパターン　フロートリグ爆釣劇［激釣パターン例その❷］

大阪湾のデカアジにワザあり！ Fシステム パラシュートモード

78ページで解説した専用フロートの『シャローフリーク』にネイルシンカーを仕込み、浮力をマイナスにして沈めていく釣り、名付けて「パラシュートモード」が大阪湾の大型に威力を発揮！

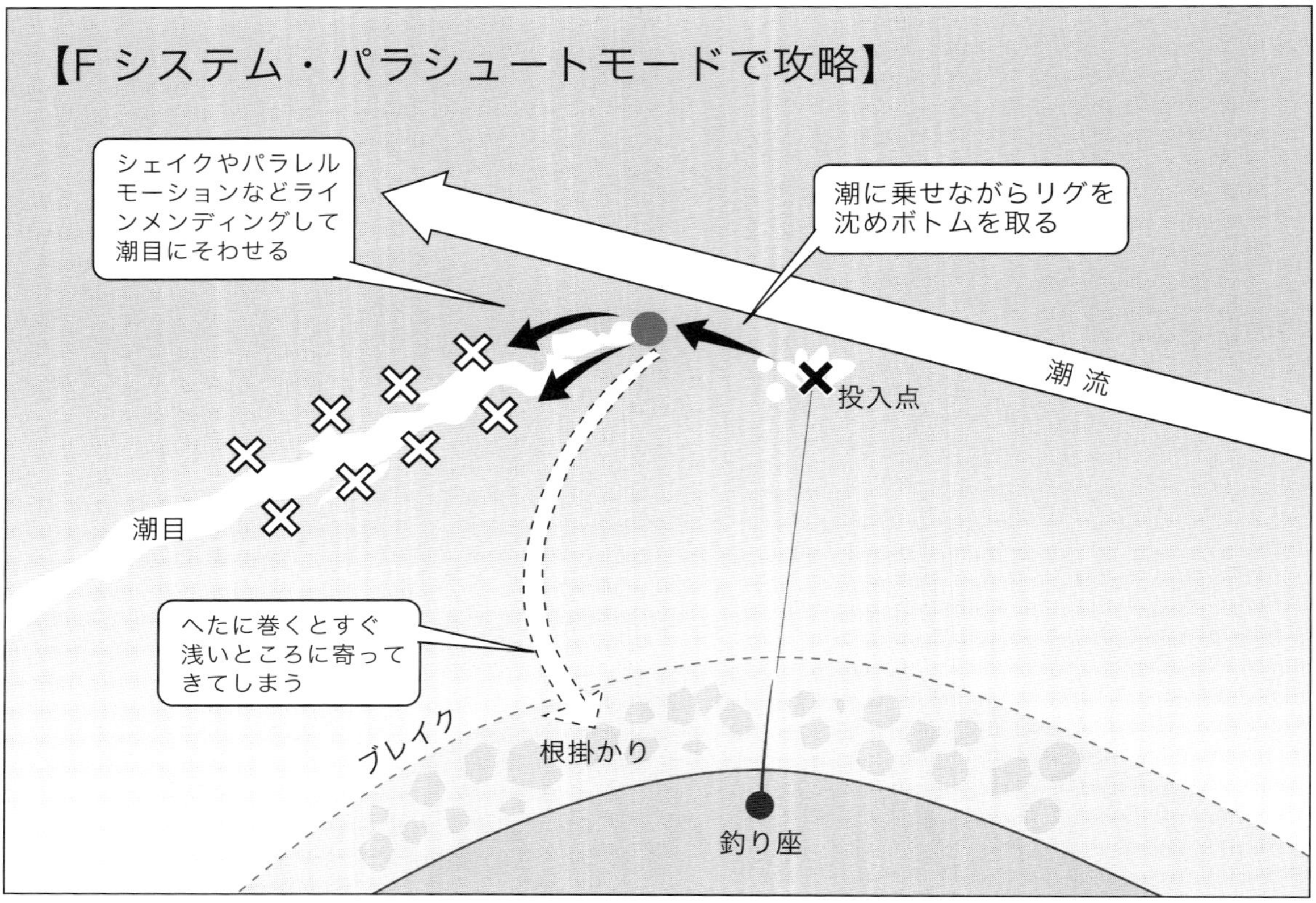

フロートリグはメバルやアジねらいにもとても有効なリグだ。遠浅のゴロタ浜やサーフといったシャローに、さまざまなタイミングでアジは寄っている。周辺にくらべて良型がねらえることも多く、なかなかスリリングなアジングだ。そんなフロートアジングの可能性をさらに広げたのが、Fシステムのパラシュートモード。このリグを沈めることで直下にフォールさせたり、払い出す流れの中の、宙層やボトム付近でステイさせたりといった移動距離を抑えた釣りを60ｍも沖で楽しむことができる。

２０１４年の大阪湾はデカアジラッシュにわいた。そこで、このFシステムのパラシュートモードが果たした役割は小さくない。これまで30㎝台後半サイズが掛かったことはあったが、ねらって数を釣ることはできなかった。キャロでしか攻めていなかったゾーンをスローにアプローチできるようになったことが大きいと感じている。

撮影で釣行したのは10月9日。泉南、観音崎の多奈川遊歩道。一帯は手前が根掛かり多発のシャローで、40ｍほど沖にブレイクがある。けっこうきついカケアガリだ。ブレイクの向こうは砂地で、そのブレイク上に潮目ができる。その流れを釣るイメージだ。まずは流れの宙層から下をじっくり攻める。こうこうと輝く満月の下、開始早々ボトム付近でアタリが出た。流しながらのアクションに反応したが、決して激しいアクションではない。ジグヘッドの釣りでロッドを平行にスライドさせて付けるアクション＝パラ

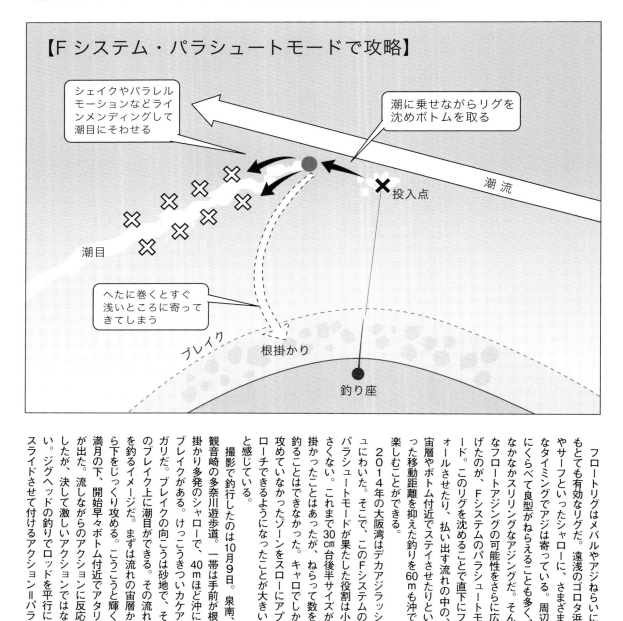

2014年10月9日の夜半から10日にかけて大阪湾南部、多奈川の観音崎でナイトゲーム。先行して釣っていた豊西和典さんは、すでにFシステムでかなりのデカアジをゲットしていた。遅ればせながら到着した僕もファーストキャストでいきなり35cmをキャッチ成功

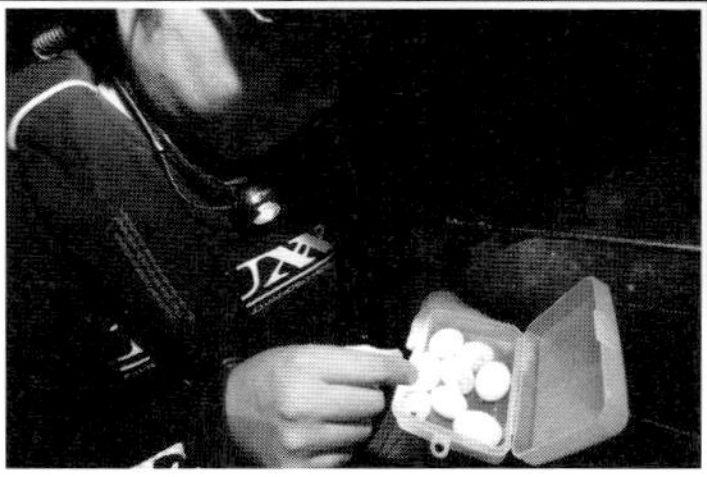

●このパターンの推奨タックル

ロッド：がまかつ『ラグゼ宵姫 EX S83M-solid.RF』
リール：ダイワ『セルテート 2004CH』
ライン：サンライン『ソルトウォータースペシャル・スモールゲーム PE』0.4号
リーダー：サンライン『ソルトウォータースペシャル・スモールゲームリーダー FC』6lb
フロート：アルカジックジャパン『シャローフリーク』10.5 gにネイルシンカー 0.9 gもしくは 1.3 g
ジグヘッド：がまかつ『キャロヘッド』0.4 gもしくは0.7 g＃4
ワーム：2～3in クラスのストレートワーム各種

レルモーションに一発で食って来た。

　掛けた瞬間からそれと分かる重量感。さっそく35㎝クラスの登場だ。その後も足場を替えながら払い出す潮を見つけたら50カウントほど沖にリグを送りつつボトムまで沈める。不用意にリーリングし手前にリグを移動させると、美味しいゾーンはすぐに抜けてしまい、根掛かりの危険性も高まる。潮目に沿って横に釣るイメージだ。活性が高い時にはスローリトリーブにアクションをまじえる程度でも反応するが、流れの中で居食いするような状況では潮流を利用したドリフトの釣りが必要だった。スローに釣るということはレンジが浮き上がりやすいということ。シビアな時はリグがどこにあるかという感覚を研ぎ澄まし、レンジを外さないよう細心の注意を払う。

　飛距離的にはキャロやメタルジグでも釣れるポイントである。昔から大阪湾でもいろいろとアレンジしたキャロでねらってはいたが、このサイズはたまたま釣れたといった感じだった。実際、この日もとてもキャロのスピードに反応するような相手ではなかった。

　陸っぱりの実績はないが船釣りでは40㎝が釣れているエリアは日本各地にたくさん存在する。この釣りには、そうしたエリアで有効なノウハウや可能性が詰まっているように感じる。観音崎のように潮通しのよい地形に生じる潮目を重層的にねらうのが、デカアジに近づくヒントかもしれない。

ヒットパターン　メタルジグ爆りの法則［激釣パターン例その❸］

逃げまどう魚と弱って落ちる魚 壱岐で演出メタルジグ２シーン

**肉食魚であるアジは当然、小魚類を補食する。
大型になるほどその傾向は顕著で充分メタルジグのターゲットになるのだ。
長崎県壱岐での経験は、他のエリアでも間違いなく通用するはず！**

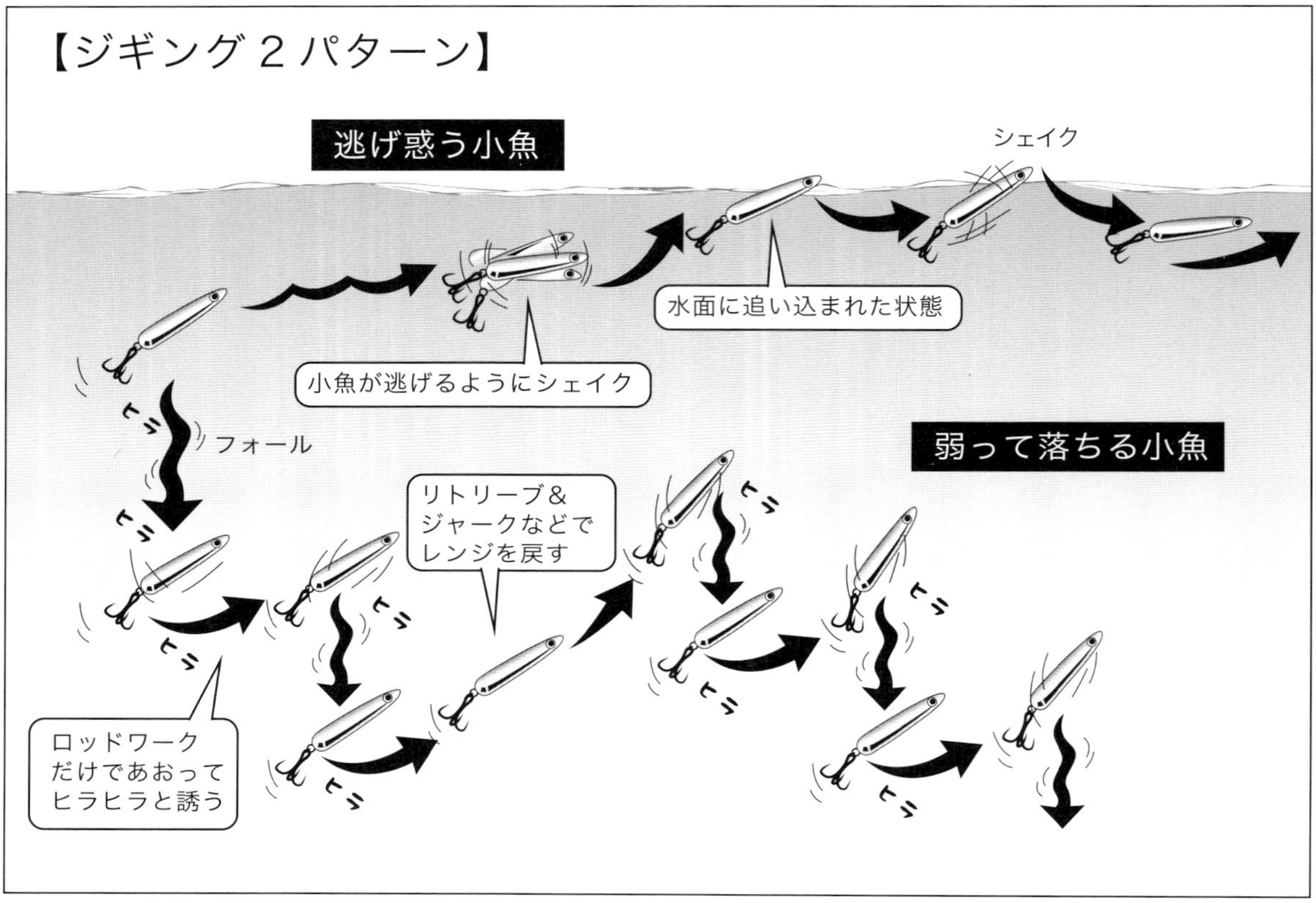

アジも大きくなると魚食性が増す。それを最も強く感じたのは初めて長崎県の離島、壱岐に釣行した時のことだ。日中からキビナゴが回遊し何かが起こりそうな予感をヒシヒシと感じる。リグはメタルジグ。『陸ジグ』の10gに『トレブルＲＢＭＨ』#10をセット。ラインのチェックなどをしながら夕マヅメを待った。

夕日が東の山陰に消え入るまさにそのタイミングで一発目の反応があった。いきなりの40㎝だ。その魚を皮切りに怒涛のラッシュに入った。圧巻はジグを回収しようとした時。40㎝を超えるアジがピックアップするジグに水面を飛び出してまでバイトして来た。

それをヒントに水面を逃げ惑う小魚のイメージでジグを動かしてみる。巻きに小さなシェイクを入れ、時々、水面に追い込まれるように巻き上げる。水面をスキップさせてジグを泳がせる。タダ巻きではない巻きの釣りをしてみるとさらにバイトは多くなった。

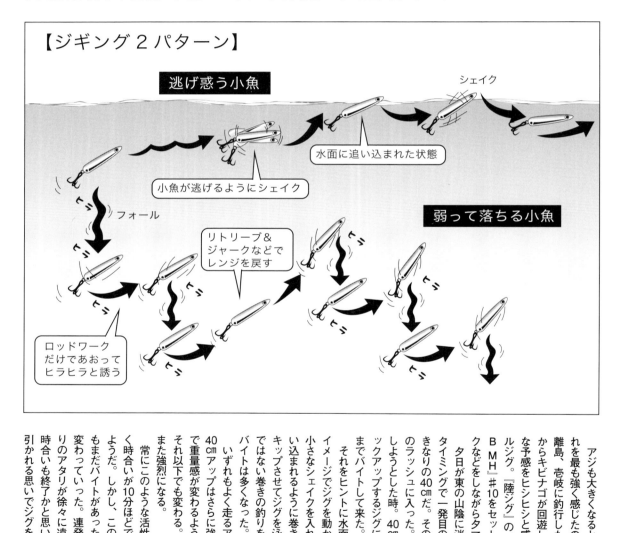

いずれもよく走るアジでたまに混じる40㎝アップはさらに強烈。尺とそれ以下で重量感が変わるように、アジは40㎝とそれ以下でも変わる。あとは5㎝刻みでまた強烈になる。

常にこのような活性の日ばかりではなく時合いが10分ほどで終わることもあるようだ。しかし、この日は1時間経ってもまだバイトがあった。が、パターンは変わっていった。連発していた巻きの釣りのアタリが徐々に遠のいていったので時合いも終了かと思いつつ、うしろ髪を引かれる思いでジグをキャストする。何

この一件以来、シーズンになると通っている長崎県壱岐のデカアジゲーム。写真は2013年3月釣行時のもので『陸ジグ』10gに飛び付いてきた

ペンション「ふうりん」のアジ丼。壱岐に何度も通いたくなる理由のひとつは間違いなくこれだ。本当に美味い！

●このパターンの推奨タックル

■**ロッド**：がまかつ『ラグゼ宵姫 EX S79MH-solid.RF』
■**リール**：ダイワ『セルテート 2004CH』
■**ライン**：サンライン『ソルトウォータースペシャル・スモールゲーム PE』0.4号
■**リーダー**：サンライン『ソルトウォータースペシャル・スモールゲームリーダー FC』6lb
■**ジグ**：がまかつ『陸ジグ』10g
■**フック**：がまかつ『トレブル RB MH』＃10～14

となくスローに落とす釣りをやってみることにした。

　宙層程度までジグを落とし、そこでロッドワークだけでジグをあおってヒラヒラと誘う。何度かそれを繰り返していると、そっとくわえるようなアタリがあった。周りのアングラーが帰り支度を始めるなか、ヒラヒラとフォールの釣りをしてみると地味に再び連発するようになった。ベイトフィッシュに魚が付いている時、泳ぐベイトの動きそのものにバイトしてくるパターンの裏で、傷つき落ちて来るベイトをねらうパターンも成立することが多い。ジグの動きとしてまったく違うだけに、この時も表裏のパターンが成立していたように思う。他のエリアでもマヅメにサーフや河口でデカアジがジグでねらえることがある。その場合は、この2つのパターンを軸にすればよいだろう。

　これ以来、冬は長崎・壱岐でのアジングを楽しみにしている。次の年にはキャロで別のアプローチも試みた。今度はFシステムのパラシュートモードでナイトにデカアジをねらってみたい。ただそれには強敵がいる。壱岐は食べ物も焼酎も美味いのだ。夜はついつい……。いつもお世話になるペンション「ふうりん」は居酒屋もやっていて、釣ったアジを丼にしてもらって舌鼓を打つことも。これは格別。

　ナイトゲームも気になるが地元の焼酎をコロンコロンと傾けながら夜更かし釣り談義に花を咲かせる。壱岐の夜はこれが正解かもしれない。

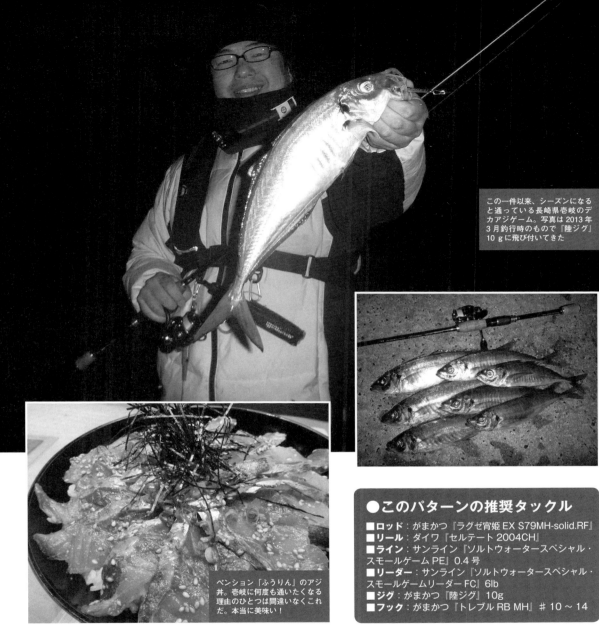

ヒットパターン　してやったり感高しジグ単ワンマンショー［激釣パターン例その❹］

大阪湾奥の尺アジ１投１尾!? ボトムねらいのジグ単ドリフト

**意外と潮の流れがあり水深もある大阪湾奥に代表される港湾部の釣り。
中小型が中心ではあるが、釣り方によっては尺アジがねらえるタイミングも多々あるのだ。
瀬戸内の島々での釣りに通じる部分でもある**

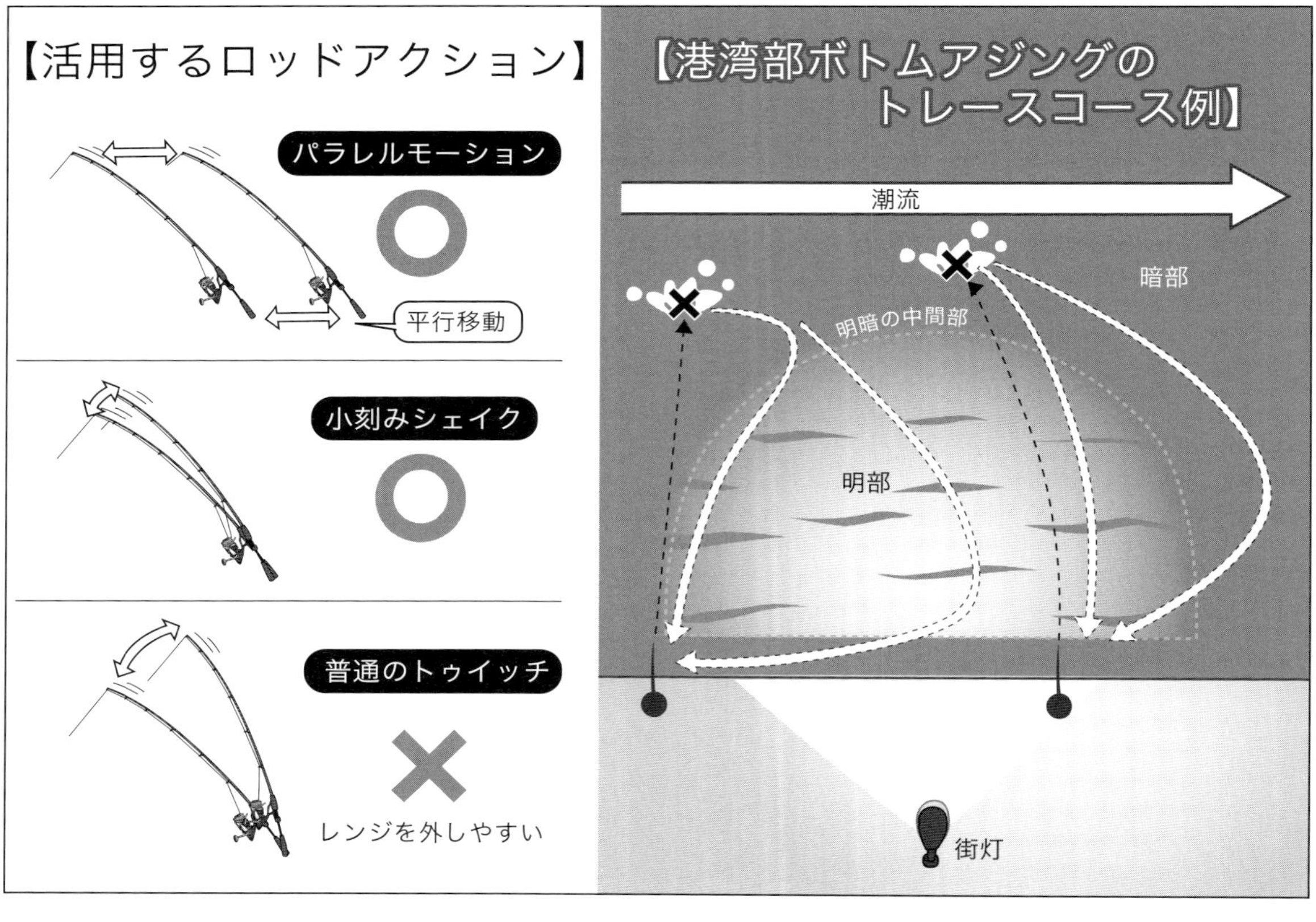

大阪湾の湾奥は埋立地や人工島が多く運河や水路といった地形が複雑な潮流を生み出している。河川が多く塩分濃度の影響もあって、文字どおり湾奥部ながら意外に潮流が速いのが特徴。おそらく初めて訪れた人は驚かれるに違いない。他の港湾エリアにも共通していることであり、島周りなど流れが強いエリアの攻略にもつながってくる部分だが、流れと明かりによって生じたアジの付き場に対し、どのようにアプローチするかということがキーになるゲームといえる。まずは、その時の活性を見ることから始まる。

高活性、もしくはアジの数が多いと感じられる状況なら、重いジグヘッドでレンジを探ればアタリが出る。それが低活性時やアジの数が少ない時、また良型の食うスポットがかぎられる時は、比較的軽めのジグヘッドでサーチする必要がある。ジグヘッドのウェイト調整と流し方が重要なファクターになるのだ。

特にターゲットを良型に絞る場合はボトムを集中的にねらいたい。大阪湾ではなかなか出ない30㎝クラスのアジがねらえるタイミングもけっこうある。流れと明暗のスポットをしっかりイメージしボトムアジングを意識すれば、良型をキャッチすることが可能だ。

基本的な釣り方はジグヘッドを流しながら時間をかけてしっかりとボトムまで到達させる。そこからフワ～と跳ね上げ、さらに流したり、しばらくステイでアタリを待ったり。ジワ～っとボトムを切って漂わせるのもアリ。大きなアクションに反応することもあるがレンジを外しや

●このパターンの推奨タックル

■ロッド：がまかつ『ラグゼ宵姫 EX S69FL-solid.RF』『同 S610UL-solid.RF』
■リール：ダイワ『ルビアス 1003』
■ライン：サンライン『ソルトウォータースペシャル・スモールゲーム FC』1.5lb
■リーダー：サンライン『ソルトウォータースペシャル・スモールゲームリーダー FC』3lb
■ジグヘッド：がまかつ『キャロヘッド』0.7～1.6ｇ、『スイミングコブラ』0.75～３ｇ、『マイクロダーター』1.5～３ｇ
■ワーム：アクアウェーブ『簡刺しワームストレート』2in、『同モエビ』1.8in、ベイトブレス『ニードルリアルフライ』2in、『同ニードル』2.5in、アルカジックジャパン『海ゲラ』1.2in

大阪湾奥：の港湾ポイントでゲットした尺アジ。効率は決して よくないが、軽めのジグヘッド単体で、じっくりとボトムをドリフトさせる釣りが功を奏す

すい。パラレルモーションや小さなシェイクでボトムをキープしながら誘う。

彼らは居食いするようなタイプのアジだ。バイトタイムが長ければ問題ないが、くわえ方が浅かったり、時間的に短かったりする場合は、アタリに集中しラインテンションやロッド角度、誘いのタイミングを考えておかなければフッキングできないアタリが多くなってしまう。

シビアに思えるかもしれないが再現性の強い釣りでもある。低活性と書いたが口を使うパターンが少ないだけで、きちんとアプローチできれば少々時間はかかるものの1投1尾で数も出る。歯ごたえのある「ハマるアジング」というのが率直な印象だ。

瀬戸内の離島などのアジングにも似た面白さがあるように思う。共通するテクニックもあるし、数釣りのなかで良型が付くスポットを見つけて攻略する面白さというか、そういうゲーム性もある。潮流・ボトム・軽いジグヘッドというキーワードに加え、水深も7～8m以上ある場所も多い。そのためラインは浮力のあるPEラインでは難しい。フロロなど比重の高いラインを使用しなければ1g前後のジグヘッドをアジのいるゾーンに届けられない。攻略のスタート台に立つことすら至難の技となる。軽すぎるジグヘッドは非効率的だが釣りやすさを基準にしすぎると魚がいるかいないかの判断を見誤る可能性もある。反応を得られにくい状況なら、じっくりとていねいに攻めるのが得策。ジグ単の釣りが好きな方ならハマるゲームに違いない。

ヒットパターン　スキルアップの近道発見!?［激釣パターン例その❺］

大アジ釣りより難しい!? ジグ単の鍛錬道場！豆アジング

10cm以下、数cmのミニサイズ豆アジを
ファミリーフィッシングのサビキのお相手だけにしておくのはもったいない!?
これほどテクニカルでアジング技術の習得にもってこいのターゲットはいないのだ

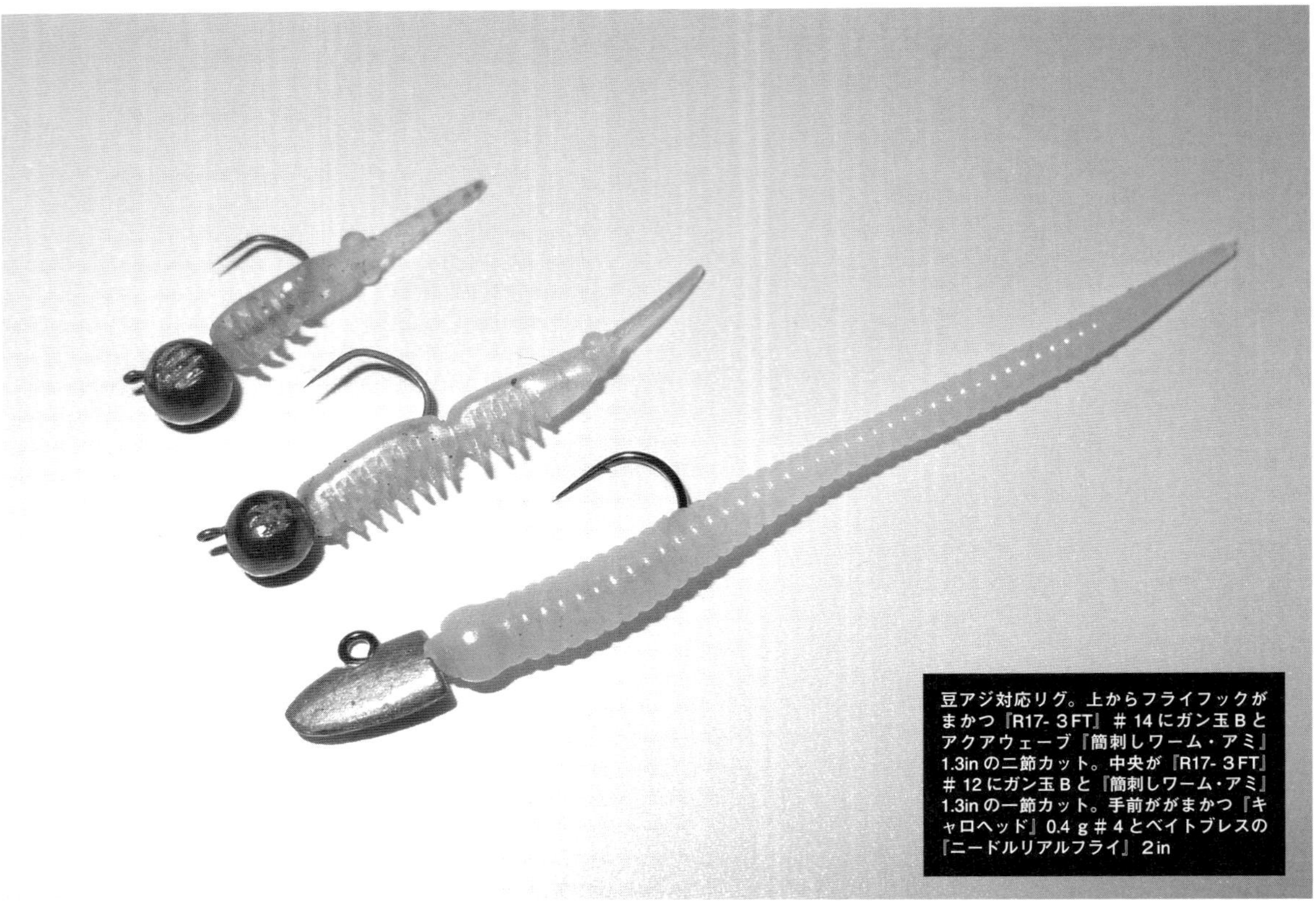

豆アジ対応リグ。上からフライフックががまかつ『R17- 3FT』＃14にガン玉Bとアクアウェーブ『箘刺しワーム・アミ』1.3inの二節カット。中央が『R17- 3FT』＃12にガン玉Bと『箘刺しワーム・アミ』1.3inの一節カット。手前ががまかつ『キャロヘッド』0.4g＃4とベイトブレスの『ニードルリアルフライ』2in

アタリを感知して掛けることがアジング最高の醍醐味なら、豆アジほどゲーム性の高いターゲットはいないだろう。アジングはサイズねらいばかりが楽しいわけではない。フッキングに関していえば40cmのアジのほうがよほど簡単。豆アジングには基本になるテクニックが多く詰まっているのだ。

大阪湾では夏が旬の豆アジング。夕涼み気分で出かけ夜店の金魚すくいのようについつい熱くなっている。アタリは多いが掛からない、掛かってもバラす。近年はタックルの進化もありレギュラーサイズのアジを掛けそこなったりバラしたりすることが少なくなった。しかし専用タックルがなくナイロンラインでやっていた時代は、毎回「あっ」と呻《うめ》きながら熱くなっていたものだ。その世界が豆アジングにはかろうじて残されている。

僕は、まずはテクニックで何とかしようとトライする派。1g前後のジグヘッドで、フックサイズは＃4。2in程度のストレートワームで掛けにいく。活性が高ければ、それぐらいのウェイトでの激しいアクションやフリーフォールのほうが、しっかりとバイトしてくる。

これで追わなければ0・4gのジグヘッドに『箘刺しワーム・アミ』や『海ゲラ』といったショートワームにチェンジ。さらに『箘刺しアミ』を一節カットするとサイズ、活性ともにかなりのところまで対応できる。それでも……となるとフライフックなど小さなフックの出番。『R17・3FT』の＃14あたりにガン玉B（0・55g）を付ける。ワームもさらに一節

蒸し暑いミッドサマーナイトは豆アジングが熱い！　大阪湾の漁港。2inワームの大きさと比較してもアジの豆具合が分かるミニマムサイズ。こいつのフッキングをマスターすれば怖いものナシだ

●このパターンの推奨タックル

■ロッド：がまかつ『ラグゼ宵姫 EX S69FL-solid.RF』
■リール：ダイワ『ルビアス 1003』
■ライン：サンライン『FC ロックバイト』0.8lb
■ジグヘッド：がまかつ『キャロヘッド』0.1 ～ 1.6 g＃4、同『R17-3FT』＃16 ～ 12 とアルカジックジャパン『バイトシンカーガン玉』J3 ～ 2B（0.25 ～ 0.75 g）
■ワーム：アクアウェーブ『簡刺しワーム・アミ 1.3in』、アルカジックジャパン『海ゲラ』1.2in

カット。７㎝以下を釣るにはセッティングを工夫したほうがより掛けやすい。

豆アジ攻略ではロッドが占める割合も大きい。今の『宵姫EX S69 FLソリッドRF』のテストをしていた時のこと。ある日、格好の相手だと豆アジをねらった。漁港の外向きだが外灯の周りに豆アジが群れている。軽いジグヘッドをキャストし誘う。するとアタリが出たのだが、その出方があまりにも明確で驚いた。張らず緩めずのラインテンションにもかかわらず、バイトとその後のくわえている荷重が手もとで完全に把握できた。

数㎝の豆アジとなるとバイトは分かってもその後、ワームを離したかのように荷重が消えてしまうロッドが多い。逆にいえばショートバイトでくわえていないと反射的に思っても、合わせれば掛けられることが多い。その点、このロッドは豆アジのすべての挙動を伝えてくれた。友人からロッドを借りたりリグを変えたりして、いろいろ試してみたのだが『S69FL』のバイト察知の早さと小さな荷重変化をとらえる能力に、フィネスロッドとしての能力を確信した。

ワームやジグヘッドサイズも影響するが、基本的には豆アジでもしっかりとバイトしてジグヘッドをくわえている。少なくとも反響、荷重変化のどちらかでもアタリが感知できれば、フッキング可能なバイトだと思ってよいだろう。どうしても南蛮漬け用に数が必要な時はフライフックとガン玉のスプリット仕立てもありだが、ジグヘッドのテクニックを磨くつもりで手合わせをお願いするのも、よいだろう。

ヒットパターン　ウェイトギャップに助けられた夜［激釣パターン例その❻］

佐田岬や瀬戸内の島々で スプリット＆キャロ炸裂の日

距離があったり水深があったり流れが速すぎたり……軽いリグで釣るのは難しいが非常に気になるポイントがあった場合はスプリットやキャロの出番。重いシンカーと軽いジグヘッドのウェイトギャップも使いどころ

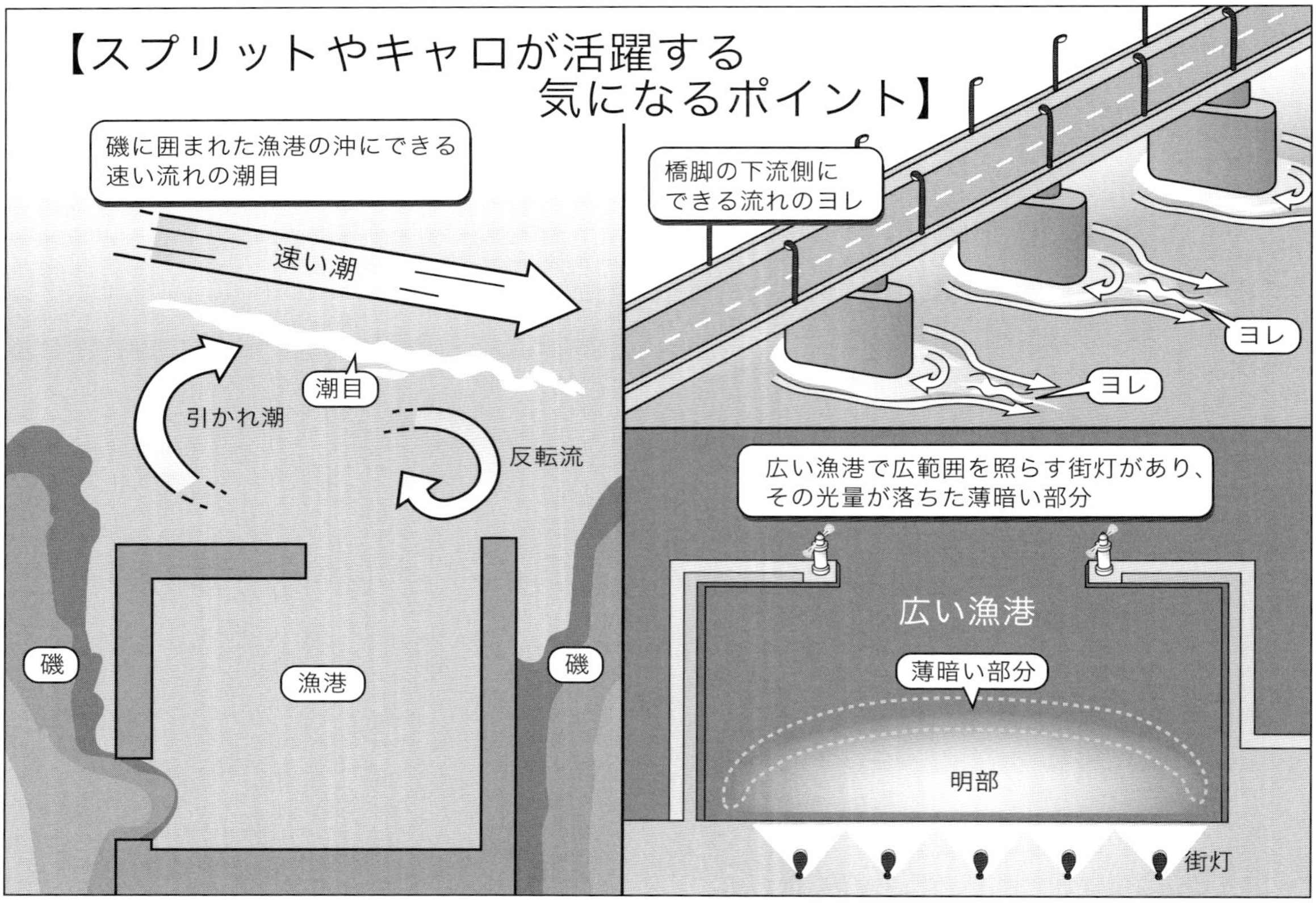

各地でアジをねらっていると、いろいろなポイントが気になる。広範囲を照らす常夜灯があれば沖の光量が落ちたあたり。橋の下なら橋脚周りの流れのヨレと明かりが交錯する部分が何だか怪しい。磯に囲まれた漁港の沖に魅惑的な潮目が……。そこまでリグを届かせたい、サーチしてみたいという衝動から、キャロを遠投しスプリットでレンジを探る。

愛媛県佐田岬半島を日中に車で走ってみると潮が当たっているポイントが目に映る。その流れは強く、ヨレて、反転し、緩流帯を生む。キャロを遠投し、その潮の中を探れば40㎝アップが襲いかかってくる。リトリーブがよい時もあればドリフトの釣りにアタリが集中することもある。河口の橋脚を釣る際には下流側に生じるヨレをねらう。明かりと流れ、その変化にアジが付く。カニの幼生やシラス類などベイトも豊富。川でアジ？ という先入観さえ取り除けばベイト・明かり・流れが揃った1級ポイント。攻めるにはキャロでなければ難しい。

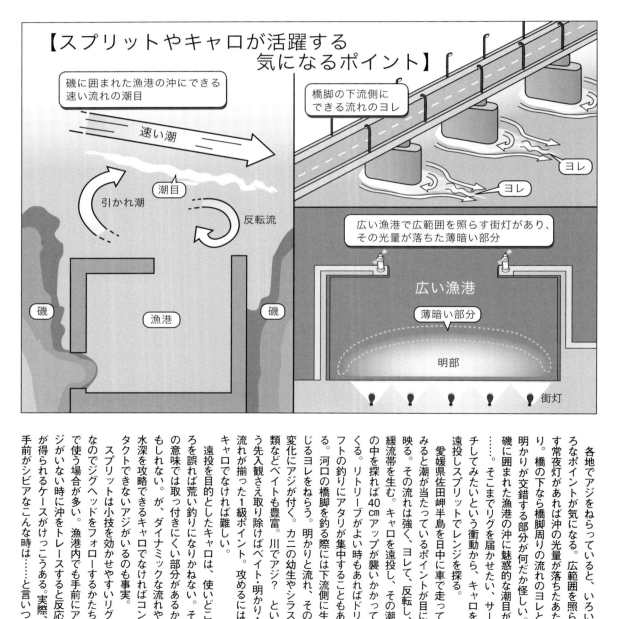

遠投を目的としたキャロは、使いどころを誤れば荒い釣りになりかねない。その意味では取っ付きにくい部分があるかもしれない。が、ダイナミックな流れや水深を攻略できるキャロでなければコンタクトできないアジがいるのも事実。

スプリットは小技を効かせやすいリグなのでジグヘッドをフォローするかたちで使う場合が多い。漁港内でも手前にアジがいない時に沖をトレースすると反応が得られるケースがけっこうある。実際、手前がシビアなこんな時は……と言いつ

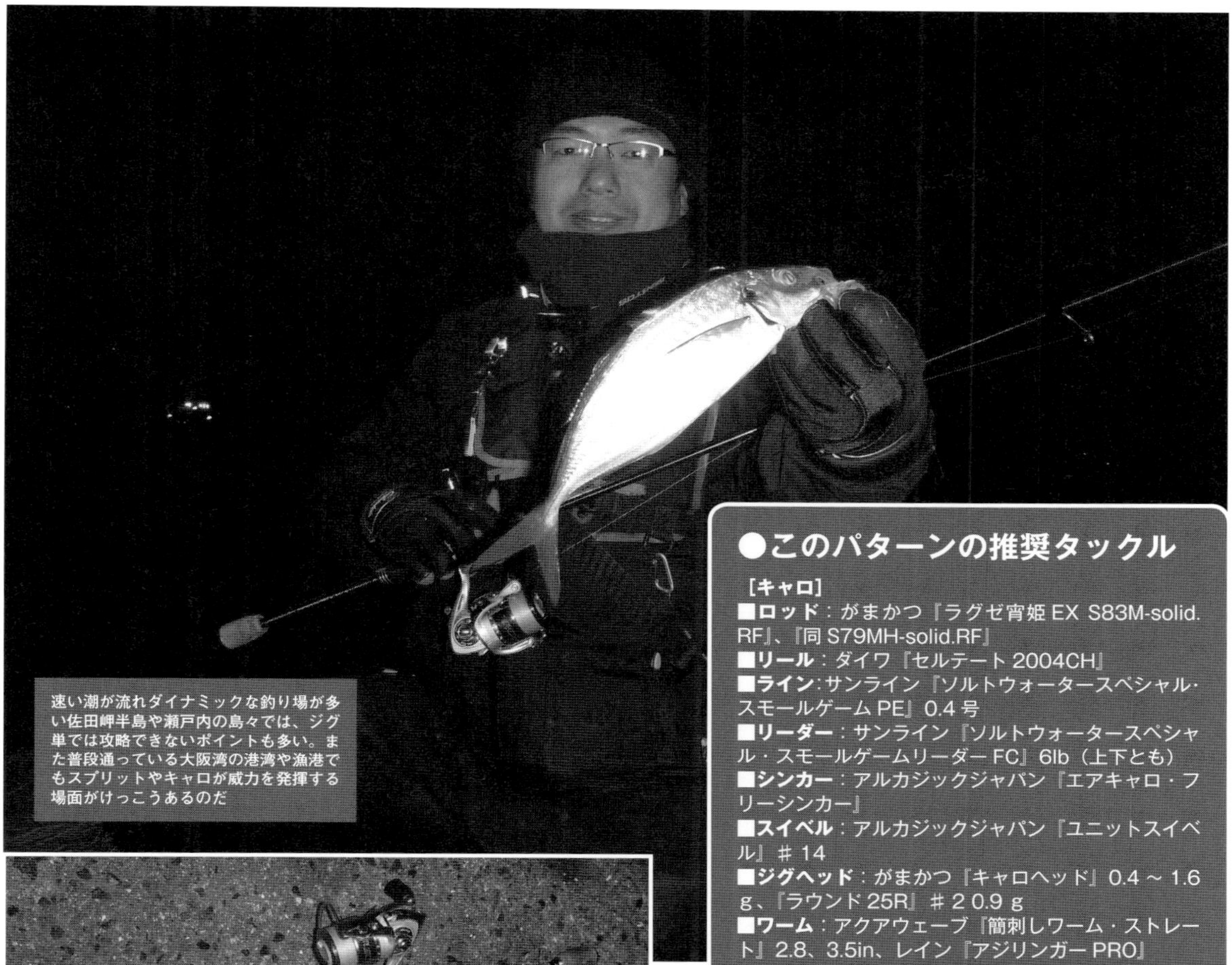

速い潮が流れダイナミックな釣り場が多い佐田岬半島や瀬戸内の島々では、ジグ単では攻略できないポイントも多い。また普段通っている大阪湾の港湾や漁港でもスプリットやキャロが威力を発揮する場面がけっこうあるのだ

●このパターンの推奨タックル

［キャロ］
■**ロッド**：がまかつ『ラグゼ宵姫 EX S83M-solid.RF』、『同 S79MH-solid.RF』
■**リール**：ダイワ『セルテート 2004CH』
■**ライン**：サンライン『ソルトウォータースペシャル・スモールゲーム PE』0.4 号
■**リーダー**：サンライン『ソルトウォータースペシャル・スモールゲームリーダー FC』6lb（上下とも）
■**シンカー**：アルカジックジャパン『エアキャロ・フリーシンカー』
■**スイベル**：アルカジックジャパン『ユニットスイベル』＃ 14
■**ジグヘッド**：がまかつ『キャロヘッド』0.4 ～ 1.6 g、『ラウンド 25R』＃２ 0.9 g
■**ワーム**：アクアウェーブ『簡刺しワーム・ストレート』2.8、3.5in、レイン『アジリンガー PRO』

［スプリット］
■**ロッド**：がまかつ『ラグゼ宵姫 EX S74L-solid.RF』、『同 S610UL-solid.RF』
■**リール**：ダイワ『セルテート 1003』
■**ライン**：サンライン『ソルトウォータースペシャル・スモールゲーム PE』0.2 号
■**リーダー**：サンライン『ソルトウォータースペシャル・スモールゲームリーダー FC』4lb
■**シンカー**：アルカジックジャパン『スプリットシンカー』1.8 ～ 7 g、『スプリットシンカースリム』1 ～ 2.65 g
■**ジグヘッド**：がまかつ『キャロヘッド』＃４ 0.1 ～ 1.6 g

つスプリットで30mちょい沖の光量が落ちるあたりをねらってみると連発。先行者のプレッシャーなのかアジの機嫌なのか、普段は溜まっている外灯直下にアジがいない時に試してみてほしい。少し広めの港なら特に効果大だ。

　アクション面でのフォローが奏功する場面もある。それはスプリットシンカーとジグヘッドとのフォールスピードのギャップを使う方法。軽いジグヘッドのフォールスピードやシルエットなら食わせやすいが、レンジや飛距離、水深という点で、軽量ジグヘッドでは非効率なシーンがある。スプリットには、それをカバーできる能力がある。

　瀬戸内の島に釣行した時は、まさにそれがハマった。流れはそれほどでもなかったが水深10mそこそこ。軽いジグヘッドでは手返しが遅く、重いジグヘッドではいまひとつ食いが悪い。そこでジグヘッドを小さくすることでフッキング率が上がればと3gのシンカーと0・4gのジグヘッドでスプリットショットを組みねらってみた。この時点では手返しが多少よくなった程度で劇的な変化はなかった。それがアクションを工夫し始めたところ、具体的にはトゥイッチとフリーフォールを交互に入れ、緩急の連続で誘ってみたところ、一気にバイトの数と強さが増した。取り損ねるアタリもあるのだが、その直後にはさらに強いバイトが伝わってくる。ジグヘッドでスローに攻めても散発的なアタリだったのが、アクションでここまで反応が変わるのかと驚いたことを今でも覚えている。

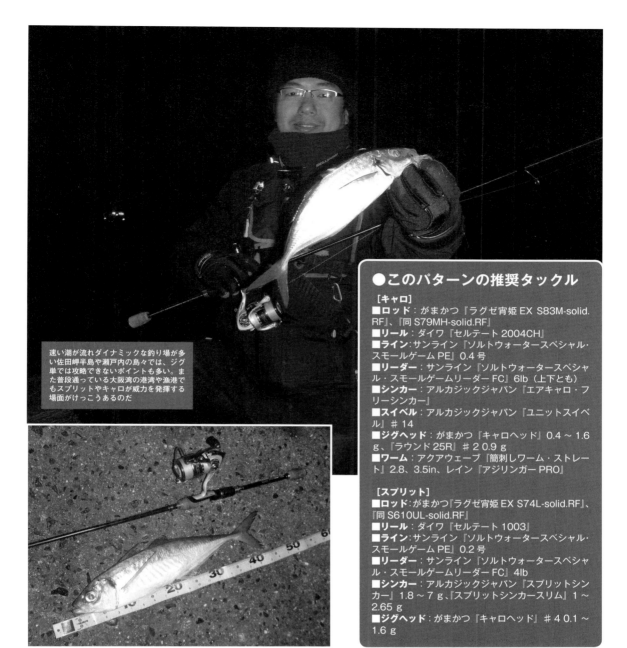

番外編　アフターフィッシングの楽しみ

きっちり締めて血を抜き潮氷へ 大好物はアジの握りに冷や汁

**アジは釣魚のなかでも特に美味しい魚。
子どもの頃アジ釣りにのめり込んだきっかけのひとつが「アジの味」だけに、
締め方や保存法、料理には一家言ある**

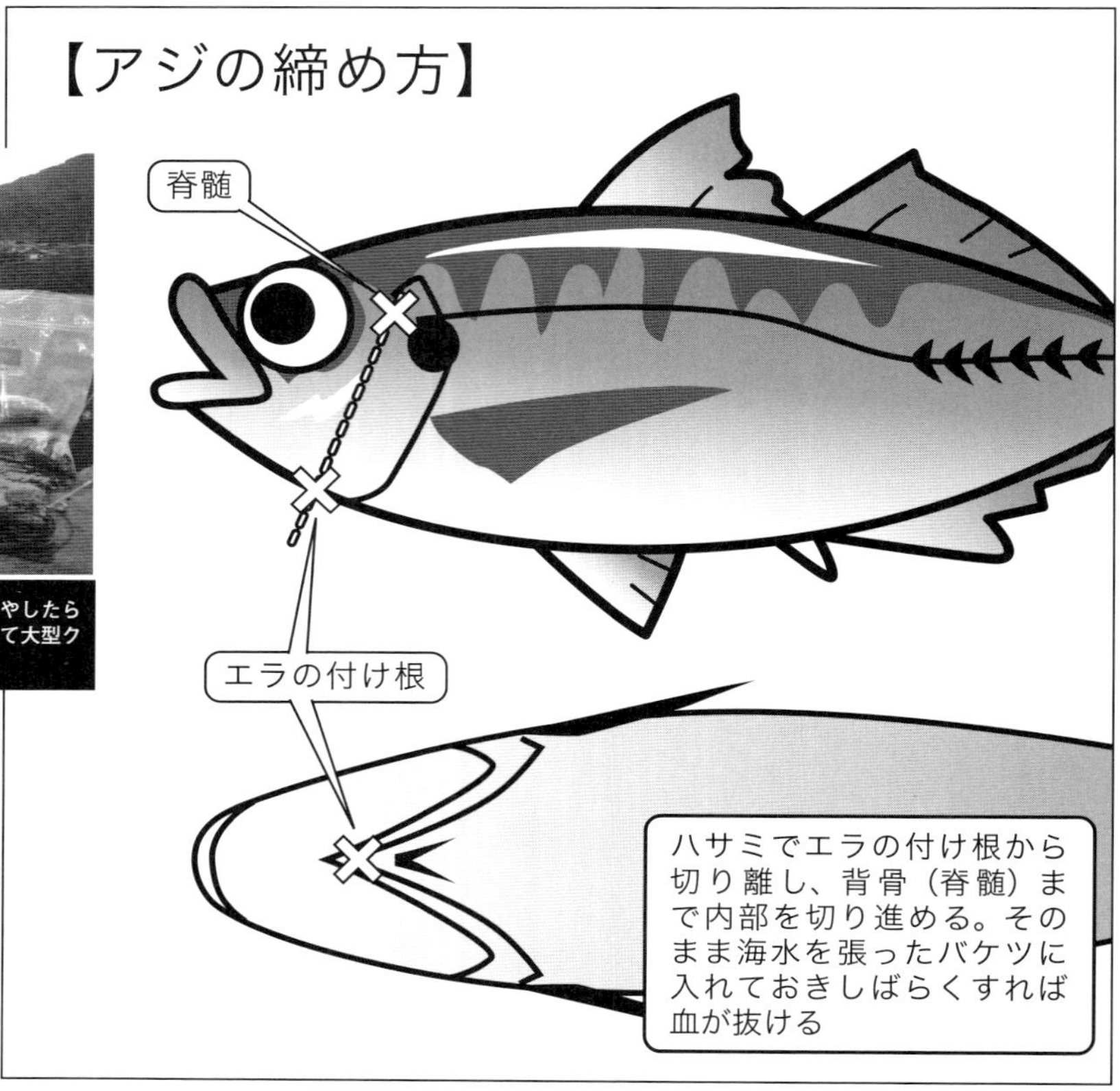

【アジの締め方】

ハサミでエラの付け根から切り離し、背骨（脊髄）まで内部を切り進める。そのまま海水を張ったバケツに入れておきしばらくすれば血が抜ける

遠征先で釣ったアジは潮氷のクーラーで充分冷やしたらチャック付きのナイロン袋などに整理して入れて大型クーラーへ。こうしておけば帰宅後の処理が楽

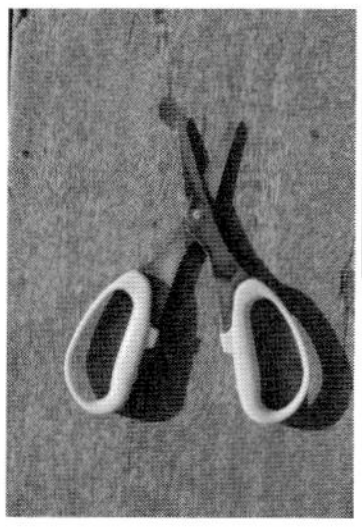

アジを締めるのに利用しているハサミ。キッチンバサミなど錆びに強いものがよいだろう

　釣ったアジは美味しく食べたいので、釣り場できっちり締めて鮮度を保ったまま持ち帰りたい。僕が締め具として利用しているのはハサミだ。下アゴの後方、エラブタ下部でエラがつながっている付け根の部分をまず切断し、さらに上部の背骨、脊髄《せきずい》まで切り進む。これですかさず海水を入れた手洗いバケツに放り込み、しばらく置いておくと血が抜ける。エラの付け根を切るだけでも血は抜けるが、海水に入れた時に暴れて飛びだすこともあるし身が傷みやすい。

　小型のアジであればバケツで生かしておいて何尾か溜まった時にまとめてやってもよいが、気温が高い時期は早めに締めること。大型のアジは釣りあげたら即、1尾1尾ていねいに締めておきたい。釣りあげたまま地面に放置するなど言語道断だ。

　聞くところによるとアジを含めた青もの系は血を抜くだけで神経締めした場合と同様の効果があるそう。マダイなどは明らかに神経締めしたほうがよいそうだ。

　血抜きが終わったら多めの氷と海水を混ぜた「潮氷」のクーラーへ。氷を入れただけだと魚全体が冷えるのに非常に時間がかかるし、移動中に氷とぶつかって身が傷んでしまう。氷は漁協などでクラッシュアイスが手に入れば最高、板氷のままでもかまわないが、できれば粗く砕いておいたほうが海水の冷えも早いのでよい。海水温が高い時は氷が解けるのも早いし、どんどんアジが釣れる時もアジの体温で氷の持ちが悪いので、氷は多めに持参するか途中で追加購入。豆アジや小

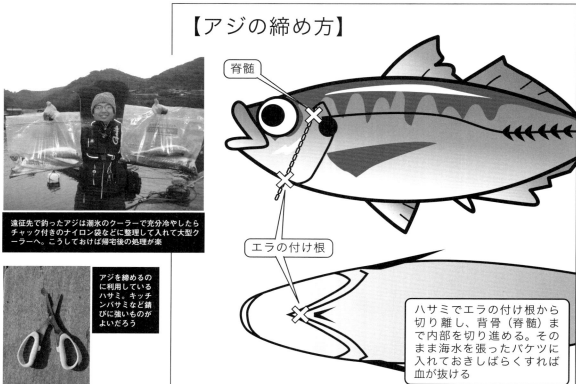

Q. 神経締めはしないのか？

A. アジを含めた青ものは、きっちり血抜きしておけば神経締めと同様の効果があるそうです！

●アジフライ

●アジの握り

●なめろう

●南蛮漬け

アジはいちいち締めるのが面倒なので、いきなりキンキンに冷えた潮氷に入れるだけでもよい。短時間の釣りなら夏場でも、氷と海水を入れたバケツに放り込むだけでも大丈夫だ。

帰宅する場合にクーラーが重くてどうしようもない場合は、内部のアジが充分冷えたことを確認し海水を抜いて持ち帰る。遠征時は大型のクーラーに移して保管しよう。この際にチャック付きのナイロン袋などに小分けしておけば、帰宅後の処理も楽だ。氷には直接当てず濡らした新聞紙などでくるんでおくのが理想だが、アジの場合はそれほど気を遣うことはないと僕は思っている。

帰宅後、すぐに食べないアジは、傷みやすいエラと内臓だけでも出しておけば鮮度の持ちがずいぶん違う。サバなどは釣り場で頭からエラ、内臓すべて落として潮氷で急激に冷やして持ち帰るようにしている。

一番好みの食べ方はにぎり寿司。板前さんのように上手に握れないが、鮮度のよいマアジの寿司は最高！　難しい場合は手巻き寿司でもよい。大葉を敷いてスダチを搾って……。これは絶品！　お刺身、タタキ、しめアジ（酢締め）、フライ、塩焼き、豆アジや小アジなら南蛮漬けと、すべて美味いが、夏場に最高なのが九州で教えてもらった冷や汁。塩焼きで余った身をほぐし、味噌と白ごまをすりばちで一緒にすりつぶしたら出汁で溶いて、スライスしたキュウリを浮かべて冷やして……。温かいご飯にかけて食べると、たまらなく美味いのだ。

プロフィール

藤原真一郎

ふじわら・しんいちろう　1978年、大阪府和泉市生まれ。小学生時代にルアーでアジを釣って以来この釣りに目覚め、アジングキャリアは20年を超える。アジのほかメバルゲームも得意とし、関西を代表する海のライトゲーム・プロフェッサーのひとり。昨年、長男が誕生し若干ペースダウンしたが週の平日 2 回のナイトゲームは欠かさない。遠征も含めて年間釣行約 200 日弱。アジングでの記録は愛媛県佐田岬半島の瀬戸内側で釣ったマアジ 49cm。サイズや数よりも、いろいろな場所、いろいろなポイントで釣りたいというのがモットー。JLA（ジャパン・ルアー・アングラーズ）所属、がまかつラグゼ・プロスタッフ、アルカジックジャパン・ブランドビルダー、サンライン・フィールドテスター、スワンズ・モニター、ボナンザ・モニターなどを務める。

TEPPAN GAMES
鉄板釣魚
藤原真一郎 アジング激釣バイブル

2015年2月1日発行

監修　藤原真一郎
発行者　鈴木康友
発行所　株式会社つり人社
〒101-8408　東京都千代田区神田神保町 1-30-13
TEL03-3294-0781（営業部）
TEL03-3294-0806（編集部）
振替 00110-7-70582
印刷・製本　図書印刷株式会社

乱丁、落丁などありましたらお取り替えいたします。
©Tsuribitosha 2015.Printed in Japan
ISBN978-4-86447-069-8 C2075
つり人社ホームページ　http://www.tsuribito.co.jp

本書の内容の一部、あるいは全部を無断で複写、複製（コピー・スキャン）することは、法律で認められた場合を除き、著作者（編者）および出版者の権利の侵害になりますので、必要の場合は、あらかじめ小社あて許諾を求めてください。